아함경에서 배우는 삶의 지혜

짧지만 깊은 부처님 말씀

아함경에서 배우는
삶의 지혜

보경 지음

운주사

표범은 안개에 쌓여 그 무늬가 바뀐다

豹披霧而變文
표 피 무 이 변 문 | 생각해보면, 나는 2016년의 여름이 되기까지 서울에서 꼬박 14년을 살았다. 14년 세월은 포교당 주지로서 12년과 조계종사회복지재단에서의 2년을 포함한 것이고, 그 사이 학문을 병행하여 동국대에서 강의를 맡기도 하였으니 원도 끝도 없는 시간이었다.

딱 스무 살이 되던 해 봄에 불문에 들어 이날까지 시간으로는 삼십 년이 넘는 세월이고 공간적으로도 적지 않은 곳을 옮겨 살기도 하였다. 그러면서도 초지일관 미혹되지 않았던 것은, 어떻게 하면 불제자로서의 보람된 삶을 살아갈 수 있을까 하는 몸부림이 때문이었으리라. 그 속의 다사다난함이야 어찌 말로 다 풀어낼 수 있겠는가. 때로는 남보다 늦는 것 같아 노심초사하기도 하고, 때로는 혼자 너무 유별난 게 아닌가 싶어 몇 번이고 좌고우면하며 주위를 살펴야 하는 까칠한 심정도 없는 것은 아니었다. 그럴 때일수록 좌절하기보다는 책을 들었고 글을 썼다.

내가 어디를 가보거나 누구를 만나거나 하는 등의 경험해보지 못하는 세계는 오직 상상 속에서 이루어지는 것이었지만 그 정도만으로도 난 충분히 행복했고 감사한 마음으로 지낼 수 있었다. 그러면서도 시선만은 항상 저 멀리 두려 애썼다. 그 덕에 눈앞의 득실보다는 미래의 희망에 더 설레었고 나를 초극해 가는 동력으로 삼을 수 있었다.

"표범은 안개에 쌓여 그 무늬가 바뀐다"는 옛 선사의 말이 있다. 표범의 위엄과 풍류는 줄무늬의 가죽에서 나온다. 그래서 표범은 자신의 가죽을 윤택하게 가꾸기 위해 노력을 하는데, 스스로 털을 핥아주는 것만으로는 충분하지 않아서 가끔씩 고행에 가까운 행동을 한다. 그 고행이란 게 선정삼매에 든 선승처럼 첩첩산중의 짙은 안개 속에서 일주일을 금식하며 우두커니 서 있는 것이다. 그렇게 하면 가죽의 탄력도 생기면서 무늬가 한결 윤택해진다고 한다.

마음공부를 하는 입장에서 보자면 인간의 영혼은 단지 속의 술이 익듯이 자신을 반추하고 삶을 고민해봄으로써 숙성되어 간다. 술이 익어가는지 궁금하다고 단지의 뚜껑을 자꾸 들춰보았다가는 술도 익지 않을 뿐만 아니라 아예 속을 망쳐버리고 만다. 어찌 단지 속의 일뿐이겠는가! 세상사 알고 보면 모든 것이 고행을 통하지 않고는 이뤄지지 않으며, 향상일로의 안목을 가진 이가 아니면 풍류 아닌 곳에 다시 한 풍류가 있음을 알지 못하리라.

그 동안 에세이집과 여러 가지 경전 해설서를 써왔다. 이 책들은 모두 일정 기간 어딘가에 연재했거나 아니면 강의노트를 중심으로 하여 구성된 것이었다. 그러다 법련사 주지 소임을 놓고 재단과 학교에만 전념하다 보니 시간이 많아져서 복지재단 직원들과 함께 경전공부를 해볼 생각을 하였다. 그래서 아함경과 초기경전들을 한 권씩 나눠주고 여기에서 읽혀지는 복지와 관련한 내용들을 정리하여 제출하도록 과제를 내주었다.

나도 예외는 아니어서 아함경 중의 한 권을 받아서 꼼꼼히 읽어보았다. 그러다 보니 아함경의 내용 중에 흥미로운 부분을 추려서 해설서를 써보고 싶은 생각이 들었다. 매주 두 꼭지, 원고지 80매를 쓰면 여름휴가 전까지는 가능할 것 같았다. 내 솜씨란 게 유려流麗하진 못해도 지금까지 계획을 세우면 제법 본래의 의도에 어긋나지 않게 끝을 맺게 되는 복이 없지 않아서 이 일 또한 4월부터 시작한 원고가 분량과 기한 내에서 마무리가 되었다. 이제 출간에 즈음하여 서문과 함께 해제를 대신하여 간략하게 이 책과 연관하여 교학적인 설명을 드리면 다음과 같다.

부처님의 교설은 크게 법(dharma)과 율(vinaya)로 나뉘고, 이는 다시 장(藏, pitaka)이라 하여 경장(sutrapitaka)·율장(vinaya-pitaka)·논장(abhidharmapitaka)으로 구분한다. 경장은 부처님 교설을 모아놓은 것이고, 율장은 계율에 대한 교설이며, 논장은 경율에 대한 연구를 체계화한 것이다.

부처님 열반 후 세월이 흐르면서 불교의 전파도 다양한 루트로 이뤄졌다. 경장의 경우를 예로 들면, 남방불교(스리랑카, 미얀마, 태국, 캄보디아, 라오스)의 전승은 '니까야(部, nikaya)'라 하여 장부長部-중부中部-상응부相應部-증지부增支部-소부小部 등의 5부로 나뉘고, 북방불교(인도 아소카 왕 이후에 인도의 북방에서 일어나 티베트, 중국, 베트남, 한국, 일본 등에 전파된 불교)의 전승은 '아가마(阿含, agama)'라 하여 장아함長阿含-중아함中阿含-잡아함雜阿含-증일아함增一阿含 등의 4아함으로 구분하였다. 교단사적으로는 역사적 변천 속에서 여러 종파가 생겨나면서 교학의 이론적 체계를 달리하였다. 그 중의 하나인 '설일체유부說一切有部'는 부파불교 시대의 종파 또는 부파들 중에서 가장 유력한 부파로서의 사상적 특징을 가장 잘 보여준다. 줄여서 '유부有部'라고도 하며, "모든 법(一切法)이 존재하다(有)"라는 입장이다. 아함경이 바로 이 설일체유부 계통의 경전이다.

중국불교는 번역의 과정 속에서 토착화와 발흥이 이루어진 특질을 보인다. 중국에 전해진 아함경은 4세기 말~5세기 초(위진남북조 시기)에 한역되었다. 경전별 번역자를 살펴보면 다음과 같다.

ㅣ 장아함경: 후진, 불타야사와 축불념 공역, 413년
ㅣ 중아함경: 동진, 승가바제 역, 397~398년

| 잡아함경: 송, 구나발타라(394~468) 역, 435년
| 증일아함경: 동진, 승가바제 역, 397년

　본 강설집의 모본인 잡아함경은 설일체유부 계통에 속한 경전 중에서도 가장 이른 시기에 성립된 것으로 학계에서는 추정한다. 초기불교의 경전들은 모두 암송에 의해 구전되었다. 따라서 암송하기 용이한 짧은 게송 형태의 경전이 우선적으로 전승되었고, 바로 이런 면에서 적은 분량에 간결한 게송이 어우러진 잡아함경이 많이 통용되었다. 전체 분량은 50권 1,362개 경으로 되어 있다.

　나는 이 중에서 선별하여 전체 30개로 구성을 하고 나름대로 해설을 붙였는데, 선별에 따른 특별한 이유는 없다. 다만 경 자체가 지금의 시대를 살아가는 우리에게도 좋은 가르침이 되고 오래 기억할 만한 내용, 그러면서 부처님 당시를 가늠해볼 만한 흥미 있는 소재, 나아가 해설을 통한 인문학적 소양을 함양할 수 있는 것을 택하였다. 그리고 아함경을 가지고 대중법회나 강의를 할 경우에 해설의 한 유형으로 참고하면 어떨까 하는 가벼운 마음으로 쓴 것이다.
　『선문염송 강설집』에 이어 이번의 강설집도 동국역경원의 한글대장경 중 아함경전집에서 인용한 것이다. '복지재단에 있는 동안 시간도 있는데 뭐 하나 써볼까?' 하는 생각을 하던 차에

아함경을 시작하고서는, 이 원고를 마치면 서울을 떠난다 해도 무방하겠다는 마음의 준비를 했었다. 이제 원고도 마치고 서울도 떠나게 되었으니 나의 시절 인연이 그러한가 보다. 짐의 일부는 법련사 골방에 놓고 당장에 볼 책 몇 권과 여름 옷가지들, 마시던 차 두어 가지를 챙겨서 큰절 아래 구산스님 탑전의 한 칸짜리 내 방으로 돌아와 상좌를 데리고 이틀에 걸친 방 정리와 대청소를 마치고 나니, 14년 전 서울로 올라가기 전의 나와 지금의 나는 달라진 것이 없어 보였다.

나는 어디를 다녀온 것일까? 서울에서는 하루 몇 번이고 둘러 마시던 아이스 아메리카노를 3일 만에야 광주에 나가서 마셔볼 정도로 이전과는 다른 시간, 마치 궤도를 달리하는 행성처럼 모든 흐름이 바뀌어 가는 중이지만 갑갑증이 날 정도의 금단증은 아니었다.

아, 이만하면 됐다.
이제 또 이렇게 살아가면 된다.

눈이 따가울 정도로 강렬하고 투명한 햇살! 하루 한 번 불일암을 거쳐 돌아오는 두어 시간의 산책을 하고 나면 온몸이 땀범벅이 되고 말지만, 서울의 묵은 때를 벗기기 위해서는 몸을 더 심하게 굴려야 한다고 생각하면 산이고 들이고 거칠 것이 없는 기분이 된다.

  평소 내가 보는 책의 많은 부분은 운주사를 통하여 주문한 것
이다. '빚을 한 번 갚아야 할 텐데' 하면서 항상 생각을 하고 있
었는데 아함경 출판을 겸해 연락을 넣었더니 "기다리고 있었습
니다"라는 운주사 사장님의 한마디가 그렇게 고맙게 들릴 수가
없었다. 이번 아함경 강설집은 복지재단에 있으면서 마련된 것
이니 그 공덕은 전적으로 복지재단의 것이다. 기쁜 마음으로 회
향하며 내 자신이 재단에 있을 때 만들었던 '아침 5분 명상'의
염구念句를 적는 것으로 출간에 즈음한 말씀을 마친다.

  나의 행복
  그대의 행복
  온 세상의 행복.

                      2016년 가을, 새벽의 빗소리를 들으며
                          송광사 탑전에서 보경 합장

무상경

이와 같이 나는 들었다.

어느 때 부처님께서 사위국 기수급고독원에 계셨다. 그때 세존께서 모든 비구들에게 말씀하셨다. "색은 무상하다고 관찰하라. 이렇게 관찰하면 그것은 바른 관찰이니라. 바르게 관찰하면 곧 싫어하여 떠날 마음이 생기고, 싫어하여 떠날 마음이 생기면 기뻐하고 탐하는 마음이 없어지며, 기뻐하고 탐하는 마음이 없어지면 이것을 심해탈이라 하느니라. 이와 같이 수·상·행·식도 또한 무상하다고 관찰하라. 이와 같이 비구들아, 마음이 해탈한 사람은 만일 스스로 증득하고자 하면 곧 스스로 증득할 수 있느니, 이른바 '나의 생은 이미 다하고 범행은 이미 섰으며, 할 일은 이미 마쳐 후세의 몸을 받지 않는다'고 스스로 아느니라. '무상하다'고 관찰한 것과 같이, '그것들은 괴로움이요, 공하며, 나가 아니다'라고 관찰하는 것도 또한 그와 같으니라."

그때 모든 비구들은 부처님의 말씀을 듣고 기뻐하며 받들어 행하였다.

| 잡아함경 제1권, 1

잡아함의 첫 시작이 무상경이다. 경(經, Sūtra)이란 본래 '날실'이라는 뜻으로 부처님께서 설한 교법教法을 간단한 형태로 압축해서 정리한 것이다. 수트라는 물건을 묶는 끈이나 실을 가리키며, 더욱 은유적으로는 규칙, 공식과 같은 금언 또는 매뉴얼 형태의 금언 모음집을 의미한다. 또한 씨를 뿌린다는 의미도 갖고 있다. 이것은 교법이 처음부터 문자로 기록된 것이 아니고 스승으로부터 제자에게 기억을 통해 구전口傳된 것이기 때문에 그 형식이 기억에 편리하도록 만들어졌다. 우리에게 익숙한 대승경전인 『금강경金剛經』의 경우 하나의 사상이 한 권의 경전에 논리적으로 설해지지만, 『아함경』 같은 초기불교의 교설은 암기 위주이기 때문에 한 주제의 설법마다 제목이 붙어 묶어진다. 특히 대승경전에서는 "여시아문(如是我聞: 나는 이와 같이 들었다)"이라는 글로 시작되며 매우 장문長文의 경전이 만들어지게 되었다. 이들 경전을 집대성한 것이 경장이다. 옛날에는 경장이 9분교九分敎, 12부경十二部經으로 분류되었다. 일반적으로는 4아함四阿含 - 5부로 조직되어 있다.

무상은 만물의 속성이다. 불교에서는 만물의 속성을 그렇게 보았다. 부처님께서 성도하셨다는 것은 우주만물의 진리, 그 법을 깨달으셨다는 것을 의미한다. 따라서 불교에서 보는 모든 관점은 부처님께서 깨달은 바가 중심이 되며, 그 외에도 시대와 토양을 달리하여 깨달음을 얻은 많은 분들의 관점이고 견해라고 할 수 있다. 불교를 공부하는 이들은 부처님께서 이 세상을 어떻게 보셨으며, 또 어떻게 살아가야 하는지에 대한 교설의 관점을 잘 이해해야 한다. 그러면 우선 무상에 대한 어원을 살펴보도록 하자. 공부를 잘하는 방법을 하나 소개하자면, 어떤 사상이나 이론을 알고자 할 때는 가장 먼저 어원을 찾아보는 습관을 들이는 게 좋다. 그 다음 사전적 정의를 알아보고 개념을 파악하고 나면 대략의 이해가 가능하게 된다. 고대 그리스의 철학자 아낙시만드로스는 말했다.

학문은 법칙을 만들어낸다!

즉 학문은 어떤 원리에 따라 조직된 지식의 체계라고 정의할 수 있다. 따라서 '~학'이 만들어졌다는 것은 특정분야의 지식 체계가 이론적으로 정립되었다는 말과 같다. 어떤 분야에 대해 알고 싶을 때는 '이 분야에 대한 이론은 어떻게 정립되었지?' 하는 학문적인 관점을 염두에 두고 공부하는 자세가 필요하다. 그렇게 하다 보면 자연히 시대적 배경이나 사상의 변천, 또 각 시대

별로 두드러지는 인물도 만날 수 있다. 나무 한 그루는 뿌리와 기둥, 나뭇가지와 나뭇잎 등으로 분류해 볼 수 있다. 그리고 나무가 자라는 토양과 기후까지 많은 요소가 어우러져 있음을 알게 된다. 나는 이런 방식으로 독서와 공부를 해왔기 때문에 이 책 또한 원리를 설명하고 다양한 예를 들어 기술해 나가려 한다.

예를 하나 들어보자. 영어의 '역사'에 해당하는 단어인 'history'는 고대 그리스어의 'ἱστορία(historia)'에서 유래된 것으로 '알다', '보다', '조사와 탐문을 통해 얻은 지식' 등의 뜻을 가지고 있다. 모든 유럽 언어에서 '역사'를 뜻하는 명사들은 용례상 '사람에게 일어난 일'과 '과거에 대한 학문적인 연구' 둘 다를 의미하고 있다. 영어에서 후자의 의미로는 대문자를 써서 'History'라고 쓰거나, '역사서술(historiography)'이라고 쓰기도 한다. 한자어 '역사歷史'는 근대 이후의 'history'에 대한 번역이며, 동아시아의 역사를 의미하는 '사史'는 원래는 '기록하는 사람'의 의미로 사마천의 『사기史記』에서 유래하였다. 이처럼 단어 하나가 가지는 문명사의 의미는 인간사회의 역사 그 자체가 되며 각 시대마다의 인식과 관점이 배어 있다.

이제 '무상無常'을 공부해보도록 하겠다. 만물은 영원불변하지 않고 순간순간 변화하는 그 자체를 속성으로 하여 존재한다는 것이 무상의 본래 의미다. 변하지 않는 것이 오직 하나 있는데, 일체는 변한다는 사실만큼은 불변하다. 일체의 만물은 끊임없이 생멸 변화하여 한순간도 동일한 상태에 머물러 있지 않다는 것이다. 산스크리트어로는 '아니탸Anitya', 팔리어(Pali language)로는 '아니짜Anicca'이다. 이 말은 인도 힌두교사상의 집약서인 『우파니샤드Upaniṣad』에서 강조되었던 상주설常住說의 반대개념으로 정립되었다. 'Anitya'는 부정품사 A와 '항상하다'는 의미의 'nitya'가 합쳐진 단어다. 즉 nitya의 부정형이라 무상의 뜻이 된다. 따라서 무상은 불교의 근간을 이루는 개념이자 우리가 시각적으로 인지하는 현상계를 시간적으로 파악한 것이다. 중생에게는 무상이 괴로움의 원인이 된다. 무상이기 때문에 만물은 인연생기한다. 인연에 따라서 생성과 소멸이 이루어진다는 원리다.

연기설은 이와 같은 무상관을 바탕으로 성립되었으며, 초기불교의 근본교리인 삼법인(三法印: 諸行無常·諸法無我·涅槃寂靜)의 하나가 되었다. 무상에는 염념무상念念無常과 상속무상相續無常의 두 종류가 있다. 염념무상은 찰나 사이에도 생주이멸生住異滅하는 4상이 있어 잠시도 머물러 있지 않음을 지칭하고, 상속무상은 사람의 목숨과 같이 만물이 일정 기간에 걸쳐서 생주이멸하는 변화를 말한다. 또 무상을 체득하는 느낌과 빠름을 달리는 말에 비유하여 설명하기도 한다. 이를 네 마리 말에 비유하였다하여 사마유四馬喩라고 한다. 사마유는 다음과 같다.

첫째, 채찍의 그림자만 보고도 놀라는 말은 다른 마을에 누

가 죽었다는 말만 듣고도 놀라는 사람과 같고,

둘째, 채찍이 털에 닿고서야 놀라는 말은 자기 마을에 죽은 사람이 있음을 보고 놀라는 사람이며,

셋째, 채찍을 살갗에 맞고서야 놀라는 말은 자기의 친척이 죽은 것을 보고 놀라는 사람이며,

넷째, 채찍에 맞아 뼈에 사무치도록 아파야만 놀라는 말은 자기가 병들어 앓고서야 비로소 놀라는 사람과 같다.

결국, 이 세상의 모든 것은 무상한 것이므로 빨리 무상을 느껴야 함을 강조하고 있다. 이 무상법을 깨달아야 하는 이유는 생겨난 것은 반드시 소멸되며, 만남이 있으면 이별이 따르는 것이라서 우리의 근본고뇌가 되기 때문이다. 앞의 경문에서 설해지는 주제는 무상과 오온이다. 무상은 만물이 가지는 속성이고 각각의 요소가 오온이다. 오온五蘊을 오취온五取蘊·오음五陰·오중五衆·오취五臰라고도 한다. 온이란 모아 쌓은 것, 화합하여 모인 것이라는 뜻으로, 생멸하고 변화하는 모든 것을 색온色蘊·수온受蘊·상온想蘊·행온行蘊·식온識蘊 등 다섯 가지로 분류하여 오온이라고 한다. 부처님께서 깨달은 내용 가운데 핵심 중의 하나가 오온이 공하다는 것이었다. 오온은 존재를 이루는 육체와 정신의 요소를 구분한 것으로, 색은 육체적 부분이고 나머지 수상행식은 정신의 영역이다. 구체적으로 보면 다음과 같다.

| 색(rūpa)온은 물질적인 요소로 형체와 색체를 갖는다. rūpa
는 파괴되게끔 되어 있다는 뜻이며, 좁은 의미로 육체를 가
리킨다.

| 수(vedanā)온은 감수기능으로 받아들인다는 뜻이다. vedanā
는 아는 작용 또는 기능은 말한다. (안이비설신의) 육근을
통하여 감수한다. 고통이나 즐거움을 느끼는 감각작용이다.

| 상(saṃjñā)온은 상상하는 것으로 모습을 이미지화하는 작용
이다. saṃjñā는 무엇을 가지고 안다는 뜻이다. 인간의 의식
에 일어나는 표상작용이다.

| 행(saṃskhāra)온은 행위, 행동 등의 작용이다. saṃ은 함께
라는 뜻이고, khāra는 만든다는 뜻으로 '여러 요소들이 함
께 모여서 형성된다'라는 의미다. 인간의 행동은 행에 의하
여 일어나며, 또 그 행동의 방향을 바꿀 수 있는 결단을 하
는 것도 행과 관련이 있다.

| 식(vijñā)온은 의식기능의 중추가 되는 것이 식이다. vijñā는
차별하여, 혹은 쪼개서 안다는 뜻이다. 모든 현상을 의식하
고 분별하는 마음의 작용으로서 본능적인 지각단계부터 진
여본성에 이르기까지 깊고 얕은 차이가 있다.

인간의 가장 큰 속성이 무엇일까? 불교적으로 세상을 구분하
면 세간과 출세간으로 나눌 수 있다. 세간은 붙들고 끌어 모으
려는 힘이고 출세간은 벗어나려는 힘이다. 양 방향이 확연히 in-

out으로 갈린다. 붙들고 끌어모으는 힘이 집착이다. 역설적으로 말하면 세속은 출세간에서 초월의 정신을 배움으로써 본성의 청정함을 회복하고, 출세간은 세속의 고뇌와 아픔을 보면서 그 뜻을 굳건히 해야 한다. 마음이 뭔가에 끌리기 시작하면 여간해서는 제어하기 어렵다. 그래서 마음을 다스리는 첫 시작이 흐름을 끊는 것이다. 참선과 명상, 그 외 마음을 닦는 모든 수행법의 요결이 여기에 있다. 단호하게, 다시는 돌아보지 않을 결심으로 방향의 흐름을 끊어야 한다. 이런 마음 다스리기가 가능한 이유가 바로 무상법문에 있고, 이 수행은 성취가 가능하다. 결론적으로 말해 불교의 세계관인 무상법에 따르면 집착으로부터 벗어날 수 있기 때문에 세상을 보다 마음 가볍게 살아갈 수 있다. 하지만 그와 반대의 방향으로 나아간다면 영원하지 않은 속에서 영원한 것을 꿈꾸는 어리석음을 범하지 않겠는가. 이 교설을 깨달으면 우린 좀 더 고결하고 품위 있는 존재가 될 것이다.

질 루 진 경

이와 같이 나는 들었다.

　어느 때 부처님께서 사위국 기수급고독원에 계셨다.

　그때 세존께서는 가사를 입고 발우를 가지고 사위성으로 들어가 걸식하셨다. 걸식을 마치고 돌아오셔서는 가사와 발우를 지니고 대중에게 말하지 않고 시자에게도 알리지 않으신 채, 동행도 없이 홀로 서쪽나라로 가 인간 세상을 유행하셨다.

　이때 안타라는 숲에 있던 어떤 비구가 대중에게 말하지도 않고 시자에게도 알리지 않으신 채 동행도 없이 혼자서 가시는 세존을 멀리서 보았다. 그는 그것을 보고 존자 아난에게 가서 아뢰었다.

　"존자여, 아셔야 합니다. 세존께서는 대중에게 말하지 않고 시자에게도 알리지 않으신 채 동행도 없이 혼자서 유행을 나서셨습니다."

그러자 아난이 그 비구에게 말하였다.

"만일 세존께서 대중에게 말하지 않고 시자에게도 알리지 않으신 채 동행도 없이 혼자서 나가 노니신다면 아무도 따라가지 말아야 합니다. 왜냐하면 오늘 세존께서는 적멸 속에서 지내며 몇 가지 문제를 해결하려 하시기 때문입니다."

그때 세존께서는 북쪽으로 유행하시며 반사국의 파타라는 마을로 가 동산지기가 있는 숲 속의 한 발타살라나무 밑에 머무셨다.

그때 많은 비구들이 아난에게 찾아가 물었다.

"세존께서 지금 어디 계십니까?"

아난이 대답했다.

"제가 듣기로는 세존께서는 북쪽의 반사국 파타라는 마을로 가셔서 동산지기가 있는 숲 속의 발타살라나무 밑에 계신다고 합니다."

"존자께서는 아셔야 합니다. 저희들은 세존을 뵙지 못한 지 오래되었습니다. 만일 수고를 꺼리지 않으신다면 저희들을 가엾이 여겨 세존께 같이 가주실 수 없겠습니까?"

그때 존자 아난은 형편을 이해하여 잠자코 허락한 뒤에 많은 비구들과 함께 밤을 지내고, 이른 아침에 가사를 입고 발우를 가지고 사위성으로 들어가 걸식하였다. 걸식을 마친 뒤 절에 돌아와 침구를 챙기고, 가사와 발우를 지니고는 서쪽으로 나서 인간 세상을 유행하였다.

거기서 다시 북으로 반사국 파타촌의 동산지기가 있는 숲 속으로 들어갔다. 존자 아난은 많은 비구들과 함께 가사와 발우를 놓고 발을 씻은 뒤, 세존께 나아가 그 발에 머리 숙여 예배하고 한쪽에 앉았다.

그때 세존께서는 많은 비구들을 위하여 설법해 가르치고 이롭게 하고 기쁘게 하셨다. 그때 그 자리에 있던 어떤 비구가 이렇게 생각하였다.

'어떻게 알고, 어떻게 보아야 빨리 번뇌가 다하게 될까?'

그때 세존께서는 그 비구의 마음속 생각을 아시고 모든 비구들에게 말씀하셨다.

"만일 어떤 비구가 이 자리에서 '어떻게 알고 어떻게 보아야 빨리 번뇌가 다하게 될까' 하고 생각한다면, 나는 이미 그것에 대해 설법하였느니라. 곧 모든 음陰을 잘 관찰하여야 하나니, 그것은 이른바 사념처, 4정근, 4여의족, 5근, 5력, 7각분, 8정도이니라. 나는 모든 음을 관찰하는 이러한 법을 이미 설명하였느니라.

그런데도 지금, 부지런히 하고자 하지 않고, 부지런히 즐거워하지 않으며, 부지런히 기억하지 않고, 부지런히 믿지 않으면서, 스스로 게을러 더욱 나가지 못해 모든 번뇌를 다하지 못하는 선남자가 아직도 있다. 많은 선남자가 내가 설명한 법에서 모든 음을 잘 관찰하여 부지런히 하고자 하고, 부지런히 즐거워하며, 부지런히 기억하고, 부지런히 믿는다면 그는 능히

모든 번뇌를 재빨리 다할 수 있을 것이다.······(후략)

| 잡아함경 제2권, 57

배우지 않으면 담벼락을 마주한다(不學墙面).

이 말은 공안집公案集인『종용록從容錄』에 나온다. 공안집이란
선종에서 화두가 되는 문답을 모아놓은 책이란 뜻이다. 공안집
은『종용록』외에도『벽암록碧巖錄』,『무문관無門關』등이 있고,
한국에는 송광사 진각국사 혜심慧諶이 편찬한『선문염송禪門拈
頌』이 있다. 선문에는 선사들의 말씀을 기록한 어록이 간행되었
기 때문에 선사들의 법문을 현장감 있게 접할 수 있다. 경전의
서술은 인도 특유의 논리적인 전개를 따르기 때문에 느슨한 감
이 없지 않지만, 선종의 전적典籍들은 한자의 압축미에 중화권의
시상詩想이 더해져 간결하면서도 강렬한 느낌을 준다. 화두를 참
구하는 공안선이 수행법으로 자리를 잡게 된 배경에는 언어문
자의 힘이 기능하고 있다.

배우지 않으면 담벼락을 마주한다! 이 말은 담벼락을 마주하
면 보이는 게 없다, 또는 무엇을 볼 수도 없고 더 이상 진전이
없다는 한계상황을 빗대어 말한 것이다. 사람은 배운 사람이 배

우지 않은 사람보다 사유의 폭이 넓고, 지적인 소양이 풍부한 사람과 함께 있으면 그런 시간이 즐겁고 대화도 유익하다. 반면에 그런 소양이 없는 사람과의 대화는 왠지 답답하고 흐름이 끊기고 대화의 소재가 쉽게 고갈되는 느낌을 갖게 한다. 안다는 것은 행복한 일이다. 배우는 즐거움을 포기하면 인생의 진정한 즐거움을 알기 어렵다.

위의 경에서 우리는 뜻밖의 부처님 모습을 보게 된다. 부처님 주변은 항상 아난존자를 비롯하여 대중이 함께 머무는 것으로 생각하기 마련인데, 아무도 대동하지 않고 홀로 다른 처소에 가셔서 법을 설하시는 모습이 생소하면서도 신선한 기분을 갖게도 한다. 초기경전을 보는 즐거움은 이처럼 부처님의 일상을 알 수 있는 경우가 많이 나온다는 것이다. 그런데 그런 일이 종종 있으셨는지, 그 같은 경우에는 일부러 부처님을 찾아 나서지 않는 것이 불문율로 인식되고 있었음을 알 수 있다.

그러자 아난이 그 비구에게 말하였다.
"만일 세존께서 대중에게 말하지 않고 시자에게도 알리지 않으신 채 동행도 없이 혼자서 나가 노니신다면 아무도 따라가지 말아야 합니다. 왜냐하면 오늘 세존께서는 적멸 속에서 지내며 몇 가지 문제를 해결하려 하시기 때문입니다."

바로 이 부분이다. 스님들 사이에서 하는 말로 "일불제자—佛弟子"라는 것이 있다. 누구나 평등하고 차별 없는 부처님의 사랑받는 제자라는 의미로 일체감을 일깨우고자 할 때 즐겨 쓰는 표현이다. 어디에 있건 당신의 사랑하는 제자이기 때문에 권위와 꾸밈이 필요하지 않다. 당신 홀로 가셔도 대중들로부터 환영받고 대중은 평소에 묻고 싶었던 것을 주저 없이 물을 수 있다. 스승과 제자 사이에 뭐가 필요하겠는가? 사랑의 마음 하나면 충분하고 넘쳐난다. 부처님은 이런 마음으로 가셨을 것이다. 우리는 교조로서의 석가모니 부처님을 만나는 것이 아니라 가르침의 열정이 넘치시는 자애로운 스승으로서의 부처님을 만난다.

여기서 불교의 시대구분을 잠깐 살펴보도록 하자.

초기불교는 불교학의 한 분야로서 초기의 인도불교를 말한다. 초기불교는 부처님의 가르침, 승가의 규율, 그리고 불교의 공통된 가르침에 대해 다룬다. 사람에 따라서 원시불교·초기불교·근본불교 등의 이야기를 하는데 이 셋의 의미는 다르지 않다. 초기불교는 불교가 발생한 인도에서 석가모니 부처님과 그 제자들의 3대에 이르기까지 또는 불교교단의 분열(제2차 결집) 이전까지의 불교를 말한다. 석가모니 부처님의 재세시와 불멸 후 약 100년 정도까지가 이 시기와 관련되어 있다. 인도의 불교는 시간적으로 초기불교, 부파불교部派佛教, 초기 대승불교, 중기 대승불교, 후기 대승불교 등으로 크게 구분된다. 따라서 초기불교는 부파불교가 생성되기 이전의 불교를 말한다.

  부처님에 대한 호칭은 여래십호라 하여 열 가지 이름이 대표
적이다. 그런데 초기불교의 경전에는 산스크리트어 "바가바트
(bhagavat)"라는 호칭이 많이 나온다. 이는 존귀한 분, 깨달음을
얻은 최상의 분이란 뜻 등이 있으나 본래의 의미는 '교사'였다.
공자님도 그렇고 각 종교의 성인이나 뛰어난 영적 스승들은 고
대에는 거의가 교사, 선생의 이미지였다. 철학자를 뜻하는 소피
스트Sophist는 고대 그리스의 특정 종류의 교사를 일컫는 말이
다. 그리스어의 원래 의미는 '현자賢者', '알고 있는 사람', '지식
을 주고 가르치는 사람'이었으나 플라톤이나 아리스토텔레스에
의하여 '궤변가'라는 부정적 의미로 사용되기도 하였다. 정확히
는 '편력교사'로서 한 곳에 머무르지 않고 편력하면서 수업료를
받고 사유하는 법을 가르쳤다. 거창한 교조적 스승이 아니라 교
사라는 소박한 표현이 더욱 좋다.

  그때 그 자리에 있던 어떤 비구가 이렇게 생각하였다.
  '어떻게 알고, 어떻게 보아야 빨리 번뇌가 다하게 될까?'
  그때 세존께서는 그 비구의 마음속 생각을 아시고 모든 비구
  들에게 말씀하셨다.
  "만일 어떤 비구가 이 자리에서 '어떻게 알고 어떻게 보아야
  빨리 번뇌가 다하게 될까' 하고 생각한다면, 나는 이미 그것

에 대해 설법하였느니라. 곧 모든 음陰을 잘 관찰하여야 하나니,

'어떻게~'라는 질문을 하였다. 이는 방편과 수단에 대한 질문이다. 강을 어떻게 건너며, 공부를 어떻게 하며, 수행을 어떻게 해야 하는지 등의 예에서 보듯이 이 비구가 궁금한 것은 어떻게 알고, 어떻게 보아야 빨리 번뇌가 소멸되는지에 대한 것이다. 부처님은 그에 대한 답변으로 "모든 음陰을 잘 관찰하라"고 말씀하셨다. 여기서 음陰은 5음이며, 5음은 5온蘊의 옛 번역이다. 중국 불교사의 번역을 시기적으로 구분할 때 구마라집 이전을 고역古譯, 구마라집의 번역을 구역舊譯, 현장법사의 번역을 신역新譯이라 한다. 5온을 관찰하라는 이유는 이 관찰이 인간의 마음 구조를 파악하는 요긴한 길이기 때문이다. 관찰을 통해 생각을 멈출 수 있고, 생각을 멈추면 5온의 성질을 구분하여 알아차리는 것이 가능해진다. 5온에 대한 설법이 아함경의 중요한 주제여서 확실하게 이해해두면 경전을 보기 편하다. 5온을 다시 정리해보자.

| 오온五蘊=오음五陰

색色: rūpa: 파괴되게끔 되어 있는 것; 물질, 육신

수受: vedana: 느낌의 작용과 기능. 육근에 의해 생기함. 감각기관을 통해 느낌을 수집하는 기능

상想: samjna: 수집된 감각을 근거로 하여 생각을 일으킴

행行: samskara: 인간의 모든 행이 마음에 끌림이 일어나 움
　　직이며 방향성을 지님

식識: vijna: 비교 분석하여 아는 작용

이상 정리한 것에서 보듯이 우리의 몸은 육신과 정신의 결합체이며, 구성요소는 육체와 정신적인 영역의 감수작용, 표상작용, 움직임, 의식작용 등으로서 이 과정이 순차적으로 일어난다. 이렇게 해서 우리는 몸을 통해 감각을 수집하여 느끼고, 그것을 근거로 하여 어떤 이미지를 상상하며, 마음이 어떤 방향으로 끌려가면서 낱낱이 분별하여 따져보고 비교분석하는 의식작용이 일어난다. 부처님은 이 오음을 잘 관찰하는 것이 마음을 빨리 보는 길이고 빨리 깨달음을 얻는 길이라고 하셨다. 다시 원문을 보자.

"그런데도 지금, 부지런히 하고자 하지 않고, 부지런히 즐거워하지 않으며, 부지런히 기억하지 않고, 부지런히 믿지 않으면서, 스스로 게을러 더욱 나가지 못해 모든 번뇌를 다하지 못하는 선남자가 아직도 있다. 많은 선남자가 내가 설명한 법에서 모든 음을 잘 관찰하여 부지런히 하고자 하고, 부지런히 즐거워하며, 부지런히 기억하고, 부지런히 믿는다면 그는 능히 모든 번뇌를 재빨리 다할 수 있을 것이다."

부지런함은 열정에서 나온다. 열정이 없는 사람은 게으르다. 의미 없이 시간을 보내고 삶을 허비한다. 깨달음도 열정에서 나오고 자비도 열정에서 나온다. 지금까지 경험을 통틀어 봐도 열정이 없는 사람이 제일 곤란하다. 일반인들도 그렇고 대학교에서 학생들을 가르쳐 봐도 열정이 없는 사람은 공부도 뒤떨어지고 태도에 변화도 잘 일어나지 않았다. '부지런히 즐거워하지 않는다'고 하셨지만 열정이 없는 사람은 잘 웃지도 않고 친절하지도 않고 도무지 삶의 즐거움이란 찾아보기 어려웠다. '뭘 위해 사는 걸까?' 그런 생각이 들지 않을 수 없다. 공부도 즐거운 마음으로 해야 잘 기억된다. '부지런히 믿는다'는 표현이 좋다. 기쁜 마음으로 임하면 잘 기억되고 잘 믿을 수 있으며 번뇌에서 빨리 벗어날 수 있다.

부지런한 사람은 시간의 소중함을 안다. 아인슈타인도 "인생은 여가의 시간에 따라 달라진다"라고 했다. 또 "신은 시간을 아끼는 사람은 제일 앞에 둔다"라는 말도 있다. 빈부귀천을 막론하고 공평한 것이 오직 하나 있는데 그것은 바로 하루 24시간이 주어졌다는 것이다. 시간을 잘 활용하는 사람은 그렇지 않는 사람보다 잘 살아갈 수 있고, 부지런히 살다보면 놓쳐버린 기회도 다시 살릴 수 있는 때가 온다. 나의 삶을 믿고 나의 훗날 공덕을 믿어야 한다. 인간세의 행복에 기여하는 마음을 갖는 것이 스스로를 풍족하게 하는 일이다. 삶은 바로 지금이다!

고경

이와 같이 나는 들었다.

어느 때 부처님께서 사위국 기수급고독원에 계셨다.

그때 세존께서 모든 비구들에게 말씀하셨다.

"색은 괴로운 것이다. 만일 색이 괴로운 것이 아니라면 응당 색에 병이 있거나 괴로움이 생기지 않을 것이며, 또한 '이렇게 되었으면' 하고 바라지 않을 것이요, '이렇게 되지 않았으면' 하고 바라지도 않을 것이다. 색은 괴로운 것이기 때문에 색에서 병이 생기고, 또한 색에 대해서 '이렇게 되었으면' 한다든가 '이렇게 되지 않았으면' 하고 바랄 수 있는 것이다. 수·상·행·식에 있어서도 또한 그와 같으니라."

"비구들아, 색은 항상한가, 무상한가?"

비구들은 부처님께 아뢰었다.

"무상합니다, 세존이시여."

"비구들아, 무상한 것은 괴로운 것인가?"

"괴로운 것입니다, 세존이시여."

"비구들아, 만일 무상하고 괴로운 것이라면 그것은 변하고 바뀌는 법이다. 많이 아는 거룩한 제자들이 과연 그런 것에 대해 '이것은 나다, 나와 다르다, 나와 나 아닌 것이 함께 있는 것이다'라고 보겠는가?"

"아닙니다, 세존이시여."

"수·상·행·식에 있어서도 또한 그와 같으니라. 그러므로 비구들아, 존재하는 모든 색은 과거에 속한 것이건 미래에 속한 것이건 현재에 속한 것이건, 안에 있는 것이건 밖에 있는 것이건, 거칠건 미세하건, 아름답건 추하건, 멀리 있는 것이건 가까이 있는 것이건 그 일체는 모두 나가 아니요, 나와 다른 것도 아니며, 나와 나 아닌 것이 함께 있는 것도 아니라고 사실 그대로 관찰해야 하느니라. 수·상·행·식에 있어서도 또한 그와 같으니라. 많이 아는 거룩한 제자들은 색에서 해탈하고 수·상·행·식에서 해탈하나니, 그러면 '그는 태어남·늙음·병듦·죽음·근심·슬픔·번민·괴로움의 완전 괴로움뿐인 큰 무더기에서 해탈하였다'고 나는 말하느니라."

부처님께서 이 경을 말씀하시자 모든 비구들은 부처님의 말씀을 듣고 기뻐하며 받들어 행하였다.

| 잡아함경 제3권, 87

신심으로써 욕락을 버리고 일찍 발심한 젊은 출가자들은
영원한 것과 영원하지 않는 것을 똑똑히 구분하면서
걸어가야 할 길만을 고고하게 걸어서 가라!

이것은 계율의 스승으로 불리는 우바리존자의 말씀이다. 80
년 초반 송광사 행자실에는 이 글이 한쪽 벽 높은 곳에 붙여져
있었다. 행자들은 대웅전의 새벽예불을 마치면 10여 곳이 넘는
각 전각마다 참배를 하고 행자실에 들어와 자체 의식시간을 가
졌다. 지금의 기억으로는 세민 스님의 『천수경』 테이프를 틀어
놓고 독송을 하였는데(이 방법이 염불에 익숙하지 않는 행자들에게
가장 효과적인 염불습의였다는 생각이 든다), 「사미십계」와 『초발
심자경문』 암송, 그리고 마지막에 우바리존자의 말씀을 외웠다.
갓 스물에 출가한 나에게는 이런 경구 하나하나가 영혼 깊이 흡
수되어 피가 되고 살이 되는 그런 시절이었다. 영원한 것과 영
원하지 않는 것! 우린 어떻게 살아야 할까? 세상의 본질은 무상
을 속성으로 하기 때문에 만물은 잠시도 머무르지 않고 변화하
며 흘러간다. 그러나 중생은 집착심이 있어서 붙들고 싶어 한다.
하지만 모든 일이 내 뜻대로만 되는 것은 아니지 않는가. 내 권
한 안의 일과 권한 밖의 일을 구분하여 생각해볼 수 있다면 우
린 좀 더 냉철하게 세상을 바라볼 수 있을 것이다. 문득 고대 로

마의 사상가인 에픽테토스가 생각난다.

에픽테토스(Epictetus, 55년경~135년경)는 고대 그리스의 스토아학파의 대표적인 철학자였다. 로마 동쪽의 변경지방인 피뤼기아의 히에라폴리스에서 노예 신분으로 출생하였으며, 고문을 받아(일부에서는 태어날 때부터 병약하여 그렇게 되었다는 설도 있음) 그 후유증으로 다리를 절었다. 그는 이때 스토아 철학을 배웠다. 그 후 노예에서 해방되자 젊은이들에게 철학을 가르치기 시작했다. 그의 사상은 의지의 철학으로서 실천적인 면을 강조하며 자유로울 수 있는 것을 생각하였다. 그는 평생 별로 가진 것 없이 매우 검소하게 살았다. 죽은 후에 그가 사용했던 기름 램프는 그를 존경했던 사람에게 (3,000드라크마에) 팔렸다고 한다.

그는 사물의 본성(nature of things)이 두 범주로 구분된다고 주장한다. 하나는 우리의 한정된 힘에 복종하는 것이고(prohairetic things), 다른 하나는 우리의 한정된 힘에 복종하지 않는다는 것이다(aprohairetic things). 첫 번째 범주에는 판단, 충동, 욕망, 혐오 등이 속한다. 두 번째 범주에는 건강, 물질적인 부, 명성 등이 있다. 세상사 가운데는 내 권한에 속하는 것이 있고 속하지 않는 것이 있으므로 삶을 겸허히 받아들여야 한다고 말한다. 사람의 마음속에는 두 가지 바람이 있는데, 하나는 원하는 것을 얻기를 바라는 마음이고, 다른 하나는 내가 피하고 싶은 일을 당하지 않았으면 하는 바람이다. 우리가 생각하는 행복과 불운

이 결국은 이런 마음가짐에서 연유한다고 보았다. 그는 말한다.

> 행복은 내부에서만 찾을 수 있다. …… 당신의 행복을 좌우하는 것은 세 가지이며, 그 세 가지 모두 당신 뜻대로 할 수 있다. 첫째는 당신의 의지이며, 둘째는 당신이 관련된 사건들에 대한 당신의 생각이며, 셋째는 당신이 자신의 생각을 이용하는 방식이다.

다시 말하면 행복은 나의 의지와 나의 생각과 내가 선택한 방식에 달려 있다는 것이다. 행복한 삶을 위해서는 위의 세 가지 것 외에도 좋은 습관을 갖는 것이 중요하다. 좋은 습관은 교육이 지향하는 목적 중의 하나이기도 하다. 에픽테토스는 올바른 습관에 대하여 이렇게 설명하고 있다.

> 모든 습관은 노력에 의해 굳어진다.
> 어떠한 일도 갑자기 이루어지지 않는다.
> 한 알의 과일, 한 송이의 꽃도 그렇게 되지 않는다.
> 나무의 열매조차 금방 맺히지 않는데, 하물며
> 인생의 열매를 노력도 하지 않고 조급하게 기다리는 것은 잘못이다.

자신의 한계를 잘 안다는 것은 삶을 효과적으로 영위해가는 중요한 자세가 된다. 이것은 불교의 수행뿐만이 아니라 세상 모든 사람들에게도 통용되는 덕목이다. 기다릴 땐 기다리고 받아들일 땐 받아들이는 것이다. 그리고 결실을 맺기 위해서는 그에 따른 적절한 노력을 기울여야 한다.

「고경」에서도 오온의 무상에 대한 설법이 이뤄지고 있다. 부처님께서는 색-수-상-행-식의 오온이 왜 괴로움이 되는지에 대하여 자세히 가르치신다. 오온이 왜 괴로움이 될까? 이유는 간단하다. 오온의 실체를 명확히 보려고 하지 않기 때문이다. 자신을 성찰하는 것은 쉬운 일이 아니다. 그래서 우리는 자신의 본질을 잘 이해하지 못하며 곤란한 일일수록 회피하려 든다. 받아들이려는 마음이 없다는 뜻이다. 항상하지 않음이 중생에게는 괴로움의 원인이 된다. 본문의 부처님 말씀을 보자.

"비구들아, 색은 항상한가, 무상한가?"
비구들은 부처님께 아뢰었다.
"무상합니다, 세존이시여."
"비구들아, 무상한 것은 괴로운 것인가?"
"괴로운 것입니다, 세존이시여."
"비구들아, 만일 무상하고 괴로운 것이라면 그것은 변하고 바뀌는 법이다. 많이 아는 거룩한 제자들이 과연 그런 것에 대해 '이것은 나다, 나와 다르다, 나와 나 아닌 것이 함께 있는 것이다'라고 보겠는가?"

"아닙니다, 세존이시여."

불교에서는 물질의 개념을 보통 색(rūpa)으로 표현한다. 물질은 눈에 보이고 손에 만져지는 어떤 형태나 덩어리를 말한다. 그래서 rūpa는 어원적으로 물질적인 요소는 파괴되게끔 되어 있는 무엇이라는 의미를 담고 있다. 색은 좁은 의미로 육체를 가리키기도 한다. 육신은 소멸될 수밖에 없는데, 이를 영원할 것이라 생각하여 집착하는 것은 맞지 않다. 세상에는 되는 법이 있고 되지 않는 법이 있다. 모래로 밥을 하면 되지 않는다. 왜 그런가. 되는 법이 없기 때문이다. 반대로 쌀을 가지고 밥을 하면 밥이 된다. 왜 그런가. 되는 법이 있기 때문이다. 불교에서는 진리라는 말과 같은 의미로 법(Dharma)이라는 말을 쓴다. 이것은 일체 모든 것의 이치라는 뜻이다. 세상을 살아가며 고민하는 많은 것들이 해결의 실마리를 가지고 있다. 이를 알려면 우선 그 법의 성질을 살펴서 되는 법인가 되지 않는 법인가를 판단해보라. 인간은 이성적으로 판단할 능력이 있기 때문에 이 논리에 맞춰보면 판가름이 난다.

변하고 바뀌는 것! 이것이 무상이고 세상의 본질이다. 그래서 현자는 괴로워하지 않는다. 소크라테스는 항상 같은 표정을 지었다고 전하며, 동양의 감성은 "도는 가까이 있다"는 것이다. 이

구절은 『맹자孟子』「이루장구離婁章句」편에 나온다. 내용은 이렇다.

도재이이구제원道在爾而求諸遠
사재이이구제난事在易而求諸難

도는 가까운 데 있는데 사람들은 멀리서 찾으려 하고
일은 쉬운 데 있으나 사람들은 어렵게 해결하려 한다.

변하고 바뀌는 것은 무상하고 고뇌가 된다. 이 무상의 고에서 벗어나기 위해서는 문제의 본질을 깨달아야 한다. 깨달으면 실상을 알기 때문에 더 이상 괴로워하지 않는다. 진정한 해탈이 여기에 있다. '도가 멀리 있지 않다'는 것은 마음 안에서 찾으라는 뜻이다. 일이 난관에 부딪치면 당황하지 말고 작고 쉬운 부분부터 풀어가는 것이 중요하다. 실상이 무엇인가. 불은 뜨겁고 물은 습하고 대지는 견고하고 바람은 움직이는 성질이 곧 그것의 실상이다. 이와 같이 일의 성질을 분석해보면 해결의 실마리를 찾을 수 있다. 우리는 오온을 어떻게 받아들이는 걸까? 부처님은 말씀하신다.

그때 세존께서 모든 비구들에게 말씀하셨다.
"색은 괴로운 것이다. 만일 색이 괴로운 것이 아니라면 응당 색에 병이 있거나 괴로움이 생기지 않을 것이며, 또한 '이렇게 되었으면' 하고 바라지 않을 것이요, '이렇게 되지 않았으면' 하고 바라지도 않을 것이다. 색은 괴로운 것이기 때문에 색에서 병이 생기고, 또한 색에 대해서 '이렇게 되었으면' 한다든가 '이렇게 되지 않았으면' 하고 바랄 수 있는 것이다. 수·상·행·식에 있어서도 또한 그와 같으니라."

색은 무너지는 성질이다. 한 번 생겨나면 한 번 소멸하는 것은 필연이다. 몸이 있으니까 병이 있고 육신에 대한 욕망이 있다. 나머지 수·상·행·식에 대한 기대도 마찬가지여서 좋은 것을 취하고 싫은 것을 멀리하는 심리가 모두 오온의 굴레에 있다. 그러니까 오온의 무상과 고를 아는 것이 수행의 중요한 요소가 된다. 다시 경문을 보자.

"수·상·행·식에 있어서도 또한 그와 같으니라. 그러므로 비구들아, 존재하는 모든 색은 과거에 속한 것이건 미래에 속한 것이건 현재에 속한 것이건, 안에 있는 것이건 밖에 있는 것이건, 거칠건 미세하건, 아름답건 추하건, 멀리 있는 것이건 가까이 있는 것이건 그 일체는 모두 나가 아니요, 나와 다른 것도 아니며, 나와 나 아닌 것이 함께 이는 것도 아니라고 사실 그대로 관찰해야 하느니라. 수·상·행·식에 있어서도 또한 그와 같으니라. 많이 아는 거룩한 제자들은 색에서 해탈하고 수·상·행·식에서 해탈하나니, 그러면 '그는 태어남·늙음·병듦·죽음·근심·슬픔·번민·괴로움의 완전 괴로움뿐인 큰 무더기에서 해탈하였다'고 나는 말하느니라."

우리는 동일시同一視하는 습성이 있다. 동일시는 프로이드의 이론이기도 하고 정신분석학에서 쓰이는 용어로, 자기가 좋아하거나 존경하는 사람의 태도, 가치관, 행동 등을 자기의 것으로 받아들여 가는 과정을 말한다. 그래서 자기도 모르는 사이에 그 사람의 행동과 말투, 사고방식과 닮게 된다. 비슷한 개념으로는 플라톤의 '모방'에 대한 교육적 이해의 기초를 예로 들 수 있다. 서양의 계몽주의 사상가인 루소는 "인간이 손으로 쓴 교육에 관한 책으로는 플라톤의 『국가』가 가장 뛰어나다"라고 했다. 플라톤이 보기에 인간의 영혼은 친숙하게 느끼는 대상을 닮고자 하는 속성이 있다고 한다. 즉 모방의 성향, 다시 말해 자신을 주변 환경과 유사한 것으로 만들려는 본성과 본능을 지닌다는 것이다. 이와 달리 불교에서의 오온 교설은 동일시에 비춰볼 때 약간 차원이 다르다. 왜냐하면 밖의 사물이 주는 느낌과 그에 따른 나의 판단은 자신만의 관점이기도 하고 자신의 업이 작용한 것이라고 보기 때문이다. 오온의 성질은 하나의 흐름 속에서 존재하기 때문에 나의 취사선택으로 붙들 수도 없고, 그렇다고 그것으로부터 자유로울 수도 없다. 서양의 교육이 좋은 모델을 닮으려고 하는 본능을 통해 무지와 습성을 극복하려는 방식이라면, 불교적인 자기 극복은 오온에 대한 명확한 이해와 깨달음이 보다 근원적인 계몽으로 발휘될 수 있음을 말한다고 하겠다.

부처님께서 "존재하는 모든 색은 과거에 속한 것이건 미래에 속한 것이건 현재에 속한 것이건, 안에 있는 것이건 밖에 있는 것이건, 거칠건 미세하건, 아름답건 추하건, 멀리 있는 것이건 가까이 있는 것이건 그 일체는 모두 나가 아니요, 나와 다른 것도 아니며, 나와 나 아닌 것이 함께 이는 것도 아니라고 사실 그대로 관찰해야 하느니라"라고 하신 것은 오온을 나와 동일시하거나 그렇다고 나와 무관한 것으로도 하지 말라는 말씀이다. 왜냐하면 오온의 본질을 제대로 이해한다면 일시적인 감정으로부터 자유로울 수 있으며, 오온을 여실하게 관찰하는 것이 인간의 생로병사와 우비고뇌로부터 해탈하는 요긴한 법이기 때문이다.

나는 평소 각 문화권의 우화집을 즐겨 읽는다. 우리는 우화를 통해 인간의 삶을 성찰하는 안목을 배울 수 있다. 최근에 『프랑스 고교생들의 우화철학』이라는 책에서 읽은 르네상스 시기의 이탈리아 우화작가인 아브스테미우스가 전하는 이야기 하나를 소개한다.

인간은 신이 내려준 밀을 도처에 심었다. 그러나 수확할 일이 너무 많아 대지가 고갈될 지경에 이르렀다. 그러지 신은 지혜를 발휘해 양들로 하여금 남아도는 밀을 뜯어먹게 했다. 그런데 양들이 너무 거칠게 밀을 뜯어먹는 바람에 밀밭이 황폐해지고 말았다. 그러자 신은 이를 개선하기 위해 늑대들로 하여금 약간의 양들을 잡아먹게끔 했다. 그런데 이 잔인한 동물이 양을 너무 많이 살육하고 유린하는 바람의 양은 거의 씨가 마를 지경이었다. 그러자 신은 대량학살을 막기 위해 인간으로 하여금 늑대들을 죽이도록 했다. 다음엔 무슨 일이 일어났을까? 인간들은 거의 마지막 하나까지 늑대들을 절멸시켰다. 그래서 최초의 문제가 다시 제기되었다. 내 개인적인 해설을 덧붙이자면 이야기의 결론은 신이 무한한 지혜에도 불구하고 자신이 창조한 세계의 결함을 교정하는 데 성공하지 못했다는 점이다.

마음의 균형과 지나치지 않는 삶을 위한 교훈이다. 이 우화에다 라퐁텐(1621~1695, 프랑스 시인이자 동화작가)이 아래와 같이 교훈을 붙였다. 그의 우화집인 『우화 선집(Fables Choisies)』에는 124개의 우화가 실려 있고 루이 14세의 여섯 살 난 손자에게 헌정되기도 했다. 이 우화집은 동물에 비교하여 사람의 참다운 모습을 생각하게 해주는 뛰어난 작품으로 평가받는다. 오늘날에도 프랑스 지식인들은 라퐁텐의 시 구절을 즐겨 인용한다고 한다. 그는 이렇게 덧붙였다.

인간은 동물 가운데 방탕에 빠질 수 있는 성향이 강하다.

소인과 대인 모두를 비판해야 한다.

다음과 같은 점에서 죄를 짓지 않는 인간은 없다.

도를 넘지 않는 것!

끊임없이 이야기해도 인간은 일을 전혀 지키지 못한다.

그리스 델포이 신전의 합각머리에는 "너 자신을 알라"라는 말과 "지나치지 말라"라는 두 말이 새겨졌다고 한다. 인간의 무지와 욕망, 그에 따른 과욕을 당해낼 재간이 없다. 부처님께서 강조하는 오온에 대한 바른 인식과 이해가 선행될 때만이 우리는 무한정 자기 동일시의 함정에 빠지지 않고 균형 잡힌 평화로운 삶을 영위할 수 있으리라.

병신년의 사월이 오고는 천지에 봄꽃이 피어나고 있다. 그 꽃들 중에 상상만으로도 신나는 꽃은 벚꽃이다. 벚꽃은 군락을 이루면 장관이다. 지리산 화개의 십리 벚꽃 길도 좋고, 봄 산 군데군데 하얗게 도드라진 산벚꽃도 좋다. 무엇보다 내가 법련사 주지를 하면서 십 년을 넘도록 거르지 않은 새벽 산책길에 만나곤 했던 삼청공원의 만개한 벚꽃도 있다. 이 봄, 나는 서울을 벗어날 엄두도 내지 못하고 재단과 학교에만 왔다 갔다 하는 처지여서 꽃구경은 생각도 못해보고 있었다. 그런데 재단 건물 옆 조계사로 가는 골목 초입에 있는 벚꽃나무 두 그루가 최근 만개하였다. 지나가는 사람들이 이것도 좋다며 눈길을 주고 사진도 찍고 하였다. 어느 날 학교에서 돌아오는 피곤한 늦은 오후, 벚꽃을 한참 동안 올려다보고 있자니 문득 그런 생각이 들었다.

'군락을 이룬 벚꽃도 좋지만, 꽃이 없는 곳에서 보게 되는 달랑 두 그루의 기세도 만만치 않군!'

그리하여 벚꽃나무 두 그루가 토해내는 봄의 정경으로도 난 충분히 즐거운 기분이 되었다.

꼭 넘쳐나야만 좋은 것은 아니라는 말씀.

장신경

이와 같이 나는 들었다.

어느 때 부처님께서 구살라국 인간 세상을 유행하시다가 사위국 기수급고독원으로 가셨다. 그때 장신 바라문이 7백 마리 황소를 줄지어 기둥에 묶고 숫 물소와 암 물소 및 염소 새끼와 온갖 작은 짐승들을 모두 묶어놓고는 여러 가지 음식을 마련하여 크게 보시를 베풀며, 여러 외도들이 여러 나라에서 찾아와 모두 참석하는 그런 사성대회를 열었다.

그때 장신 바라문은 사문 구담께서 구살라국 인간 세상을 유행하시다가 사위국 기수급고독원에 오셨다는 소식을 듣고 이렇게 생각하였다.

'나는 지금 사성대회를 마련하였다. 그래서 7백 마리 황소를 줄지어 기둥에 묶어놓고 …… 온갖 작은 짐승들까지 다 매어 묶었다. 이 사성대회를 위해 여러 외도들은 여러 나라에서 이

대회에 참석하였다. 나는 이제 사문 구담이 계신 곳으로 찾아가 사성의 법을 물으리라. 그래서 내가 이 사성대회를 치르는데 있어서 그 차림에 모자람이 없게 하리라.'

이렇게 생각한 뒤, 흰 마차를 타고 여러 젊은 바라문들에게 앞뒤로 호위를 받으면서 황금자루 일산을 들고 황금 물병을 지니고는, 사위성을 나와 세존이 계신 곳으로 나아가 공경하고 섬기고자 하였다.

그는 정사 문 앞에 이르자 수레에서 내려 걸었고, 부처님 앞에 나아가 서로 인사하고 위로한 뒤에 물러나 한쪽에 앉아 아뢰었다.

"구담이시여, 저는 지금 사성대회를 치르려고 7백 마리 황소를 줄지어 기둥에 묶어놓았고 …… 온갖 작은 짐승들까지 다 매어 묶었습니다. 그리고 이 사성대회를 위해 여러 외도들은 여러 나라에서 모두 참석하였습니다. 또 구담께서 구살라국 인간 세상을 유행하시다가 사위국 기수급고독원으로 오셨다는 소식을 듣고, 저는 이제 일부러 찾아와 구담께 사성대회의 법과 온갖 물건의 차림새를 여쭙니다. 제가 마련하는 이 사성대회가 모든 차림에 있어서 부족함이 없게 하소서."

부처님께서는 바라문에게 말씀하셨다.

"혹 어떤 사성대회 주관자는 보시를 행하여 복을 지으려다가 도리어 죄를 지어 세 가지 칼에 베이고 좋지 못한 과보를 받습니다. 어떤 것이 세 가지인가? 이른바 몸의 칼과 입의 칼과 뜻의 칼입니다.

어떤 것이 온갖 괴로움의 과보를 가져오는 뜻의 칼인가? 어떤 대회 주관자는 대회를 마련하고는 '나는 이 사성대회를 마련하여 거기서 어린 황소와 숫 물소와 암 물소 및 염소 새끼와 또 여러 가지 짐승들을 죽이리라'고 생각합니다. 이것이 이른바 온갖 괴로움의 과보를 가져오는 뜻의 칼이니. 이런 시주는 비록 여러 가지 보시와 여러 가지 공양을 베푼다고 생각하지만 사실은 죄를 짓는 것입니다.

어떤 것이 온갖 괴로움의 과보를 가져오는 입의 칼인가? 어떤 대회 주관자는 대회를 마련하고 '나는 지금 사성대회를 마련한다. 너희들은 거기서 어린 황소를 죽이고 나아가 잔잔한 짐승들까지 죽여라'고 시킵니다. 이것이 이른바 온갖 괴로움의 과보를 가져오는 입의 칼이니, 이런 대회 주관자는 비록 그러한 보시와 공양을 행한다 하더라도 사실은 죄를 짓는 것입니다.

어떤 것이 온갖 괴로움의 과보를 가져오는 몸의 칼인가? 이른바 어떤 대회 주관자는 대회를 마련하고 자기 손으로 거기서 황소를 죽이고 나아가 온갖 잔잔한 짐승들까지 죽입니다. 이것이 이른바 온갖 괴로움의 과보를 가져오는 몸의 칼이니, 이런 대회 주관자는 비록 여러 가지 보시와 여러 가지 공양을 하려고 생각하지만 사실은 죄를 짓는 것입니다.

그러므로 바라문이여, 마땅히 세 가지 불을 부지런히 공양하고 때를 따라 공경하며 예배하고 받들어 섬겨 그들에게 안락을

주어야 합니다. 어떤 것이 세 가지인가? 첫째는 근본이요, 둘째
는 가족이며, 셋째는 복밭입니다.

어떤 것이 때를 따라 공경하고 받들어 섬기며 공양하여 그에
게 안락을 주어야 할 근본이라는 불인가? 이른바 선남자는 방
편으로 재물을 얻고 손발을 부지런히 써서 법답게 얻은 것으로
부모를 공양하여 안락을 얻게 해야 하나니, 이것이 근본이라는
불입니다. 무슨 까닭으로 근본이라 하는가? 선남자는 그들, 즉
부모로부터 태어났기 때문에 근본이라 합니다. 선남자는 근본
을 숭상하기 때문에 때를 따라 공경하고 받들어 섬기며 공양하
여 안락을 드려야 합니다.

어떤 것이 선남자가 때를 따라 양육하고 안락을 주어야 할
가족이라는 불인가? 이른바 선남자는 방편으로 재물을 얻고
손발을 부지런히 써서 법답게 얻은 것으로써 처자·친척·권
속·종·품꾼들을 이바지하고 때를 따라 공급하며 공경하여 안
락을 얻게 해야 하나니, 이것이 가족이라는 불입니다. 무슨 까
닭으로 가족이라 하는가? 선남자는 가족과 살면서 즐거우면
같이 즐거워하고 괴로우면 같이 괴로워하며, 일을 할 때에는
다 서로 순종하므로 가족이라 합니다. 그러므로 선남자는 때를
따라 이바지하고 안락을 주어야 합니다.

어떤 것이 선남자가 때를 따라 공경하고 존중하며 공양하여
그에게 안락을 주어야 할 복밭이라는 불인가? 이른바 선남자
는 방편으로 재물을 얻고 손과 발을 부지런히 써서 법답게 얻

은 것으로써 탐욕과 성냄과 어리석음을 능히 다스리는 모든 사문 바라문을 받들어 섬기고 공양해야 하나니, 이런 사문 바라문은 복밭을 이루어 그들을 높아지게 하고 더욱 나아가게 하며 자기 몫을 즐기고 그 과보를 즐기다가 미래에는 하늘에 태어나게 하나니, 이것이 복밭이라는 불입니다. 무슨 까닭으로 밭이라 하는가? 이른바 응공은 세상의 복밭이 되기 때문에 밭이라 합니다. 그러므로 선남자는 때를 따라 공경하고 받들어 섬기며 공양하여 그에게 안락을 다해야 합니다."

그때 세존께서는 다시 게송으로 말씀하셨다.

근본과 가정
응공은 복밭이라는 불
이런 불에 열심히 공양하고
충족시켜 편안하고 즐겁게 하며
지은 죄 없이 세상을 즐기는
지혜로운 사람, 하늘에 태어나리.

법다운 재물로 또 대회를 열어
공양할 만한 이를 공양한다면
공양할 만한 이를 공양한 까닭에
하늘에 태어나고 큰 명성 얻으리라.

"그런데 바라문이여, 이제 선남자는 공양할 세 가지 불에 앞서 마땅히 세 가지 불을 끊어 없애야 합니다. 어떤 것이 세 가지인가? 이른바 탐욕이라는 불과 성냄이라는 불과 어리석음이라는 불입니다. 이것들은 왜 끊어야 하는가? 만일 탐욕이라는 불을 끊어 없애지 않으면 자기를 해치고 남을 해치며, 자기와 남을 함께 해치고, 현세에서 죄를 짓고 후세에서 죄를 지으며, 현세와 후세에서 다 죄를 지어 그 때문에 마음에 근심과 괴로움이 생기기 때문입니다. 성냄이라는 불과 어리석음이라는 불에 있어서도 또한 그와 같습니다.

바라문이여, 만일 선남자가 나무를 쌓아 피운 불을 섬겨 때맞추어 고생하고 때맞추어 불태우며 때맞추어 불을 끈다면 그로 말미암아 고통받을 것입니다."

그때 장신 바라문은 잠자코 있었다. 이때 그 자리에 울다라라는 바라문의 아들이 있었다. 장신 바라문은 잠시 잠자코 생각한 뒤에 울다라에게 말하였다.

"네가 저 사성대회 장소로 가서 기둥에 묶어두었던 황소와 묶여 있는 모든 중생들을 모두 놓아주겠는가? 그리고 또 그들에게 '장신 바라문은 너희들에게 마음대로 자유로이 산이나 늪이나 들에서 마음껏 풀을 뜯고 깨끗한 물을 마시며 사방의 바람을 쐬면서 온갖 쾌락을 누리라고 말하였다'고 하라."

울다라는 아뢰었다.

"스승님의 분부대로 하겠습니다."

그는 곧 사성대회 장소로 가서 모든 중생들을 놓아주면서 말하였다.

"장신 바라문께서 너희들에게 '너희들 좋을 대로 산이나 늪이나 들로 가서 물도 마시고 풀도 뜯으며 사방의 바람을 쐬면서 스스로 즐기거라'고 말씀하셨다."

이때 세존께서는 울다라가 그렇게 한 것을 아시고 이내 장신 바라문을 위해 갖가지로 설법하시어 가르치고 기뻐하게 하셨다.

이른바 율과 세존의 설법 순서에 따라 계를 말씀하시고 보시, 하늘에 태어나는 공덕, 애욕에 맛들임, 재앙, 벗어나는 길의 청정함, 번뇌를 청정하게 할 것을 말씀하시어 열어 보이고 나타내셨다. 장신 바라문은 마치 깨끗하고 흰 천이 물감을 쉽게 받아들이듯이, 곧 그 자리에서 네 가지 진리를 보고 빈틈없는 한결같음을 얻게 되었다.

이때 장신 바라문은 법을 보고 법을 얻고 법을 알고 법에 들어가, 모든 의혹을 건너고 남의 구원을 받지 않으며 바른 법안에서 두려움이 없게 되었다. 그는 곧 자리에서 일어나 옷을 여미고 오른쪽 어깨를 드러내고 합장하고 부처님께 아뢰었다.

"저는 이미 제도되었습니다. 세존이시여, 저는 오늘부터 목숨을 마칠 때까지 부처님과 법과 승가에 귀의하여 우바새가 되겠습니다. 저를 인정하여 주소서. 그리고 세존이시여, 여러 대중들과 함께 저의 공양을 받아주십시오."

그때 세존께서는 잠자코 허락하셨다. 그러자 장신 바라문은 부처님께서 자기 청을 받아주신 것을 알고는 부처님께 예배하고 오른쪽으로 세 번 돌고 물러갔다.

장신 바라문은 사성대회 장소로 돌아가 깨끗하고 맛있는 여러 가지 음식을 마련하여 상을 차리고는 사람을 보내 부처님께 아뢰었다.

"때가 되었습니다. 세존께서는 때를 아소서."

그때 세존께서는 가사를 입고 발우를 들고 대중들에게 둘러싸여 장신 바라문의 대회 장소로 가 대중 앞에 앉으셨다. 장신 바라문은 세존께서 자리에 앉으시자 자기 손으로 여러 가지 음식을 올렸다. 공양이 끝나자 손 씻을 물을 돌리고 발우를 씻은 뒤에 따로 낮은 평상을 펴고 대중 앞에 단정히 앉아 법을 들었다.

그때 세존께서는 장신 바라문을 위해 여러 가지로 설법하여 가르치고 기쁘게 하신 뒤에 자리에서 일어나 떠나셨다.

| 잡아함경 제4권, 93

표피무이변문豹披霧而變文
용승뢰이환골龍乘雷而換骨

표범은 안개에 쌓여 그 무늬가 변하고

용은 우뢰에 올라 뼈를 바꾼다.

이 말은『종용록』제43칙의 게송 중에 나온다.『종용록』은 중국 선종사에서『벽암록』과 함께 쌍벽을 이루는 공안 송고평창집頌古評唱集이다. 이 책은『벽암록』보다 100년 후(1224년)에 간행되었고, 특히 선문의 명문이 가득하여 많은 사랑을 받았다. 묵조선 수행체계를 확립한 송대의 선승 천동정각(1091~1157)의『송고백칙』에 만송행수(1196~1246) 선사가 시중示衆-착어著語-평창이라는 공안집의 형식을 갖추어 완성한 책이 바로『종용록』이다. 이 책은 칭기즈칸의 행정비서관이었던 야율초재 담연 거사의 원력으로 세상에 나오게 되었다. 서울 법련사에서 오랫동안 지내기도 했던 석지현 스님이 여러 해 전부터『벽암록』5권과『종용록』5권을 잇따라 완역 출간하여 누구나 선어록 읽는 기쁨을 누릴 수 있게 되었다. 고마운 일이다. 나는 이 두 공안집에다『선문염송』까지 모두 세 질을 가까이 두고 어느 부분이건 문득 손 가는 대로 펼쳐서 읽곤 한다. 이 공안집들이 나에게는 선문의 애독서인 셈이다. 이번 아함경 강설집은『종용록』의 법문을 겸해서 써나가려 한다.

만송 스님은 표범과 용을 예로 들어 한 차원 더 깊게 들어가는 묘미를 노래하였다. 표범의 가죽은 표범에겐 생명과 같고, 용은 승천하지 못하면 이무기에 머무르고 만다. 다시 한 세계를 열어 보이려면 어떻게 해야 하겠는가. 표범의 무늬가 변한다는 것은 가죽과 털을 벗어버린 경계며, 용이 승천한다는 것은 몸과 껍질을 바꿔버렸다는 소식이다. 가죽은 이전의 가죽이 아니고 몸은 이전의 몸이 아니다. 두 이야기는 각각 다음의 출처에 기인한다.

한漢의 유향이 지은 『열녀전列女傳』에는 이렇게 실려 있다.

도답자라는 사람이 도지방의 관리가 되어 다스린 지 3년이 지나자 집안 살림은 세 곱이나 부유해졌지만 명예는 얻는 바가 없었다. 어느 날, 그의 아내가 아이를 안고 슬피 울었다. 시어머니가 이 모습을 보고 화를 내면서 상서롭지 못하다고 꾸짖었다. 그의 아내가 말했다. "제가 듣건대 남산에 사는 검은 표범은 안개 속에 은거하면서 7일 동안 음식을 먹지 않는다고 합니다. 이는 자신의 털을 윤택케 하고 그 무늬가 좋아지기를 바라기 때문이라고 합니다. 그러나 개나 돼지는 가리지 않고 아무것이나 마구 먹기 때문에 살이 찌고 살이 찌기 때문에 결국 화를 당한다고 합니다." 그로부터 만 일 년 후에 도답자는 천벌을 받아 죽고 말았다.

표범이 안개 속에서 절식하면서 7일을 보낸다고 하니 사실 여부를 떠나 경이로운 생각이 든다. 인도 속담에 "호랑이의 무늬는 밖에 있고, 사람의 무늬는 안에 있다"라고 한다. 호랑이(표범)의 위엄은 가죽과 줄무늬에 있다. 그 무늬가 그냥 얻어지는 게 아니라 안개 속에서 굶주림과 싸워가며 얻어낸 것이다. 『종용록』제43칙의 만송이 붙인 평창에는 이와 관련하여 다음과 같은 양자楊子의 이야기가 나온다. 양자는 이렇게 말했다.

"성인은 호랑이처럼 그 무늬를 특별히 빛나게 하고, 군자는 표범처럼 그 무늬를 특별히 아름답게 하고, 말재주꾼은 살쾡이처럼 특별히 그 무늬를 풍성하게 한다."

이 글에서 보면 호랑이는 본래의 근원이고 표범은 중간, 살쾡이는 범인의 세계다. 범인은 꾸밈이 있다. 풍성하게 한다는 것은 부풀리는 것을 말한다. 각 단계마다 인내심도 차이가 있고 자기 존엄감도 다르다. 자신을 연마하고 일의 성취를 위해서는 남다른 의지가 있어야 한다는 비유를 그렇게 들었다.

「장신경」에서도 바라문이 등장한다.

이 바라문은 위세가 있어서인지 대규모의 사성대회邪盛大會를 열고 있었다. 한 바라문이 사성대회에 부처님도 참석해 달라고 청원했다. 사성대회란 동물을 희생시켜 신에게 공양함으로써 재앙을 물리치고 복을 받을 것이란 믿음에서 치러지는 동물 희생제의다. 인터넷 상에 희생제의를 찾아보면 지금도 이런 행위가 이뤄지고 있음을 알 수 있다. 사진 상으로도 잔인해서 볼 수가 없을 정도다. 이들의 희생제의는 경우에 따라 1,000마리의 소나 가축을 죽여서 피를 뿌린다. 희생제의는 고대 그리스의 역사에도 나오듯이 피를 바치거나 희생된 가축을 불에 태워 그 냄새를 퍼트리는 방식이었다. 인간은 왜 그렇게 희생제사 의식에 열광했던 것일까? 우선 인도의 제의 전통과 그 의의를 알아보도록 하자.

인도에서 베다의 종교는 곧 제사(yajna)의 종교다. 베다적 세계관에서는 모든 사건과 행동이 제사에 바탕을 두고 있다. 제사가 세계의 중심이었다. 마치 바퀴가 축을 중심으로 돌듯이 세계는 제사 위에서 움직인다. 인도 고대 경전인 『리그베다』의 「원인가原人歌」는 제사의 본질과 기능이 무엇인지 이해하는 데 큰 도움이 되는 찬가다. 「원인가」는 천 개의 머리와 천 개의 눈과 천 개의 발을 가진 원초적 인간인 푸루샤의 자기희생, 즉 자기제사에 의해 이 세계와 인간이 출현하는 과정을 노래하고 있다. 여기서 제사는 지고의 힘이고 모든 존재는 이 힘을 통해서 창조되었음을 시사한다. 이 찬가는 또한 인간과 자연과 신들이 모두 같은 근원에서 나왔음을 노래하고 있다.

제사에 참여한다는 것은 존재의 근원으로 돌아가는 방법이다. 그리고 원천으로 돌아감으로써 그 근원적 힘에 의해 삶과 세계를 재창조하고 재생하고자 한다. 제사란 인간과 신과 자연적 존재의 소통을 즐김이며 그 친교로부터 새로운 존재를 창조한다. 그러므로 전 우주는 존재하는 한 제사에 참여하는 것이다. 제사를 구성하는 율동적인 노래와 기도, 정성어린 봉헌과 예배 행위에 의해 궁극적 힘을 공유하게 된다. 그러므로 성스러운 만트라와 행위로 제사를 관장하는 바라문(사제)은 제사의 힘을 통해 우주를 통제한다고 여겼다.

경전 상에 바라문이 자주 등장하고 있어서 그들이 외우고 지니는 베다Veda에 대하여 간단히 설명을 하고자 한다. 베다는 '앎'이라는 뜻을 가진 산스크리트어로서 오늘날 힌두교의 경전을 일컫는 데 쓰인다. 베다와 베다에 딸린 여러 책들은 이른바 '높은 이(신)로부터 들어 알고 있다'라는 뜻과 이를 바탕으로 한 '전통을 따른다'라는 뜻이 있다. 베다의 경전은 기원전 약 1,500년을 전후로 산스크리트어로 쓰여졌으며 고대 인도종교, 신화 및 철학의 주춧돌이라고 할 수 있다. 베다는 그 담고 있는 내용에 따라 여러 가지로 나누어진다. 대표적으로 4베다가 있다.

> | 리그베다Rigveda는 힌두교의 여러 신들을 희생제식을 행하는 장소로 불러들이는 찬가들을 담고 있다(성립 연대는 기원전 1,700~1,100년).
> | 야주르베다Yajurveda는 희생제식의 진행과 관련된 만트라들과 정해진 문구들을 담고 있다(성립 연대는 기원전 1,400~1,000년).
> | 사마베다Samaveda는 희생제식에서 사용하는 가곡歌曲 또는

가창歌唱을 담고 있다(성립 연대는 기원전 1,000년).

| 아타르바베다Atharvaveda는 주문呪文, 이야기, 예언, 액막이 부적, 조복(調伏: 원수나 악마를 굴복시킴), 소량의 사색적인 찬가 등과 같이 주로 재앙을 제거하고 복을 불러오는 주술 관련 내용을 담고 있다.(기원전 1,200~1,000년 성립).

이제 본문의 내용을 살펴보도록 하자.

"마땅히 세 가지 불을 부지런히 공양하고 때를 따라 공경하며 예배하고 받들어 섬겨 그들에게 안락을 주어야 합니다. 어떤 것이 세 가지인가? 첫째는 근본이요, 둘째는 가족이며, 셋째는 복밭입니다."

부처님께서는 우선 희생제의를 시도하려는 바라문을 향하여 살생을 행하면 좋은 과보를 얻지 못하여 괴로움을 받게 됨을 설하셨다. 그러면서 살생보다는 공양하고 공경하고 받들어 섬기면서 안락을 베풀어야 할 세 가지를 말씀하셨다. 그 세 가지는 이렇게 설해진다.

"선남자는 그들, 즉 부모로부터 태어났기 때문에 근본이라 합니다.
선남자는 근본을 숭상하기 때문에 때를 따라 공경하고 받들어 섬기며 공양하여 안락을 드려야 합니다.

선남자는 가족과 살면서 즐거우면 같이 즐거워하고 괴로우면 같이 괴로워하며 일을 할 때에는 다 서로 순종하므로 가족이라 합니다. 그러므로 선남자는 때를 따라 이바지하고 안락을 주어야 합니다.

이른바 응공은 세상의 복밭이 되기 때문에 밭이라 합니다. 그러므로 선남자는 때를 따라 공경하고 받들어 섬기며 공양하여 그에게 안락을 드려야 합니다.”

부모는 나의 근본이기 때문에 소홀이 할 수 없고, 가족은 동고동락하는 사회의 가장 일차적인 관계이기에 소중하며, 부처님-응공은 세상의 복밭이 되기 때문에 공경하고 안락을 드려야 한다고 설해지고 있다. 부모로부터 받은 나의 존재는 말할 수 없이 소중한 것이다. 부모가 없었으면 나의 존재는 있지 않았다. 다음으로 한 울타리 안에서 살아가는 가족이라는 의미는 불가사의하다. 인연이 모여 관계가 형성되고 가장 가깝게 영향 받고 영향을 미친다. 가족 간에는 어지간한 잘못도 이해되며 평생을 같이 지내도 돌아보면 아쉽고 부족하다. 사람이 죽음에 이르러 가장 많이 후회하는 것 중에 하나가 가족과 많은 시간을 보내지 못한 것을 든다고 한다. 그리고 마지막 하나는 불전에 대한 신심과 공경이다. 부처님은 세상의 복밭이자 스승이어서 나를 행복의 정원에 머물게 하고 진리의 바다로 이끈다. 강물이 흘러 바다에 들듯이 불법의 강물에 오르기만 하면 필경에는 바다에 이르게 된다.

　바라문이 자신의 희생제의가 너무 잔인하고 어리석었음을 깨달을 수 있었던 것은 부처님의 다음과 같은 말씀을 들었기 때문이다. 부처님은 괴로움의 과보를 가져오는 세 가지 행위에 대해 설하셨다. 그 세 가지는 바로 불교의 삼업 수행인 몸(身)·입(口)·생각(意)에 대한 법문이었다. 부처님은 "어떤 것이 온갖 괴로움의 과보를 가져오는 뜻의 칼인가?"라고 질문을 던짐으로써 바라문으로 하여금 자신을 돌아보게 하셨다. 바라문은 이 희생제의를 통해 복과 안녕을 빌고 보시를 베푼다는 생각을 하였지만, 이는 인과의 도리에 비춰볼 때 오히려 나쁜 인연의 종자를 심는 일이었다. 부처님은 희생제의가 죄를 짓는 세 가지 칼과 같은 일이라고 단호하게 말씀하셨다.

　"혹 어떤 사성대회 주관자는 보시를 행하여 복을 지으려다가
　도리어 죄를 지어 세 가지 칼에 베이고 좋지 못한 과보를 받
　습니다. 어떤 것이 세 가지인가? 이른바 몸의 칼과 입의 칼
　과 뜻의 칼입니다."

　몸의 칼은 자신이 직접 살생에 가담하는 것이요, 입의 칼은 남에게 지시를 함으로써 간접적으로 악행에 책임을 갖게 되는

것이며, 뜻의 칼은 이 모든 시작과 진행과 끝이 생각에서 기인한다는 것이다. 삼업은 칼과 같이 나를 해칠 수 있다. 삼업의 그릇된 생각이 끊어졌다면 그렇게 잔인하게 희생제의를 위해 살생을 하지 않아도 될 일이다. 부처님의 법문을 들은 바라문은 문득 깨달은 바가 있었다. 그래서 자기 아들에게 가축들을 풀어주면서 큰소리로 외치도록 일렀다. 아들은 과연 그 말이 진실인지 확인한 다음에 바라문의 지시를 시행하였다. 그리고 외쳤다.

"너희들 좋을 대로 산이나 늪이나 들로 가서 물도 마시고 풀도 뜯으며 사방의 바람을 쐬면서 스스로 즐기거라!"

일이 잘 되었다. 요즘은 세계 어디나 소득 수준이 높아지면서 애완동물을 키우는 사람들이 늘어가는 추세다. 우리나라에서는 애완견을 반려견으로 부르기도 한다. 존재하는 모든 생명에 대한 사랑의 마음이 자비의 마음이다. 이런 정신을 이해하여 식생활에서도 육식을 줄이고 채식의 비중을 높이면서 적당한 운동을 병행한다면 보다 더 가볍고 활기차게 살아갈 수 있을 것이다. 이탈리아의 속담에 다음의 것이 있다.

당신이 알고 있는 모든 것을 말해서도 안 되고
당신이 들은 모든 것을 믿어서도 안 되고
당신이 할 수 있는 모든 것을 해서도 안 된다.

준엄한 교훈이다. 무슨 일을 결행할 때에는 그 행위의 결과가 가져올 영향을 헤아려서 서두르지 말고 순리에 따라 처리하면 좋을 것이다. 이 「장신경」에서 설하신 바처럼 몸과 말과 생각이라는 삼업이 범부들에게는 즐거움의 원천으로 받아들여지겠지만 도리어 칼이 되어 나를 해치기도 한다. 그러니 인과관계를 깨닫는다면 절제하면서 중용의 덕을 발휘해야 할 것이다.

우린 부족하지 않다.

교만경

이와 같이 나는 들었다.

어느 때 부처님께서 구살라국 인간 세상을 유행하시다가 사위국 기수급고독원으로 가셨다. 그때 사위국에는 교만한 바라문이 살고 있었다. 그의 부모는 두 사람 다 종성이 깨끗하여 흠이 없다고 말할 수 있는 자들이었으며, 일곱 대를 내려오면서 모두 맑고 깨끗한 자들이었다. 그는 바라문의 스승이 되어 언론에 통달하고, 모든 논과 기록과 책을 만 가지나 분명히 알며, 법의 낮고 못함을 알고, 모든 글귀와 기설을 분별하였으며, 얼굴도 단정하였다. 그래서 그는 혹은 태생으로 거만을 떨기도 하고, 족성으로 거만을 떨기도 하며, 얼굴로 거만을 떨기도 하고, 재물로 거만을 떨기도 하며. 부모도 어떤 존자도 스승과 어른도 공경하지 않았다.

그는 사문 구담께서 구살라국 인간 세상을 유행하시다가 사위국 기수급고독원에 오셨다는 소문을 듣고는 '지금 사문 구담께서 계시는 곳으로 가 보자. 만일 그가 무슨 말을 한다면 나도 같이 이야기할 것이요, 아무 말도 없으면 나도 잠자코 돌아오리라'고 생각하였다. 이때 교만한 바라문은 흰 마차를 타고 여러 젊은 바라문들에게 앞뒤로 호위를 받으면서 황금 자루 일산을 들고 황금 병을 지니고 세존을 뵈러 갔고, 동산 문에 이르러서는 말에서 내려 걸어갔다.

그때 세존께서는 여러 대중들에게 둘러싸여 설법하시면서 교만한 바라문을 돌아보지 않으셨다. 그러자 교만한 바라문은 '사문 구담은 나를 돌아보지도 않는구나. 나는 일단 돌아가야겠다'고 생각하였다. 그때 세존께서는 교만한 바라문의 생각을 아시고 게송으로 말씀하셨다.

교만한 이여, 이곳까지 찾아오고도
좋지 못하게 교만만 더하는구나.
조금 전 도리로써 일부러 찾아왔으니
마땅히 그 도리를 더욱 더하라.

이때 교만한 바라문은 '사문 구담은 이미 내 마음을 알고 있다. 가서 공경히 예배드리자'고 생각하였다.

그때 세존께서는 교만한 바라문에게 말씀하셨다.

"그만두라, 그만두라. 예배할 것 없다. 마음만 깨끗하면 이미

족하니라."

그때 그의 여러 대중들이 제각기 큰소리로 외쳤다.

"참으로 기이합니다. 세존께서는 큰 덕이 있고 큰 힘이 있으십니다. 이 교만한 바라문은 자기 태생을 믿고 교만을 부리고, 족성으로 교만을 부리며, 얼굴로 교만을 부리고, 총명함으로 교만을 부리고, 재물로 교만을 부리며, 그의 부모도 어떤 존자도 스승과 어른도 공경하지 않았습니다. 그런데 이제 사문 구담 앞에 와서는 스스로를 낮추어 겸손하게 발에 대고 공경히 예배하려고 하는군요."

그때 교만한 바라문은 대중들 앞에서 소리치며 조용하게 하고 게송으로 말하였다.

누구에게 교만한 마음 일으키지 말고
누구에게 공경하는 마음 일으켜야 하며
누구를 잘 위로해야 하고
누구를 잘 공양해야 합니까?

그때 세존께서는 게송으로 말씀하셨다.

부모와 어른과 형님
화상과 여러 스승들
존경할 만한 모든 사람들께

교만한 마음 내선 안 되네.

마땅히 잘 받들어 공경하고
스스로를 낮추어 인사드리며
마음을 다해 받들어 섬기고
여러 가지 공양도 올려야 하네.

탐욕과 성냄과 어리석음 떠나
모든 번뇌 다한 저 아라한은
바른 지혜로 잘 해탈하였고
모든 교만한 마음 항복받았나니
이러한 어질고 거룩한 이들에게
합장하고 머리 조아려 예배하여라.

그때 세존께서는 교만한 바라문을 위해 갖가지로 설법하여
가르치고 기뻐하게 하셨다. 그리고 모든 부처님과 세존들께서
차례로 설법하셨던 것처럼 보시와 지계, 하늘에 태어나게 하는
공덕, 애욕, 맛들임, 재앙, 번뇌가 청정해짐, 벗어나고 멀리 떠
나게 하는 모든 청정한 분을 말씀하셨다.
이와 같이 자세히 설명하시자, 마치 때와 더러움이 없는 희
고 깨끗한 옷이 빨리 물감을 받아들이듯이, 교만한 바라문은
그 자리에서 괴로움·괴로움의 발생·괴로움의 소멸·괴로움의

소멸에 이르는 길에 대한 네 가지 성스러운 진리를 이해하고, 빈틈없는 한결같음을 얻게 되었다. 그때 그 교만한 바라문은 법을 보고 법을 얻고 법을 알고 법에 들어가서 모든 의혹을 건너고 남의 구제를 받지 않고 바른 법 안에서 두려움이 없게 되었다. 그는 곧 자리에서 일어나 옷을 여미고 부처님께 예배한 뒤에 합장하고 여쭈었다.

"저도 이 바른 법 안에서 출가하고 구족계를 받을 수 있겠습니까?"

부처님께서는 교만한 바라문에게 말씀하셨다.

"너는 지금이라도 이 바른 법 안에서 출가하고 구족계를 받을 수 있느니라."

그는 곧 출가하여 홀로 고요한 곳에서 사유하였고 선남자들이 수염과 머리를 깎고 가사를 걸치고서 바른 믿음으로 집 아닌 데로 출가하여 도를 배우는 목적대로 아라한이 되어 마음을 잘 해탈하였다.

| 잡아함경 제4권, 92

인장어탐人將語探 수장장탐水將杖探

사람은 말로 탐색하고 물은 지팡이로 탐색한다.

이것은『종용록』제22칙 "암두가 절을 하니 덕산이 할을 하다 (岩頭拜喝)"의 '시중示衆'에 나오는 법문이다. 사람의 마음을 알고 싶거나 물속 깊이를 재보려면 어떻게든 탐색을 해봐야 한다. 어떤 수단을 가지고 할 것인가가 문제다. 사람의 마음은 말에 담겨 있다. 따라서 말을 시켜보고 표정을 살펴보면 그 사람의 마음을 알 수 있다. 또 물의 깊이는 막대기로 재보면 알게 된다. 드러나지 않는 것, 그 속을 알려면 이와 같이 그 상황에 맞는 수단을 찾는 것이 효과적이다. 철학에서는 언어와 이성이라는 두 단어가 같은 맥락으로 쓰인다. 인간 이성은 언어를 통해 드러나며 언어가 인간 이성의 법칙이 된다. 서구 철학의 대전제이자 가장 주요한 개념 중 하나가 로고스logos다. 로고스는 그 어원상 '말'을 뜻하며 곧 말해질 수 있는 것, 이성의 원리를 의미하기도 한다. 그래서 고대 그리스-로마의 철학에서는 말로써 상대를 설득하는 수사학이 중시되어 웅변술을 가르쳤다. 아리스토텔레스는 설득에는 에토스ethos, 파토스pathos, 로고스logos 등의 세 가지 요소가 필요하다고 주장했다. 세 가지는 다음과 같은 의미를 갖는다.

 | 에토스ethos: 화자와 화자가 전하는 메시지의 신뢰성(화자의 인격과 신뢰감)
 | 파토스pathos: 청중을 설득하기 위해 사용하는 감정적인 영역(정서적 호소와 공감)
 | 로고스logos: 논리적이고 이성적으로 화자의 주장을 실증하

는 방법(논리적 뒷받침, 근거 제시)

다시 정리하자면, 말하는 사람의 인격이 설득에 가장 우선하면서 중요한 요소가 된다. 같은 말이라도 어떤 사람이 하느냐에 따라 상대가 받아들이는 게 다르다. 다음으로는 말하는 분위기가 중요하다. 상대(청중)의 심리를 파악하여 호소하면 효과적으로 설득할 수 있다. 그리고 자신이 주장하는 것에 대한 논리가 따라야 하는데, 논리에서 중요한 것은 그에 대한 근거를 제시하는 것이다. 보통 에토스 60% - 파토스 30% - 로고스 10%의 비중을 갖는다고 한다. 화자의 논리도 필요하지만 상대의 감정을 잘 파악하는 게 중요하고, 말하는 사람 자체가 설득과 연설의 절대 비중을 차지한다.

이 장은 '교만'에 대한 설법이다.

상대는 한 바라문婆羅門이다. 바라문은 범어 'Brahmana'의 음역이다. 번역하여 외의外意·정행淨行·정지淨志·정지靜志라 한다. 바라문은 바라문교도를 말한다. 바라문교(Brahmanism)는 베다시대 종교(Historical Vedic religion)라는 뜻이기도 하고, 엄밀하게는 베다시대(1,500~500 BC) 동안 인도 아시아 대륙에서 전개된 종교로서 바라문이라고 불리는 사제 계급을 중심으로 전개되었다. 바라문교는 『리그베다』·『야주르베다』·『사마베다』·『아타르바베다』 등 4베다의 가르침을 토대로 하여 우주의 근본적 최고 원리로서의 브라만에 대한 신앙을 중심으로 한 종교이며 후대에 힌두교로 발전되었다. 흔히 바라문교라고 칭할 때는 인도의 전통적인 민족 생활과 사회 구조에 기반하는 전통적 철학·사상·신학·제사의례 등의 종교 현상 전반을 총칭하는 경우가 많다. 바라문교의 특징으로는 범아일여梵我一如 사상과 사성제도四姓制度를 들 수 있다.

바라문은 인도 카스트 제도의 4성(성직자 계급인 브라만, 왕족과 군인 계급인 크샤트리아, 서민 계급인 바이샤, 천민 계급인 수드라) 가운데 가장 높은 지위에 있는 종족으로 그들은 생의 주기를 범행梵行·가주家住·임서林棲·유행遊行 등의 네 시기로 나누어 실천하도록 한다. 어렸을 때에는 부모 밑에 있다가 좀 자라면 집을 떠나 스승을 모시고 베다를 학습하며, 장년에 이르면 다시 집에 돌아와 결혼하여 살다가 늙으면 집안 살림을 아들에게 맡기고 유행하면서 삶을 마친다.

경전에 바라문을 상대로 한 법문이 많이 나오는 이유는 불교 태동 이전에 이미 바라문교가 존재하고 있었기 때문이다. 그들은 소나 양 같은 가축을 대량으로 살상하여 희생제물로 올리는 제식 중심의 주술행위를 일삼고 있었다. 따라서 가난한 서민들은 기도를 빌고 싶어도 막대한 제물을 감당할 수 없었다. 그런데 불교에서는 살생을 금지하며 희생제의가 올바른 행위가 아님을 강조했기 때문에 일시에 열렬한 호응을 받을 수 있었다. 그 외에도 당시 인도사회에는 고행 중심의 많은 외도들이 각자 대중을 형성하여 나름의 교설을 주장하고 있었다. 그 중에서도 불교는 깨달음을 강조하면서 사성계급의 출신 차이를 인정하지 않고 평등주의를 주창하여 다른 교파와 차별을 보였다. 그들은 부처님을 찾아와 문답을 하였고 출가하여 부처님의 제자가 되는 경우가 많았다.

이제 경문을 보자.

이 경에 나오는 바라문은 출신이 높아서 자긍심이 대단하고 여러 바라문으로부터 추앙을 받고 있었다. 그는 교만한 마음도 있어서 부처님 설법 자리에 있으면서도 예배를 드리려 하지 않았다. 부처님은 그의 교만한 마음을 아시고 오히려 겸손하게 대하셨다. 이를 본 바라문의 일행들이 감탄하여 공경하자 바라문도 태도를 바꾸어 여쭈었다.

"누구에게 교만한 마음 일으키지 말고
누구에게 공경하는 마음 일으켜야 하며
누구를 잘 위로해야 하고
누구를 잘 공양해야 합니까?"

이 질문에 대하여 부처님은 부모 형제와 스승, 그리고 덕이 있는 사람들에게 교만한 마음을 내지 말며 공경과 인사, 그리고 공양으로써 잘 대접할 것을 말씀하셨다. 그리고 이렇게 가르침을 내리셨다.

"탐욕과 성냄과 어리석음 떠나
모든 번뇌 다한 저 아라한은
바른 지혜로 잘 해탈하였고
모든 교만한 마음 항복받았나니
이러한 어질고 거룩한 이들에게
합장하고 머리 조아려 예배하여라."

불교에서는 탐내고 성내고 어리석음을 세 가지 독이라 하여 경계한다. 불교적 행복의 관점은 '탐진치 삼독으로부터 빠져나오는 상태'로 설명된다. 초기경전인 『수타니파타』 중에는 「축복경(mangala sutta)」이 있는데, 이 망갈라mangala가 바로 행복으로 치환되는 말이다. 삼독을 극복하는 것은 불교의 생활윤리라고 할 수 있다. 어떻게 행동하며 어떻게 살아갈 것인가의 문제가 윤리의 영역이기 때문에 삼독에 대한 경계는 바른생활의 요건이 된다. 또한 부처님께서는 교만한 마음을 항복받아야 한다고 설하셨다. 이 경이 「교만경」이기 때문에 교만에 대한 유식의 학설을 간략히 살펴보도록 하겠다.

전 장에서 오온에 대한 교설이 나왔고 이제 식識에 대한 설명을 하도록 하겠다. 이런 교설은 불교를 이해하는 중요한 공부이기 때문에 반드시 이해해야 한다.

  불교에서는 인간의 감각과 의식을 1식부터 8식까지로 구분한다. 전오식前五識이라 하여 '안·이·비·설·신' 다섯 가지가 감각의 수집 통로가 된다. 6식의 성격과 기능을 보통 '요별了別'로 호칭한다. 요了란 각각의 대상을 인식하는 것을 말하고, 별別이란 대상을 인식할 때 감각기관에 따른 차별을 의미한다. 여기에는 여섯 종류가 있다. 눈·귀·코·혀·몸·마음(眼耳鼻舌身意) 등의 감각기관은 각기 서로 다른 대상을 인식한다. 눈은 색깔을, 귀는 소리를, 코는 냄새를, 혀는 맛을, 몸은 감촉을, 마음은 생각을 상응한다. 그리고 각각의 기관에 따라서 각기 상응하는 대상을 가진다. 각각의 감각기관에 따라서 발생된 느낌은 여섯 종류가 있고, 그 맛의 종류는 즐거운 느낌, 불편한 느낌, 어느 쪽에도 속하지 않는 느낌 세 종류가 있다.

  제8식(아뢰야식), 제7식(말라식), 제6식 등은 마음작동을 주도하는 세 의식이다. 이들은 보통 8식(심心)/7식(의意)/6식(식識)으로 정의된다. 조금 더 깊이 설명하면 전5식과 제8식은 사량하지 않지만 제6식과 제7식은 사량하는 기능을 가진다. 제6식의 경우는 언어로서 사량하지만 항상 사량하는 것은 아니다. 하지만 제7식은 단절 없이 계속적으로 사량한다는 점에서 '항사량恒思量'

이라고 한다. 즉 일상에서 분별하고 따지는 기능은 6식이지만 지속되지는 않는다. 그러나 7식은 지속적으로 사량하기 때문에 나의 의지와 상관없이 작용하고 있는 깊은 의식이다. 그래서 항사량이다. 그리고 제7식은 4가지 번뇌와 항상 함께 한다. 4번뇌는 아치我癡, 아견我見, 아만我慢, 아애我愛이다. 나라는 자의식이 중심이 되어 이기적으로 작용하는 것이다. 그러니까 생명체는 가만 놔두면 자기생존 내지는 자기에게 유리한 쪽으로 끌려가는 속성을 가진다. 따라서 특별한 결단과 수행력이 아니면 이기심은 극복되기 어렵다. 부처님께서 교만심을 설명하시면서 '항복받으라'라고 하신 이유가 바로 여기에 있다.

적을 항복 받듯이 마음을 항복 받으면 번뇌로부터 해탈이 이뤄진다. 이 경지에 올라서야 진정한 의미의 자유를 안다. 경전의 흥미로운 것 중에 하나는 부처님의 설법에 감복이 되면 그 자리에서 바로 출가하여 사문이 되고 깨달음을 얻었다는 내용이다. 스승의 가르침은 사람을 변화시키며 삶 자체를 바꾼다. 그 새로운 삶은 일찍이 꿈꾸지 못했던 길일 수도 있지만 현재 일어나고 있는 일상에서의 진실에 대한 각성일 수도 있다.

"천상의 물"이라는 사막의 아름다운 이야기 하나를 소개한다.

가난으로 야윈 하리트라는 베두인족이 오래 전부터 사막에 살고 있었다. 그는 아내 나피사와 함께 이곳저곳을 떠돌아다녔다. 그들은 낙타한테 먹일 메마른 풀, 곤충들, 이따금씩 대추야자 열매 몇 알과 우유 몇 모금만으로 근근이 연명해 나갔다. 하리트는 쥐를 사냥하여 가죽을 얻었고, 야자수에서 뽑아낸 줄을 꼬아서 상인들에게 팔곤 했다.

그가 마셔본 거라고는 더러운 못에서 발견한 소금기 있는 물이 전부였다.

그러던 어느 날, 사막에서 새로운 샘을 발견했다. 하리트는 이 씁쓸하고 짠맛이 나며 탁하기까지 한 미지의 물을 맛보았다. 하지만 그는 천국에서 온 물이 목구멍을 타고 흘러내려 가는 것처럼 느껴졌다.

'이 물을 맛볼 만한 분에게 가져가야겠어.'

그는 곧 이렇게 중얼거렸다.

그는 자신을 위하여, 또 칼리프 하룬 엘 라시드를 위하여 염소 가죽으로 만든 가죽부대 두 개에 물을 채워 바그다드를 향해 길을 떠났다. 고통스러운 여행 끝에 바그다드에 도착했을 때, 그는 문지기에게 칼리프를 찾아온 목적에 대해 이야기했고, 별 어려움 없이 칼리프 앞에 나가는 것이 허락되었다.

하리트는 칼리프 앞에 엎드려 말했다.

"저는 사막에 살 운명으로 태어나 그곳에 묶여 사는 가난한 베두인족일 뿐입니다. 저는 사막 이외에는 아무것도 모릅니다만 사막에 대해서만큼은 누구보다도 많이 알고 있습니다. 사막에서 발견할 수 있는 모든 물도 알고 있습니다. 그래서 제가 이 천상의 물을 발견하였을 때 당신께서 맛보시도록 이렇게 가져온 것입니다."

하룬 엘 라시드는 컵을 가져오게 해서 씁쓸한 물맛을 보았다. 모든 궁정대신이 그를 주시하고 있었다. 그가 한 모금을 마셨을 때, 그의 얼굴에는 어떤 감정도 나타나지 않았다. 그는 잠시 깊은 생각에 잠겨 있다가 갑자기 힘 있게 말했다.

"저 사람을 데려가서 가두고, 저 사람한테 아무것도 보여주지 말라."

사람들은 낙담한 베두인족을 어두컴컴한 감옥에 가두었다. 칼리프는 자신의 행동에 의아해하는 사람들에게 이렇게 말했다.

"우리한테는 아무것도 아닌 것이 저 사람한테는 전부인 것이다. 그가 천상의 물이라고 생각하는 물은 우리한테는 더러운 물에 불과한 것이나, 우리는 이 사람의 행복을 존중해야 한다."

그는 밤이 될 무렵 베두인족을 부른 뒤, 병사들에게 가능한 한 빨리 그를 도시 밖 사막이 시작되는 곳까지 데리고 가되 티그르 강이나 샘물은 절대로 보여주지 말고, 베두인족이 갖고 있는 물 이외에는 어떤 물도 그에게 주지 말라고 했다. 베두인족이 밤의 그림자 속에서 궁궐을 떠났을 때, 그는 마지막으로 칼리프를 보았다. 칼리프는 그에게 금화를 1,000개를 주고는 이렇게 말했다.

"너에게 감사한다. 너를 천상의 물을 지키는 이로 명한다. 너는 내 이름으로 그 물을 관리해야 한다. 물을 잘 감시하고 지켜라.

모든 여행자들에게 내가 너를 그 직에 임명한 사실을 알려라."

베두인족은 칼리프의 손에 입을 맞추고는 황급히 사막으로 돌아갔다.

아름다운 이야기다.

기회가 된다면 꼭 아랍의 사막에서 얼마간 지내보고 싶은 꿈이 있다. 사막의 황량함과 고독을 맛보고 싶기 때문이다. 우리 같은 농경민족은 상상하지 못할 이야기가 있을 것이다. 그렇지 않을까? 사람의 운명이란 것, 참으로 미묘하여 숙성이 끝나도록 뚜껑을 열면 안 되는 단지처럼 눈뜨지 말아야 할 삶이 있다.

우리한테는 아무것도 아닌 것이 저 사람한테는 전부인 것이다. 그가 천상의 물이라고 생각하는 물은 우리한테는 더러운 물에 불과한 것이나, 우리는 이 사람의 행복을 존중해야 한다.

이런 경우 참 아프다. 힘들어도 가야 할 길이면 가야 한다. 그러나 교만은 상황을 오판하게 만들어서 우리를 들뜨게 하고 삶을 직시하지 못하게 한다. 낮게, 보다 낮게 자신을 들여다본다면 잎과 꽃만이 아니라 기둥과 뿌리도 볼 수 있지 않을까? 그것이 삶의 원천이고 본래의 자리다. 우리는 「교만경」을 통해 자기중심의 이기적인 생각에서 벗어나 남을 배려하는 마음을 가지려면 교만한 마음을 항복 받아야 한다는 가르침을 배울 수 있다.

승가라경

이와 같이 나는 들었다.

어느 때 부처님께서 사위국 기수급고독원에 계셨다.

그때 승가라라는 어떤 젊은 바라문이 부처님 계신 곳으로 찾아와 서로 인사하고 위로한 뒤에, 한쪽에 물러앉아 부처님께 여쭈었다.

"구담이시여, 착하지 않은 남자를 어떻게 알 수 있습니까?"

부처님께서는 바라문에게 말씀하셨다.

"마치 달과 같으니라."

"착한 남자는 어떻게 알 수 있습니까?"

"마치 달과 같으니라."

"왜 착하지 않은 남자를 달과 같다고 하십니까?"

부처님께서는 바라문에게 말씀하셨다.

"달이 보름 후에는 광명도 잃고 빛깔도 잃으며, 관계된 다른 것도 잃고, 밤낮으로 줄어들어 결국은 사라지는 것과 같다. 이와 같이 어떤 사람은 여래에게 와서 믿음과 고요한 마음을 얻고 깨끗한 계를 가지며, 잘 배우고 많이 들어 자기를 버려 보시하고 바른 소견으로 진실하게 된다. 그러나 여래에게 와서 깨끗한 믿음과 계를 가지고 은혜로 베풀며 많이 듣고 바른 소견으로 진실하게 된 뒤에는, 어쩌다가 그만 타락하여 계와 지식과 보시와 바른 소견을 모두 잃어버리고, 밤낮으로 줄어들다가 어느새 일체를 잃어버리고 마느니라.

또 바라문아, 만일 착한 남자가 착한 벗을 가까이하지 않고, 법을 자주 듣지 않고, 바르게 사유하지 않으며, 몸으로 나쁜 행동을 하고, 입으로 나쁜 말을 하고, 뜻으로 나쁜 생각을 한다면, 그 나쁜 인연을 지음으로 말미암아 몸이 무너지고 목숨이 끝난 뒤에는 나쁜 세계인 지옥에 떨어지느니라. 이와 같이 바라문아, 착하지 않은 남자는 비유하면 달과 같으니라."

바라문은 부처님께 여쭈었다.

"왜 착한 남자도 비유하면 달과 같다고 하십니까?"

부처님께서 말씀하셨다.

"마치 달이 초승부터 광명과 빛깔이 밤낮으로 더해 가다가 드디어 달이 차면 일체가 둥글고 깨끗한 것과 같다. 이와 같이 착한 남자는 나의 법과 율 안에서 깨끗한 믿음을 얻고, 나아가 바른 소견이 더욱 참되고 깨끗해지며, 계가 더하고 보시가 더하며, 지식이 더하고 지혜가 더하여 밤낮으로 더하고 자라기만

하느니라. 다시 때때로 착한 벗을 가까이하여 바른 설법을 듣고 마음으로 바르게 사유하며, 몸으로 착한 행동을 하고, 입으로 착한 말을 하며, 뜻으로 착한 생각을 하기 때문에 그 인연으로 말미암아 몸이 무너지고 목숨이 끝난 뒤에는 천상에 화생한다. 바라문아, 그러므로 착한 남자도 비유하면 달과 같다고 하느니라."

그때 세존께서 게송으로 말씀하셨다.

마치 티 없이 맑은 달이
허공을 두루 떠다닐 때
모든 작은 별 가운데서
그 광명 가장 빛나는 것처럼

깨끗한 믿음도 또한 그렇고
계와 지식, 인색함을 떠난 보시는
탐욕이 가득한 이 세상에서
그 보시 특히 밝아 환하게 나타나리.

부처님께서 이 경을 말씀하시자 승가라 바라문은 부처님의 말씀을 듣고 기뻐하면서 자리에서 일어나 물러갔다.

| 잡아함경 제4권, 94

태평본시장군치太平本是將軍致
불허장군견태평不許將軍見太平

태평은 본시 장군의 임무지만
장군 스스로 태평을 누리는 것은 용납되지 않는다.

이것은 『종용록』 제39칙의 평창에 나오는 법문이다.

평창이란 공안집의 편찬에서 본칙에 해당하는 공안이나 게송에 대한 해설을 일컫는 말이다. 평창을 붙이려면 불교뿐만이 아니라 그 문화권의 인문학적 소양이 있어야 한다. 그리고 말의 뜻을 헤아리는 안목이 무엇보다 중요하다. 조석으로 하는 예불과 기도, 그리고 공양의 의식에서 반드시 빌어주어야 하는 것이 세상의 평화다. 그래서 축원문이나 발원문에서 '천하태평법륜전'이라는 원을 담아 기도를 한다. 천하태평은 세속세상의 원이고, 법의 수레바퀴가 멈추는 일이 없이 항상 구르는 것은 불법의 원이다. 이 한마디에 세간과 출세간의 원을 담아내고 있으니 언어문자의 장대함이 이런 것이 아닐까 하는 생각이 든다. 세속세상의 평화는 그 사회 구성원 모두의 꿈이다. 정치가 지향하는 목적도 그것이다. 그러나 만물은 다름을 인식하는 순간부터 마찰하고 경쟁하며 더 많이 쟁취하기 위해 무력도 불사한다. 그래서 군대라는 무력의 힘이 세상에 존재한다. 군대를 이끄는 장군은 나라를 지키고 필요에 따라서는 적을 선제적으로 무너뜨리기도 한다. 또한 유비무한의 자세로 평시에도 훈련하고 군비를 갖춰야 한다. 하지만 그는 평화를 누릴 수 없다. 장수의 운명은 무사안녕을 유지하고 지켜내는 일이기 때문이다. 그래서 평화를 누리는 것은 용납되지 않는다고 했다. 이 긴장감이 균형과 질서를 가져온다.

나는 구제프(1866~1949)라는 신비주의자를 좋아한다. 그는 흑해와 카스피해 사이 아르메니아 지방 알렉산드로플의 아프프트 산이 보이는 곳에서 태어났다. 청년기에 아시아와 티베트, 이집트와 지구상의 여러 지역을 돌아다니며 삶의 의미를 찾아보고자 했다. 그는 깨달음을 경험했다고 전해지며 여러 권의 번역서가 시중에 나와 있어서 누구나 그의 사상을 접할 수 있다. 영적인 삶을 살았던 사람들 대부분이 그렇듯이 그 또한 음악에도 조예가 깊어 직접 피아노곡을 작곡하여 많은 작품을 남겼다.

구제프는 전 세계의 역사를 통해서 불교, 힌두교, 이슬람, 기독교, 라마교의 다섯 가지 중요한 종교적 전통이 있다고 말했다. 그는 모든 종교에는 외적 측면과 내적 측면이 있다고 주장한다. 외적인 현교顯敎에 있어서의 이론과 의식체계는 무엇을 해야 하는지를 알려주며 내적인 비교秘敎에 있어서의 실행은 그 방법을 보여준다. 종교 내에는 자각自覺으로 가는 네 가지 길이 있다고 한다. 그 네 가지 길은 다음의 것이다.

① 고행자의 길은 육체의 정복에 열정을 두어 의지를 강화시킨다.
② 승려의 길은 가슴(heart)을 치유하고 감정을 승화시키기 위해서 기도와 헌신을 이용한다.
③ 요기Yogi의 길은 맑고 투명한 마음을 통해 이해를 깊게 한다.
④ 일상의 사람의 길인 네 번째 길은 드러나지 않는 곳에서 인간의 세 가지 구성 요소인 육체, 가슴, 마음에 동시에 작용한다.

특히 구제프에 있어서 네 번째 길이란 속세에 살면서 속세를 초월하는 길을 의미한다. 그는 의식적인 사람이 200명만 있어도 지구상의 삶 전체가 변화할 것이라고 말한다. 내가 항상 기억하는 그의 말은 이 한 줄이다.

지팡이에는 양 끝이 있다.

지팡이는 머리와 꼬리 부분의 양 끝이 있다. 만약 둘 다 머리가 되려 하거나 반대로 둘 다 꼬리가 되어서도 안 된다. 세상 만물의 불변하는 법칙은, 각자의 삶은 각각의 순간에서 빛을 발한다는 점이다. 누구도 흉내 낼 수 없는 나만의 길과 역할이 있다. 이것을 찾아야 하고 이것을 깨달아야 한다.

이 경에서 바라문이 부처님께 묻고 있다. 착하지 않은 남자와 착한 남자를 어떻게 알 수 있는가? 우선 착하다는 것은 무엇을 의미하는지 생각해 봐야 한다. 착하다는 것은 '좋다', '잘 되었다' 등의 어떤 상태의 나쁘지 않음을 의미한다. 반대로 착하지 않음은 좋은 것이 사라지고 없는 상태, 좋은 것을 잘 활용하지 못하는 것 등을 말한다. 선과 악이라는 인간행위의 정의는 동시에 드러나지 않는다. 선이 자리 잡으면 악이 멀어지고 악이 자리 잡으면 선이 물러선다. 부처님은 착한 남자와 착하지 않은 남자를 설명하시면서 똑같이 달에 비유하셨다.

"마치 달과 같으니라."

왜 똑같이 달과 같다고 하셨을까? 달은 보름을 주기로 하여 둥근 보름달이 되었다가 그믐이 되면 눈썹처럼 가늘게 줄어든다. 그러다 부풀어 오르고 다시 줄어들기를 반복한다. 흔히 품성이 두루 갖춰졌을 때 '원만하다'는 말을 한다. 이는 둥근 원처럼 부족함이 없이 충만함을 말한다. 그래서 부처님은 보름달의 상태를 착함에 비유하고 그믐달의 상태를 결핍 내지는 성숙되지 못한 것에 비유하셨다. 착한 사람과 착하지 않은 사람의 차이는 이렇게 정리해볼 수 있다.

먼저 착한 사람을 말씀하신다.

"착한 남자는 나의 법과 율 안에서 깨끗한 믿음을 얻고, 나아가 바른 소견이 더욱 참되고 깨끗해지며, 계가 더하고 보시가 더하며, 지식이 더하고 지혜가 더하여 밤낮으로 더하고 자라기만 하느니라. 다시 때때로 착한 벗을 가까이하여 바른 설법을 듣고 마음으로 바르게 사유하며, 몸으로 착한 행동을 하고, 입으로 착한 말을 하며, 뜻으로 착한 생각을 하기 때문에 그 인연으로 말미암아 몸이 무너지고 목숨이 끝난 뒤에는 천상에 화생한다."

다음으로 착하지 않은 사람이다.

"만일 착한 남자가 착한 벗을 가까이하지 않고, 법을 자주 듣지 않고, 바르게 사유하지 않으며, 몸으로 나쁜 행동을 하고, 입으로 나쁜 말을 하고, 뜻으로 나쁜 생각을 한다면, 그 나쁜 인연을 지음으로 말미암아 몸이 무너지고 목숨이 끝난 뒤에는 나쁜 세계인 지옥에 떨어지느니라."

부처님께서는 착한 사람과 착하지 않은 사람을 모두 달과 같다고 하셨는데 그 이유가 밝혀졌다. 착한 사람은 수행과 계율과

보시 같은 수행자의 삶에 충실하여 물러섬이 없지만, 착하지 않은 사람은 처음엔 잘 따라하다가 점점 나태와 바쁜 습성에 빠져드는 것이라고 설하셨다. 착한 사람과 착하지 않은 사람이 본래 구별이 있는 것이 아니다. 진리의 길에 더욱 굳건히 나아가느냐 아니면 물러서고 마느냐에 따라 두 방향으로 갈라진다는 것을 달에 비유하여 말씀하셨다. 사물은 전체로 보면 차별이 없어 보이지만 각각의 입장에서 보면 모든 것은 특별하고 고유의 성질을 갖는다. 다음의 "검은 소와 하얀 소" 이야기를 눈여겨보라!

  차분하고 과묵한 성격의 한 농부가 한가롭게 풀밭에서 소 두 마리에게 풀을 뜯기고 있었다.
  그곳을 지나가던 또 다른 농부가 잠시 풀밭 근처 나지막한 담벼락에 걸터앉아 잠자코 있다가(이 지방에서는 깊이 생각한 뒤 천천히 대화한다) 이렇게 물었다.
  "저 소들은 먹이를 잘 먹습니까?"
  "어떤 것 말이오?"
  다른 농부가 물었다.
  지나가던 농부는 이 질문에 약간 당황해하며 눈에 보이는 대로 대답했다.
  "저 흰 소 말입니다."
  "흰 소는 잘 먹습니다."
  "그럼 검은 소는요?"

"검은 소도 잘 먹지요."

처음 대화를 나눈 뒤 두 사람은 꽤 오랫동안 말없이 눈에 익은 풍경과 산, 마을만 바라보고 있었다. 이윽고 두 번째 농부가 다시 물었다.

"저 소들은 젖이 잘 나옵니까?"

"어떤 것 말씀이십니까?"

다른 농부가 되물었다.

"흰 소 말입니다."

"흰 소는 젖이 잘 나오지요."

"그럼 검은 소는요?"

"검은 소도 잘 나옵니다."

또다시 침묵이 흘렀고, 그 침묵은 처음 것만큼이나 오랫동안 지속되었다. 침묵이 흐르는 동안 두 사람은 서로 쳐다보지 않았다. 두 마리 소가 풀을 뜯어먹는 평화로운 소리만이 들릴 뿐이었다. 두 번째 농부는 결국 침묵을 깨고 다시 물었다.

"왜 당신은 늘 '어떤 것'이냐고 묻습니까?"

"왜냐하면 저 흰 소가 제 것이거든요."

"아, 그렇군요."

그는 잠시 생각을 해보더니 뭔가를 알아챘다는 듯이 물었다.

"그럼 검은 소는요?"

"검은 소도 제 것입니다."

이 이야기는 스페인의 어느 지방에 내려오는 이야기라 한다. 어떤 이는 세상에서 가장 아름다운 이야기 중의 하나라고 한다는 사족이 붙어 있기도 하다. 무슨 의미일까? 만물은 자세히 보면 일정하지 않다. 닮기는 해도 같지는 않다. 다름을 다름으로 이해하고 존중하는 마음으로 받아들여야 한다. 하지만 그 다름을 극복하여 하나로 동화하는 힘 또한 존재하는 것이어서 차별과 유별함을 초극할 수 있다. 그 초극의 힘이 사랑이다. 사랑의 마음으로 보면 모든 존재는 고유한 가치를 지닌다. 그렇게만 본다면 모든 존재가 고맙고 존재의 다름이 세상을 더욱 역동적으로 만드는 길임을 이해할 수 있다. 스코틀랜드 속담에는 이런 것이 있다.

세상에 나쁜 위스키는 없다. 좋은 위스키와 더 좋은 위스키만 있을 뿐이다.

흰 소와 검은 소를 키우는 농부의 마음이 아마 이럴지도 모른다. 사랑의 마음으로 보라.
만물은 각각의 순간에 고유의 가치를 지니는 것이니까.

바라문경

이와 같이 나는 들었다.

어느 때 부처님께서 사위국 기수급고독원에 계셨다.

그때 세존께서는 이른 아침에 가사를 입고 발우를 가지고 사위국에 들어가 걸식하셨다.

그때 나이 많고 몸이 쇠약한 어떤 바라문이 지팡이를 짚고 발우를 가지고 집집마다 다니면서 걸식하고 있었다.

이때 세존께서는 그 바라문에게 말씀하셨다.

"당신은 나이도 많고 몸도 쇠약한데 왜 지팡이를 짚고 발우를 들고 집집마다 다니며 걸식하고 있습니까?"

바라문은 부처님께 아뢰었다.

"구담이시여, 저는 집에 있던 재물을 아들에게 모두 물려주고 며느리를 들인 뒤에 집을 나왔습니다. 그래서 지팡이를 짚고 발우를 들고 집집마다 다니며 밥을 비는 것입니다."

婆羅門經

부처님께서 바라문에게 말씀하셨다.

"당신은 내게서 게송 하나를 받아 외워 대중이 있는 곳으로 돌아가 당신의 아들을 두고 말할 수 있겠습니까?"

"받아 외울 수 있습니다, 구담이시여."

그때 세존께서는 곧 게송으로 말씀하셨다.

아들을 낳고선 마음이 기뻤고
아들을 위하여 재물을 모았으며
또 아들 위해 며느리를 들인 뒤에
나는 그것 다 버리고 집을 나왔네.

외지고 궁벽한 시골 아이는
그런 아버지를 등지고 피하니
사람의 얼굴에 나찰의 마음
그는 늙은 아비를 버렸네.

늙은 말처럼 쓸데가 없다 하며
보리껍질 먹이까지 빼앗았으니
아들은 젊지만 아비는 늙어
집집마다 다니면서 밥을 빈다네.

구부러진 지팡이가 제일이요

아들은 사랑할 것 못되니
나를 위해 사나운 소 막아주고
험한 곳을 면하여 편안케 해주며
사나운 개를 물리쳐주고
어두운 곳에서는 나를 붙드네.

깊은 구덩이나 빈 우물이나
풀이나 나무나 가시밭을 피하고
지팡이의 위력을 의지한 덕택에
꼿꼿이 서서 넘어지지 않는다네.

이때 바라문은 세존에게서 이 게송을 받아 기억한 뒤에 바라
문 대중 가운데로 돌아가 그 아들을 두고 말하였다. 먼저 대중
들에게 "제 말을 들으십시오"라고 말한 뒤에 위에서 말한 게송
을 읊었다. 그 아들은 부끄럽고 황공하여 곧 그 아버지를 안고
집으로 들어가 몸을 문질러 목욕시키고 푸른 옷을 입힌 뒤에
집 주인으로 모셨다. 그때 그 바라문은 이렇게 생각하였다.

'나는 이제 훌륭한 족성이 되었다. 이것은 저 사문 구담의 은
혜다. 우리 경전의 말씀에 따르면 〈스승에겐 스승에 걸맞게 공
양하고, 화상에겐 화상에 걸맞게 공양하라〉고 하였다. 내가 이
제 얻은 것은 다 사문 구담의 힘이니, 그가 곧 나의 스승이시
다. 나는 이제 제일 훌륭하고 묘한 옷을 구담께 바치리라.'

이때 바라문은 제일 훌륭하고 묘한 옷을 가지고 세존께서 계시는 곳으로 가 인사드리고 위로한 뒤에 한쪽에 물러앉아 부처님께 아뢰었다.

"구담이시여, 저는 이제 집에서 지내게 되었습니다. 이것은 구담의 힘입니다. 우리 경전의 말씀에 따르면 '스승에겐 스승에 걸맞게 공양하고, 화상에겐 화상에 걸맞게 공양하라'고 하였습니다. 오늘 구담께서는 곧 저의 스승이 되셨습니다. 저를 가엾이 여겨 이 옷을 받아 주소서."

세존께서는 그를 가엾이 여겨 곧 받으셨다.

그때 세존께서는 바라문을 위해 여러 가지로 설법하여 가르치시고 기쁘게 하셨다. 이때 바라문은 부처님의 말씀을 듣고 기뻐하면서 예배하고 물러갔다.

| 잡아함경 제4권, 96

락이불음樂而不淫　애이불상哀而不傷

즐겁지만 질탕치 않고
슬프지만 상심치 않는다.

이 구절은 청나라 건륭乾隆 때의 사람인 심복沈復의 자전적 산

문집인 『부생육기浮生六記』에 나오는 것이다. 심복이 이 책을 쓴 계기는 그의 아내 운芸에 대한 사랑의 추억 때문이다. 아침마다 심복을 위해 아내가 내오는 차의 향은 독특하고 은은했다. 그는 이유를 알고 싶어 아내의 차 끓이는 방법을 눈여겨보았다. 수련은 저녁에 꽃잎을 오므렸다가 아침이면 다시 연다. 저녁이면 아내는 연꽃이 오므릴 때를 기다려 비단 주머니 속에 차를 넣고 꽃심에 놓았다. 그렇게 하면 차를 품은 수련이 밤새 차가운 기운과 함께 이슬을 맞으며 찻잎에 연꽃의 향이 스며들게 한다. 아침 일찍 꽃봉오리가 입을 열 때 비단 주머니를 꺼내 차를 달였다. 말단 관리였던 남편 수입으로 값비싼 차를 끓일 수 없어 생각해낸 운의 지혜였다. 아내의 깊은 뜻을 알게 된 심복은 회한의 마음으로 아내와의 추억을 이 책에 적고 있다. 『생활의 발견』으로 유명한 문인인 임어당은 "운은 중국문학에 있어 가장 사랑스런 여인이었으며 뛰어난 재인으로 손꼽힌다"라고 했다.

'즐겁지만 질탕스럽지 않다'는 것은 중용의 덕을 지키는 것이다. 또 슬픔은 개인적인 감정에 기인하지만 너무 심하게 빠져들지는 말라는 가르침이다. 지나치지 않음이 심성을 다스리는 요긴한 법문이다. 기쁘거나 슬프거나 어느 쪽으로건 마음이 치우치지 않고 균형을 유지하는 것이다. 인간사의 감정인 희노애락과 우비고뇌를 다스리는 것도 마찬가지다. 중용은 동서고금의 모든 종교와 철학사상에서 한결같이 강조되는 윤리강령이다. 고대 그리스 철학자 아리스토텔레스가 처음 사용하는 윤리학은 "ethike theoria", 즉 '관습이나 습관(ethos)에 대한 이론(theoria)' 이다. 전쟁이나 분란이 없었던 시기, 이질적인 문화와 생활양식을 가진 사람들이 함께 살지 않았던 시대에는 굳이 분쟁에 대한 논의가 필요 없었다. 그냥 대대로 내려오는 생활양식을 그대로 따르면 되었고 굳이 다른 도덕적 해결책을 찾을 필요도 없었다. 그러나 문제는 서로 다른 생활양식을 가진 사람들이 모여 살게 되면서부터 시작되었다. 어떤 상황에 처해 있을 때 어떻게 행동할 것인가 하는 의문을 가져볼 수 있다. 그 문제의 기반이 되는 윤리학의 근본 물음은 "선이란 무엇인가" 하는 것이다. 선은 '정의', '올바름' 등으로 정의할 수 있다. 무엇이 가장 올바른 것인가에 대한 가치의 철학이 바로 윤리의 핵심이다. 그냥 편한 대로 생각하고 행동하며 살아갈 수도 있지만 그 생각과 행위들이 과연 정당하고 보편타당한 것인가에 대한 판단은 간단치 않다. 윤리적 판단의 어려운 점은 상대적 윤리 때문인데 관점의 차이를 극복하는 문제가 어렵다.

이 「바라문경」에서 부처님은 한 바라문의 사정을 알게 되어 가족의 문제를 풀어주는 모습이 그려지고 있다. 이 바라문은 지팡이에 의지하여 탁발로 끼니를 해결하며 살아가고 있었다. 몸은 늙고 쇠약해 보였다. 필시 무슨 사정이 있어 보였던지 부처님께서 먼저 질문을 던지셨다.

"당신은 나이도 많고 몸도 쇠약한데 왜 지팡이를 짚고 발우를 들고 집집마다 다니며 걸식하고 있습니까?"

바라문은 부처님께 아뢰었다.

"구담이시여, 저는 집에 있던 재물을 아들에게 모두 물려주고 며느리를 들인 뒤에 집을 나왔습니다. 그래서 지팡이를 짚고 발우를 들고 집집마다 다니며 밥을 비는 것입니다."

먼저 탁발托鉢에 대하여 알아보자. 탁발은 산스크리트어 'piapata'의 음역인 '빈다파다賓荼波多'에 대한 번역이며 '발우에 의탁한다'는 뜻으로서 걸식乞食을 말한다. 행걸行乞·분위分衛·단타團墮·지발持鉢·봉발捧鉢 등의 뜻이 있다. 걸식은 두타행의 가장 기본이다. 그래서 『금강경』 첫 부분인 「법회인유분」에도 끼니때가 되어 제자들과 함께 발우를 들고 마을에 가서 차례로 빌어 와서 공양하는 부처님의 모습이 나온다. 탁발은 또한 수행자에게는 무소유의 수행과 재가자에 대한 자비행이 되며, 공양을 제공하는 사람에게는 공덕을 얻기 위한 복전福田으로 이해되기도 한다.

『유마경維摩經』「제자품」에는 탁발의 방법과 그 공덕에 대하여 다음과 같은 말이 나온다.

"걸식은 평등한 법에 머물러 차례대로 해야 합니다. 걸식은 식용을 위한 것이 아니며 음식을 얻기 위한 것도 아닙니다.

마을에 들어갈 때는 사람이 살지 않는 빈 마을이라는 생각으로 들어가야 하며, 보고 듣고 느끼고 하는 온갖 분별은 깨달음의 경지에서 하여 모든 것이 꼭두각시와 같은 줄 알아야 합니다. 이렇게 걸식한 공양은 모든 중생에게 먼저 베풀고 부처와 성현에게 공양한 다음에 먹어야 남의 보시를 헛되이 하지 않았다고 할 수 있을 것입니다. 이와 같이 먹을 수 있는 사람은 번뇌를 버리지 않고서도 해탈에 들고, 집착을 끊지 않고서도 깨달음에 다다를 수 있습니다."

이에 따라 12두타행에서는 상행걸식常行乞食, 차제걸식次第乞食, 수일식법受一食法 등의 조항을 두고 있다. 즉 항상 걸식하여 먹을 것을 해결할 것과 걸식할 때는 가난한 집과 부잣집을 가리지 않고 차례로 할 것, 그리고 하루에 한 끼만 먹을 것 등을 규정한다. 또 칠가식七家食이라 하여 밥을 빌 때는 일곱 집을 넘으면 안 된다고 했다. 한 번 갔던 집을 다시 찾아가면 안 된다는 규칙도 있다. 『사분율』을 보면 비구들의 탁발 위의가 엄격했음을 알 수 있다. 예를 들면 "한 번만 밥을 주는 곳에서 지나치게 받지 말라, 받지 않은 음식을 먹지 말라, 좋은 음식을 구하지 말라, 차례차례 걸식할 것이며, 강제로 행하지 말라"라는 등의 규정이 자세히 나와 있다. 불교사적으로는 탁발과 안거의 수행 전통이 오늘날까지도 원형대로 보존된다는 의미를 찾을 수 있다.

위의 바라문은 본인이 원해서라기보다는 가족관계에 문제가 있어 걸식하며 살아가고 있음을 알 수 있다. 요즘은 수명이 늘어나 오래 살게 되면서 경제적인 부담이 만만치 않게 되어 가족 관계가 소원해지는 경우가 많다. 인디언 속담에 이런 것이 있다. "네가 태어났을 때 너는 울었고 세상은 즐거워했다. 네가 죽을 때 세상이 울고 너는 기뻐할 수 있도록 너의 삶을 살아라." 아이의 탄생은 가족의 기쁨이고 크게 축복받는 일이다. 많은 사람들이 삶의 굴곡에도 불구하고 좌절하지 않고 살아갈 수 있는 이유 중의 하나가 가족이라는 책임과 사랑이 주는 힘 때문이다. 아무리 인간사회가 파헤쳐진다 해도 가족은 마지막 순간까지 존재의 근원으로 작용한다. 날이 저물면 둥지를 찾아 날아가는 한 마리의 새처럼 가족은 영혼의 귀의처이고 안식처이다. 그러나 삶은 뜻하는 대로만 흘러가는 것은 아니어서 가족 간에 반목과 불신이 생겨나기도 한다.

부처님은 바라문의 사정을 헤아리고는 게송을 일러주며 아들에게 그대로 들려주도록 하셨다. 그 내용은 아들을 기쁨 속에 낳아 길러 결혼을 시키고 살아갈 수 있도록 해줬지만 자식은 도리어 부모를 돌보지 않아 떠돌고 있다는 것이다. 이제 의지할 것은 지팡이 하나뿐이지만 매정한 자식에 비하면 차라리 지팡이가 더 낫지 않느냐는 질책이었다. 게송을 다시 보자.

"구부러진 지팡이가 제일이요
아들은 사랑할 것 못되니
나를 위해 사나운 소 막아주고
험한 곳을 면하여 편안케 해주며
사나운 개를 물리쳐 주고
어두운 곳에서는 나를 붙드네.

깊은 구덩이나 빈 우물이나
풀이나 나무나 가시밭을 피하고
지팡이의 위력을 의지한 덕택에
꼿꼿이 서서 넘어지지 않는다네."

바라문은 부처님께서 가르친 그대로 이 게송을 아들이 있는 곳으로 가서 일러주었다. 그러자 아들은 부끄러워하며 늙은 아버지를 모시고 집으로 돌아가 몸을 씻겨드리고 옷을 갈아입혀 드렸다. 그리고는 잘 모시고 살 것을 다짐하면서 부처님을 찾아가 자신의 어리석음을 일깨줘 주신 것에 감사드리며 공양을 올리고 물러갔다.

초기경전에서는 이처럼 소박한 이야기들을 통해서 당시의 시대상황을 엿볼 수 있고, 또 부처님의 전법현장을 생생하게 느낄 수 있다. 각 문화권마다 고대의 생활상을 알려주는 많은 전적들을 통해서 보편적 삶의 정서를 일깨워준다. 중국의 경우 『시경』에 실린 300여 편 중에서 그 절반인 150편이 '풍風'이라고 한다. '풍'은 황하 유역 15개 제후국에서 불리던 노래를 채집한 것이다. 채시관들이 마을을 돌며 수집한 노래인데, 궁중의 의식곡이나 제사용의 제례악도 있지만 우리가 주목하는 것이 '풍'이라는 형식에 담긴 '사회미社會美'다. 『시경』이 시사하는 바도 바로 이것이다. 세계 인식에 있어서 가장 중요한 것은 그것이 '사회의 진실'을 담고 있어야 한다는 점이다. 공부란 무엇인가? 옛날에는 공부가 곧 도를 구하는 작업이었다. 마음을 반추하고 깨닫는 고행의 일이 공부의 총체적 의미였다. 공부는 고생 그 자체이고 고생하면 세상을 잘 알게 되는 법이다. 공부의 시작과 끝은 독서라고 할 수 있다. 밖으로 지식을 얻고 그것을 반추하여 마음을 밝히는 것이 공부 아닌가!

  우리가 불법을 전하고 사람을 교화하는 일은 세상 사람을 상대로 하는 일이어서 다양한 소양을 갖추지 않으면 안 된다. 책도 더 많이 봐야 하고 공부도 더 많이 해야 하고 인간적인 풍모도 더 갖춰야 한다. 개인의 수행 외에도 사회에 이타행을 베풀수 있어야 한다. 나에게 무슨 복이 있었던 것인지 조계종사회복지재단의 상임이사 소임을 햇수로 3년째 수행하고 있다. 만약이런 기회가 없었다면 사회의 다양한 모습을 알지 못했을 것이다. 어려서 청각을 잃었다가 60이 넘어 고막재생수술을 하여 소리를 들을 수 있게 된 노인에게 어떤 소리가 가장 듣고 싶었느냐고 물었을 때, 가족의 목소리가 아니라 '새소리'가 가장 듣고 싶었다는 얘기를 듣고 놀랐던 일이 있다. 또 장애인들의 40%가 초등학교 이하의 학력이라는 말을 듣고 마음이 아팠다. 청소년기를 방황하다 어린 미혼모가 된 앳된 아기 엄마들이 제일 후회하는 게 공부를 더 하지 못한 것을 꼽는 것도 보았다.

부처님께서 중생을 교화하시는 모습들을 보면서 오늘날 우리가 해야 할 일을 생각해 볼 수 있으리라 본다. 그것이 초기경전을 공부하는 공덕이고 축복이다.

경 전 경

이와 같이 나는 들었다.

어느 때 부처님께서 구살라국 인간 세상을 유행하시다가 일나라 마을에 이르러 일나라 숲에 계셨다.

그때 세존께서는 가사를 입고 발우를 가지고 일나라 마을에 들어가 걸식하시다가 '오늘은 너무 이르다. 우선 농사를 짓는 바라두바자 바라문이 음식 만드는 곳을 거쳐 가보자'고 생각하셨다. 그때 농사를 짓는 바라두바자 바라문은 5백 벌의 쟁기로 밭을 갈며 음식을 만들고 있었다. 이때 농사를 짓는 바라두바자 바라문이 멀리서 세존을 보고 말하였다.

"구담이여, 나는 지금 밭을 갈고 씨앗을 뿌려 그것으로 먹고 살아갑니다. 사문 구담께서도 밭을 갈고 씨앗을 뿌려 그것을 드시고 살아가셔야 합니다."

부처님께서는 바라문에게 말씀하셨다.

"나도 또한 밭을 갈고 씨앗을 뿌려 그것을 먹고 살아갑니다."

"나는 사문 구담의 쟁기도 멍에도 고삐도 끈도 보습도 채찍도 전혀 본 일이 없습니다. 그런데도 사문 구담께서는 '나도 또한 밭을 갈고 씨앗을 뿌려 그것으로 먹고 살아간다'고 말씀하시는군요."

그때 농사를 짓는 바라두바자 바라문이 곧 게송으로 말하였다.

스스로 밭을 간다 말하지만
그 밭갈이 보지 못했네.
나를 위해 밭갈이를 설명하고
밭가는 법을 알려 주시오.

그때 세존께서도 게송으로 대답하셨다.

믿음은 씨앗
고행은 때맞춰 내리는 단비
지혜는 쟁기를 끄는 멍에
부끄러워하는 마음 끌채가 되네.

바른 생각으로 스스로 보호하면
이것이 곧 훌륭한 몰이꾼

몸과 입의 업을 잘 단속하고
알맞은 양만큼 먹을 줄 아네.

진실을 진정한 수레로 삼고
즐거이 머무르되 게으르지 않으며
부지런히 정진하여 거칠음 없애고
안온하면서도 빨리 나아가며
되돌아오는 일 없이 곧장 나아가
근심이 없는 곳에 이르게 되네.

이러한 농부
감로 열매 얻고
이러한 농부
어떤 존재도 다시 받지 않네.

이때 농사를 짓는 바라두바자 바라문이 부처님께 아뢰었다.
"농사를 잘 지으시는군요, 구담이시여. 참으로 농사를 잘 지으십니다, 구담이시여."
이에 농사를 짓는 바라두바자 바라문은 세존의 게송을 듣고 마음에 믿음이 더욱 더해 맛있는 음식을 한 발우 가득 담아 세존께 바쳤다. 그러나 세존께서는 그것을 받지 않으셨으니, 그것은 게송을 인연하여 얻은 것이기 때문이었다. 부처님께서는 곧 게송으로 말씀하셨다.

설법을 말미암아 얻었기 때문에
나는 그 음식 받지 않으리.

……(이 사이의 자세한 내용은 앞의 경에서 불을 섬기는 바라문
을 위해 말씀하신 것과 같다.)……

이때 바라두바자 바라문이 부처님께 여쭈었다.

"구담이시여, 그러면 이제 이 음식을 어디다 두어야 합니까?"

"나는 이런 음식을 먹고 몸이 편안할 수 있는 하늘·악마·
범·사문·바라문 등 어떤 천신도 세상 사람도 보지 못했습니
다. 바라문이여, 그대는 이 음식을 가져다 벌레가 없는 물속이
나 풀이 적은 곳에 버리시오."

이때 바라문은 곧 그 음식을 가져다 벌레가 없는 물속에 넣
었다. 그러자 물을 곧 연기를 일으키고 부글부글 끓어오르며
칙 칙 소리를 내는 것이 마치 뜨거운 쇠구슬을 찬물에 던질 때
나는 소리와 같았다. 그와 같이 그 음식을 벌레가 없는 물속에
던지자 물은 연기를 일으키고 끓어오르며 칙 칙 하고 소리를
내었다. 이때 바라문은 이렇게 생각하였다.

'사문 구담은 참으로 기이하고 특별하시다. 그는 큰 덕이 있
고 큰 힘이 있어 음식으로 하여금 신변을 부리게 하는 것이 이
와 같구나.'

이때 바라문은 그 음식의 상서로운 조화를 보고 믿음이 더욱 더해 부처님께 여쭈었다.

"구담이시여, 저도 이제 이 바른 법 안에서 출가하여 구족계를 받을 수 있겠습니까?"

"당신도 이제 이 바른 법 안에서 출가하여 구족계를 받을 수 있고 비구의 신분을 얻을 수 있습니다."

그는 곧 출가하여 홀로 고요히 사유하였고, 족성자들이 수염과 머리를 깎고 가사를 걸치고서 바른 믿음으로 집 아닌 데로 출가해 도를 배우는 목적대로 …… 아라한이 되어 마음이 잘 해탈하였다.

| 잡아함경 제4권, 98

강 설

초윤천장우礎潤天將雨
운개월정명雲開月淨明

주춧돌이 눅눅하면 하늘에서 비가 오고
구름이 트이면 밝은 달이 나타난다.

이것은 『선문염송』에 나오는 것으로 일의 조짐兆朕을 의미한다. 조짐이란 '어떤 일이 벌어지기 전에 나타나 앞으로의 상황을 미리 보여주는 사물이나 현상'이다. '조兆'라는 글자는 억億보다 큰 단위다. 이 글자가 원래 가리켰던 것은 점 등을 칠 때 그 자리에 나타난 흔적이다. 중국 고대사회에서는 점을 칠 때 거북이 등껍질이나 소의 견갑골 등을 이용했다. 그곳에 구멍을 낸 뒤 불에 달군 막대기를 꽂아 돌리면 사이가 갈라지면서 다양한 선이 나타난다. 그 흔적을 형상으로 보여주는 것을 의미하는 글자가 바로 조兆다. 그 금의 모양새를 보고 일의 성패를 미루어 짐작한다. '짐朕'은 황제가 자신을 지칭할 때 쓰는 말이었다. 그러나 황제의 호칭으로 쓰기 이전의 본래 뜻은 '틈'이었다고 한다. 사전적인 해석으로는 배(舟)를 만들 때 보이는 '틈'이다. 조짐이라는 틈을 통해 운명을 엿보고 싶은 인간의 소박한 마음을 알수 있다. 초기 한자 형태인 갑골문甲骨文이 바로 점 친 결과를 거북 등껍질이나 소의 견갑골에 적은 것이다.

조짐을 읽는 행위는 인류의 오랜 역사에 걸쳐 그 뿌리가 매우 깊다. 고대 그리스와 로마에서는 조점鳥占이라 하여 새로 점을 치기도 했다. 새가 날아가는 모습이나 지저귀는 소리로 길흉을 점쳤다. 조점은 고대에 다양한 민족들 사이에서 매우 유용하게 쓰이고 있었다. 기원전 8세기에 에트루리아인들이 이탈리아 반도에 정착하였다(이들은 아시아 지역에서 도래하였다는 설과 이탈리아의 토착민이었다는 설이 있다). 에트루리아인들도 점술을 시행했는데 그들은 새의 비약을 관찰하는 조점관과 동물의 내장을 보고 점을 치는 장점관 등이 있었다. 마찬가지로 새의 지저 귐, 행동 등을 관찰하는 조점이 이미 아시리아에서 발달하였다. 새점을 치는 사람은 조점관(augur)이라는 직책을 부여받아 점술 과 관련된 일을 보았다. 조점관은 조직적으로 운영되었다. 조점 관단은 파트리키 6인, 평민 6인을 합쳐 총 12인으로 구성되었으 나 기원전 81년 독재관 술라가 정원을 15인으로 정하면서 평민 이 수적으로 많아야 한다는 조건을 달기도 하였다.

주춧돌이 눅눅하다는 것은 습기가 꽉 찼다는 것을 의미한다. 그 다음은 어김없이 비가 온다. 그리고 비가 그쳐 구름이 걷히 면 밝은 달이 나타난다. 반대로 비가 오기 전에는 먹구름이 하 늘에 짙게 깔려 달을 볼 수가 없다. 누구나 구름을 보고서 날씨 를 예측해볼 수 있다. 이것도 하나의 조짐이다. 「경전경」을 풀이 하면서 조짐에 대해 이야기하는 이유는 농사가 그만큼 절기의 변화에 맞춰야 하는 정직한 일이기 때문이다. 농사에는 억지가 통하지 않는다. 하루 24시간을 늘이거나 줄일 수 없고, 일주일, 한 달, 일 년의 세월을 건너뛰듯이 할 수 있는 게 아니다. 일기 를 살피고 때에 맞춰 일의 순서대로 처리해 나가야 한다.

이 「경전경」은 농사를 짓는 바라문과의 문답으로 구성되어 있 다. 이 바라문은 농사를 지으면서 성실하게 살아가는 사람이다. 그는 부처님과 다른 스님들이 오직 탁발에 의지하여 먹는 것을 해결하며 살아가는 것을 보았다. 그래서 자신은 정당한 노동을 하여 그 대가로 이익을 얻어 살아가고 있음을 강조하며 탁발에 대한 의문을 제기하였다.

이 내용은 거의 흡사하게 『숫타니파타』에 「밭가는 사람」이라는 내용으로 편입되어 있다. 나는 법정 스님께서 번역하신 『숫타니파타』를 모본으로 하여 법련사의 경전 강의를 했고, 이에 대한 강설집을 『숫타니파타를 읽는 즐거움』이라는 제목으로 펴낸 적이 있다. 그래서 이 경전을 좋아하는데, 그 중에서도 자주 읽게 되는 것이 이 부분이다. 농사를 지으며 살아가는 사람의 성실한 자세와 여기에 사문의 생활을 대입하여 설하신 내용이 흥미롭다. 부처님의 제자들은 생업이라는 재가자들의 입장에서 사문의 길이 어떤 의미를 갖는 것인지 생각해볼 수 있다. 이제 본문을 살펴보도록 하자.

이때 농사를 짓는 바라두바자 바라문이 멀리서 세존을 보고 말하였다.
"구담이여, 나는 지금 밭을 갈고 씨앗을 뿌려 그것으로 먹고 살아갑니다. 사문 구담께서도 밭을 갈고 씨앗을 뿌려 그것을 드시고 살아가셔야 합니다."
부처님께서는 바라문에게 말씀하셨다.
"나도 또한 밭을 갈고 씨앗을 뿌려 그것을 먹고 살아갑니다."
"나는 사문 구담의 쟁기도 멍에도 고삐도 끈도 보습도 채찍도 전혀 본 일이 없습니다. 그런데도 사문 구담께서는 '나도 또한 밭을 갈고 씨앗을 뿌려 그것으로 먹고 살아간다'고 말씀하시는군요."

'구담'은 부처님의 애칭이다. 바라문은 농사를 지어 살아가는 자신의 건실한 생활에 비추어 부처님께 강변하고 있다. 그런데 부처님은 바라문과 똑같이 씨앗을 뿌리고 살아간다고 하셨다. 하지만 바라문은 부처님께서 일을 하시는 것을 지금껏 본 적이 없었다. 쟁기도 그렇고 소를 이끄는 것도 마찬가지로 본 적이 없다. 그런데 부처님은 어떻게 바라문과 똑같이 농사를 짓는다고 하셨을까? 그 답은 다음의 게송에 이어지고 있다.

"믿음은 씨앗
고행은 때맞춰 내리는 단비
지혜는 쟁기를 끄는 멍에
부끄러워하는 마음 끌채가 되네.

바른 생각으로 스스로 보호하면
이것이 곧 훌륭한 몰이꾼
몸과 입의 업을 잘 단속하고
알맞은 양만큼 먹을 줄 아네.

진실을 진정한 수레로 삼고

즐거이 머무르되 게으르지 않으며

부지런히 정진하여 거칠음 없애고

안온하면서도 빨리 나아가며

되돌아오는 일 없이 곧장 나아가

근심이 없는 곳에 이르게 되네."

나는 이것을 불교의 생활윤리로 받아들여도 충분하다는 생각을 한다. 농사의 시작은 씨앗을 확보하는 일이다. 씨앗이 있어야 파종을 하고 키워서 수확을 한다. 농사는 토지가 근본바탕이 되고 씨앗은 생명과 같다. 그런데 직접 농사를 짓지 않는 사문에게 씨앗에 해당하는 것이 믿음이다. 종교의 근간이 믿음이고 삶의 유지도 믿음 속에 이뤄진다. 자연만물과 천체, 사시사철의 운행도 그 근본은 믿음 위에 서 있다. 믿음이 없으면 씨앗이 어떻게 기나긴 겨울을 땅속에서 봄이 오기를 기다릴 수 있겠는가. 봄이 오면 싹을 틔우고 여름의 비와 바람을 맞고 생장하며 가을에 결실을 맺는다. 씨앗도 이듬해 심을 것은 종자라 하여 최상의 것을 남겨 놓는다. 『주역周易』산지박山地剝괘의 상효 효사(爻辭: 풀이)에 "석과불식碩果不食"이라는 문장이 나온다. '씨 과실은 먹지 않는다'는 뜻이다. 씨 과실은 먹히지 않는다고 풀이할 수도 있다.

참고로 주역의 박괘剝卦는 정의가 점차 쇠퇴해가는 시기의 흐름에 어떻게 대응할 것인가 하는 문제에 대해 이야기한다. '박'은 '떨어지다' '소멸하다' '다하다' 등의 뜻으로 초효부터 5효까지가 음효이고, 상효 하나만이 양효로서 음기가 아래로부터 점점 자라나 극에 달해 양기를 떨어트려 소멸시키려는 모습이다. 이 괘의 설명에서 "박은 가는 것이 이롭지 못하다"라고 하여 현 상태에서 일을 중지할 것을 권한다. 씨 과실은 다음 농사의 근간이고 희망이다. 이것이 없으면 삶이 끊어지고 만다. 따라서 희망까지 소진시키는 일은 삼가야 한다는 의미가 바로 이 괘의 상징이다. 사물이 점차 쇠락해가는 이치를 밝히면서 쇠락하는 상태에서 어떻게 판단하고 행동할 것인지에 대한 지혜다. 쇠락은 생주이멸하는 사물의 전체 과정 중에서 거부할 수 없는 필연적인 과정이다. 군자는 소인과 똑같이 영합할 수 없고 쇠락한 상황을 극복하여 다시 올바른 방향으로 나아가도록 힘써야 한다는 의미를 담고 있는 괘다.

　박괘의 효사가 "석과불식 군자득려 소인박려(碩果不食 君子得輿 小人剝廬)"라고 나온다. '씨 과실은 먹지 않고 군자는 덕으로 널리 백성을 구제하지만 소인은 오두막까지 허물어뜨린다'는 뜻이다. 즉 군자는 어려운 일일수록 참고 기다리지만 소인은 자기 분을 삭이지 못하고 망발한다는 교훈이다. 여기서 중요한 것이 자기 존엄감 내지는 자기의 명예를 지키는 정신이다. 반드시 재기할 수 있다는 희망을 안고 삶을 도모하는 것이다. 흔히 말하지 않던가. "배고픈 건 참을 수 있지만 희망 없인 살 수 없다!" 자기가 살아가는 곳에서 자신이 씨 과실이라는 생각을 하면 보다 더 책임감 있게 행동할 수 있을 것이다.

부처님은 믿음이 씨앗이고 고행은 제때에 맞춰 내리는 단비와 같고 지혜는 쟁기와 같다고 하셨다. 바른 생각이 쟁기를 이끄는 소와 같고 삼업을 잘 다스려 음식은 알맞게 먹는다. 또한 진실이 수레가 되어 게으르지 않고 정진하면 빠르고 편하게 열반에 이르게 된다는 말씀이다. 바라문은 부처님의 법문에 전적으로 감복하고는 찬탄하였다.

"농사를 잘 지으시는군요. 구담이시여, 참으로 농사를 잘 지으십니다. 구담이시여."

바라문은 부처님께 감사의 뜻으로 음식 공양을 올렸지만 부처님은 받지 않으셨다. 설법의 대가로 공양을 받는 것은 바람직하지 않았기 때문이다. 보시는 '삼륜청정'이라 하여 주는 사람, 받는 사람, 주고받는 물건의 세 가지가 모두 청정해야 한다. 청정하려면 대가를 바라지 말고 훗날의 이익을 생각하는 마음을 품지 말아야 한다. 그리고 이 보시로 인해 상대가 행복해지기를 바라는 발원만 있으면 된다. 이렇게 되고 보니 더없이 훌륭한 농사가 되었다. 바라문은 그 자리에서 출가의 뜻을 내어 구족계를 받고 아라한과를 증득하였다.

불교에서는 경·율·논을 삼장이라 한다. 삼장은 한 바구니에 담긴 세 가지 보물이라는 뜻이다. 계율의 어원은 산스크리트의 '실라(Śila: 戒)'와 '비나야(Vinaya: 律)'가 합해져 만들어진 것이다. 그러나 불교의 계율에 해당하는 종교적 규범은 다른 종교에서도 찾아볼 수 있고, 또한 교단의 규칙이라는 뜻으로도 널리쓰이고 있다. 유대교·그리스도교에서의 계율의 중심은 '십계명'이다. 계율을 넓은 의미에서 생각할 때 그 원초적 형태는 금기禁忌다. 금기는 특정한 행위를 금지하고 이를 어길 경우에는 위험이 예상되는데, 계율도 성스러운 것에 의한 금지 또는 명령이므로 이를 어긴 자에게는 과벌科罰이 예정되어 있다.

불교에서 계란 '마음의 착한 습관성'이 그 원래의 뜻으로 규칙을 지키려는 결의를 말한다. 이 결의는 보이지 않는 힘이 되어 유지되므로 이것을 계체戒體라고 한다. 즉 불음주계不飮酒戒를 맹세하면 그 후에는 계의 법이 마음을 억제하여 술을 마시는 것을 극복한다. 율律이란 불교 교단의 강제적 규칙을 말한다. '계'가 자발적으로 지키는 것으로 도덕과 비슷한 데 비하여, '율'은 타율적인 규칙으로 강제된다. 한편, 재가신자들은 단체로 수행생활을 하지 않으므로 '계'만 있어서 살殺·도盜·사음邪淫·망어妄

語・음주飲酒로부터 벗어날 것을 맹세하는 오계五戒와 15일에 2번씩 지켜야 할 팔재계八齋戒가 있다. 팔재계란 24시간 동안 단식・금욕 등의 8계를 지키고 출가자와 똑같은 수행을 하는 '계'이다. 계의 종류로는 출가자에게는 연소자인 사미沙彌・사미니沙彌尼의 10계와 비구比丘의 250계, 비구니의 500계가 있다.

인도불교에서 중시되었던 계율이 중국불교로 수용되면서 선불교禪佛敎의 태동과 함께 청규로 변형되었다. 선불교는 의식이나 장엄을 교학적인 것으로 치부하면서 선종 특유의 간결하면서 압축적인 수행윤리를 제시하였다. 그것이 바로 유명한 백장청규百丈淸規인 "일일부작 일일불식(一日不作 一日不食)"이다. 즉 '하루 일하지 않으면 하루 먹지 않는다'는 정신이다. 이것은 불방일의 정신이면서 능동적으로 수행에 임하는 자세에 대한 총체적 의미를 갖는다. 선종의 수행윤리가 되는 것이다. 인도불교나 남방불교가 2,500여 년이 지난 지금까지도 탁발에 의존하는 생활을 엄격하게 유지하고 있다는 것은 대단히 경이로운 일이다. 태국, 라오스, 베트남, 스리랑카, 미얀마 등의 불교나라가 탁발문화가 유지되는 대표적인 곳이다. 그러나 불교가 중국으로 넘어오면서 사찰 내에서 음식을 조리하여 끼니를 해결하기 시작했다. 그리고 남방의 불교에서는 스님들이 직접 경작을 하지 않았지만 중국불교를 위시한 동아시아 불교권에서는 경작이 오히려 장려되었다. 그래서 예불・공양・울력은 대중생활의 철칙

으로 받아들여졌고 특별한 경우를 제외하고는 불참이 용납되지
않았다.

법련사 소임을 마치고 복지재단 상임이사 소임을 맡게 되어
종단의 일을 하는 이즈음은 밤늦도록 독서를 할 수 있어서 더없
이 행복한 시간을 보내고 있다. 특히 고대 철학자와 사상가들의
다양한 전적을 접하면서 지적으로 성숙된 인간이 보여주는 삶
의 일면을 성찰해보는 시간이 되었다. 그 고전 중의 하나가 『일
과 날』이었다. 이 책이 대단히 인상 깊었던 이유는 노동에 대한
그들의 오랜 신념을 엿볼 수 있었고, 이것이 선종의 청규와 관
련하여 많은 상상력을 불러일으켰기 때문이다.

고대 그리스에서 서사시를 쓴 두 위대한 시인으로 호메로스
와 헤시오도스가 거명되곤 한다. 이를테면 역사가 헤로도토스는
그리스인들에게 그들의 신들을 만들어준 것은 호메로스와 헤
시오도스라고 주장한다. 호메로스의 양대 서사시 『일리아스』와
『오디세이』에서는 영웅들의 비범한 행위와 고통을 그리고 있다.
반면 헤시오도스는 첫 번째 서사시 『신들의 계보』에서 인간의
주변 세계를 체계적이고 포괄적으로 기술하고 있고, 두 번째 서
사시인 『일과 날』에서는 평범한 인간의 일상생활과 그것을 지배
하는 규칙을, 그리고 올바른 생활 태도를 위한 여러 가지 교훈
을 담고 있다.

기원전 12세기경부터 도리아인이 미케네인이 살고 있던 그리스 본토로 밀려옴에 따라 그리스 지역에는 기원전 8세기까지 문화적 발전이 없는 이른바 '암흑시대'가 이어졌고, 이 시대가 지나면서 그리스의 내적 발전이 가능했다. 이 무렵의 시대상을 잘 보여주는 작품이 『일과 날』 또는 『노동과 나날』 등으로 번역되는 글이다. 이 글을 쓴 헤시오도스는 보이오티아 지방의 농부였다. 그는 시 경연 대회에서 상을 타기도 했지만 불운한 삶의 연속이었다. 헤시오도스가 본 것은, 일은 해도 해도 끝이 없고 그래봐야 돌아오는 것은 숨 막히는 일상뿐이었다. 당시 대토지를 가진 귀족은 소농을 착취하느라 혈안이 되어 있었다. 정의를 집행하는 책임은 귀족에게 있었지만 그들은 많은 뇌물을 받고 부당한 판결을 내렸다. 『일과 날』은 전편이 2부 828행으로 구성되어 있다.

에라스무스가 쓴 『격언집』에는 "밭이 아니라 한 해가 일한다"라는 말이 있다. 농사는 한 해의 모든 시간과 기후가 총체적으로 담겨 있다는 뜻이다. 이 격언을 테오프라스토스라는 사람이 이렇게 언급했다고 한다.

작물을 먹이고 키워내는 일에는 무엇보다 일기가 중요하고, 더 나아가 한 해의 순조로운 날씨가 덕을 베풀어야 한다. 즉 비가 적당하고 햇볕이 좋고 겨울이 온화하게 지나간다면 아무리 거친 소금밭일망정 그 수확은 차고도 넘칠 것이다. 이를 두고 '밭이 아니라 한 해가 일한다'라고 전해오는 격언이 생겨났다. 하지만 땅이 어떤가도 적잖이 중요하다.

육체의 노동을 경시하는 풍토가 인류 역사에 없지 않았다. 하지만 농사는 정직한 것이어서 영혼의 문제와 비유하여 종교에서 많이 설해졌다. 그리고 자연의 순환주기는 하나의 법칙과 같아서 영원하고 거짓 없는 진리의 모습으로 그려져 왔다. 부처님은 「경전경」에서 농사를 짓는 바라문을 상대로 하여 '사문의 농사법'을 친절하게 설하셨다. 설법을 들은 바라문은 '부처님은 농사를 잘 지으신다'고 감복하며 출가 사문의 길을 걷게 되었다. 이 경은 우리에게 출가자의 윤리적 관점에서 새삼 많은 것을 생각해보게 한다. '나의 출가 신념을 어떠한가!'

인간경

이와 같이 나는 들었다.

어느 때 부처님께서 구살라국 인간 세상을 유행하시다가 유종가제 마을과 타구라 마을 사이에 있는 어떤 나무 밑에 앉아 낮 선정에 들어 계셨다.

그때 어떤 두마종족의 바라문이 그 길을 따라 오다가 부처님이 지나가신 길에서 1천 개의 살이 있는 바퀴 모양의 부처님 발자국을 보게 되었는데, 그 무늬가 선명하고 바큇살은 가지런하며 바퀴 테는 동그스름한 것이 갖가지 상호가 원만하였다. 그는 그것을 보고 '나는 여태 인간의 발자국 중에서 이런 것을 보지 못하였다. 이제 이 발자국을 따라가 그 사람을 찾아보리라'고 생각하고, 곧 발자국을 따라 부처님 계신 곳에 왔다.

그는 세존께서 어떤 나무 밑에 앉아 낮 선정에 들어 계신 모습을 보았는데, 엄숙한 얼굴은 세상에서 가장 뛰어나고, 모든 기관은 맑고 고요하며, 마음은 극히 조용하여 가장 잘 길들여졌으며, 바른 관이 완전히 이루어져 빛나는 풍채가 의젓한 것이 마치 금산과 같았다.

그는 그것을 보고 곧 부처님께 여쭈었다.

"당신은 하늘이십니까?"

"나는 하늘이 아니오."

"그러면 혹 용·야차·건달바·아수라·가루라·긴나라·마후라가·사람이거나 귀신이십니까?"

"나는 용도 아니고 나아가 사람도 귀신도 아니오."

"만일 하늘도 아니요 용도 아니며, 나아가 사람도 아니요 귀신도 아니라면 도대체 당신은 어떤 분이십니까?"

그때 세존께서 게송으로 대답하셨다.

하늘·용·건달바
긴나라·야차
착함이 없는 아수라
모든 마후라가
사람과 귀신 등은
모두 번뇌로 말미암아 생긴다네.

그러한 번뇌의 샘
나는 이미 모두 버리고

이미 부수고 이미 없앴으니
마치 분다리꽃과 같다네.

그 꽃 비록 물속에서 자라지만
일찍이 물이 묻은 일 없듯이
내 비록 세상에서 살지만
이 세상에 집착하지 않네.

수많은 겁 동안 가려 보았으나
온통 괴로움뿐 즐거움 없고
일체 세간의 유위행
그것들은 모두 나고 멸하는 것.

그래서 번뇌 떠나 움직이지 않고
모든 칼과 가시 뽑아버리고는
삶과 죽음의 한계를 벗어났으니
그러므로 불타라 이름하노라.

부처님께서 이 경을 말씀하시자 두마종족 바라문은 부처님
의 말씀을 듣고 기뻐하면서 길을 따라 떠나갔다.

| 잡아함경 제4권, 101

춘란수복복春蘭雖馥馥
추국갱형향秋菊更馨香

봄 난초가 향기롭기는 하나
가을 국화가 더욱 향기롭다.

이 시의 출처는 불분명한데, 다만 법문노트에 적혀 있어서 옮겨보았다.

우리가 사는 세계는 사계절이 있다. 그리고 계절마다 특색이 있고 그 변화를 알 수 있다. 춘하추동 계절변화의 순서를 우리의 삶과 비교하여 생성과 결실, 그리고 소멸의 단계로 말하기도 한다. "춘생하장春生夏長 추수동장秋收冬藏"이라는 말이 있다. 봄에는 생겨나고 여름에는 자라나며 가을에는 거둬들이고 겨울에는 갈무리한다는 것이다. 이것을 사람의 생장주기에 대입하면 봄과 여름의 덕으로는 발육과 교육이며 가을과 겨울은 삶의 완성과 회향이 된다. 봄꽃이 얼마나 향기로운가. 꽃뿐만이 아니고 봄에는 새싹 하나하나가 모두 꽃이라고 할 수 있다. 어린아이처럼 사랑스럽고 예쁘다. 봄의 매화나 난초는 겨울을 지나온 터라 향기가 예리하고 섬세하다. 한 해의 선두에 피는 꽃이 난이라면 가을에는 국화가 있다. 사계절의 꽃 중에 가장 늦게 피어난다. 나는 국화의 이런 뒷심이 좋다. 국화는 뭐니 뭐니 해도 황국이 으뜸이다. 자태에서는 묵직하고 원숙한 품위가 느껴진다. 그리고 향기는 얼마나 고혹적인가. 특히 가을은 국화를 주제로 한 다양한 문화가 있어서 중양절에는 국화떡이나 국화주를 만들어 먹으며 장수를 기원하는 풍습이 전해진다. 만물은 크게 보면 하나이지만 세분하면 차별이 있다. 차별 속에서 취사선택이 이뤄지고 기호에 따라 우열이 가려진다. 난과 국화에 무슨 등급이 있겠는가. 단지 국화를 강조하기 위한 장치일 뿐이다.

이 「인간경」에서는 부처님께서 스스로를 어떻게 정의하시는지에 대해 설해지고 있다. 그런 의미에서 이 경은 중요하다. 누구나 삶의 목표나 신념이 있기 때문에 남이 평가하는 가치도 있겠지만 스스로 생각하는 자신의 존재 의미는 더욱 중요하다. 부처님의 상호는 32상 80종호라는 부처님만이 가지는 특별한 모습을 가진다고 경전에 전해온다. 여기에는 부처님은 실제의 모습도 모습이지만 완전한 덕과 지혜를 갖춘 까닭에 보통 사람과는 다른 용모를 가진다는 종교적인 교설도 일정 부분 작용하고 있다. 경의 내용을 보자.

그는 그것을 보고 곧 부처님께 여쭈었다.
"당신은 하늘이십니까?"
"나는 하늘이 아니오."

"그러면 혹 용·야차·건달바·아수라·가루라·긴나라·마후라
가·사람이거나 귀신이십니까?"
"나는 용도 아니고 나아가 사람도 귀신도 아니오."
"만일 하늘도 아니요 용도 아니며, 나아가 사람도 아니요 귀
신도 아니라면 도대체 당신은 어떤 분이십니까?"

한 바라문이 특이한 발자국을 보고는 과연 어떤 사람일까? 하
는 궁금한 생각이 들어 발자국을 따라가서 부처님을 뵐 수 있
었다. 부처님은 큰 나무 그늘 아래 앉아 선정에 들어 있었다. 그
모습이 참으로 평화롭고 위엄이 있어 바라문이 부처님께 여쭈
었다. "당신은 하늘입니까?" 부처님은 아니라고 하셨다. 그러면
천상의 신 가운데 하나인지, 사람인지, 귀신인지 물어왔다. 부
처님은 그것도 아니라고 하셨다. 그럼 무엇인가? 부처님은 어떤
존재인가. 부처님은 게송으로 말씀하셨다.

"수많은 겁 동안 가려 보았으나
온통 괴로움뿐 즐거움 없고
일체 세간의 유위행
그것들은 모두 나고 멸하는 것.

그래서 번뇌 떠나 움직이지 않고
모든 칼과 가시 뽑아버리고는

삶과 죽음의 한계를 벗어났으니
그러므로 불타라 이름하노라."

세간은 중생이 살아가는 세계를 말하는데, 구체적으로는 삼
종세간三種世間이라 하여 불교에서는 세간을 3가지 종류의 세계
로 정의한다. 『대지도론』에서는 중생세간衆生世間·국토세간國土
世間·오음세간五陰世間의 셋으로 분류하고 있다. 중생세간은 중
생 또는 유정有情 자체를 가리킨다. 국토세간은 기세간器世間이
라고도 하는데 중생이 살고 있는 국토를 말한다. 오음세간은 오
온세간五蘊世間이라 하여 중생과 국토를 형성하는 요소로서의
오온, 즉 색·수·상·행·식을 가리킨다. 또한 『화엄경』「공목장」
등에서는 기세간·중생세간·지정각세간智正覺世間의 셋으로 분
류한다. 처음 2가지는 『대지도론』의 국토세간·중생세간과 같고
지정각세간은 무루지無漏智, 즉 일체의 번뇌·망상을 떠난 지혜
에 따라 정각을 얻은 지자智者의 세계, 즉 삼계윤회를 초월한 출
세간出世間을 가리킨다. 이 외에 인도 육파철학六派哲學 가운데
상키아학파에서는 천상天上·인간·수도獸道로 분류하기도 한다.

'칼과 가시'를 뽑아버렸다는 말은 번뇌와 중생심의 모든 근원
을 벗어났다는 것을 의미한다. 그런데 부처님은 왜 중생이 살아
가는 세계를 그렇게 힘든 것으로 말씀하실까? '수많은 겁 동안
가려 보았다'는 말은 부처님께서 성불하시기까지 이루 헤아릴

수 없는 과거생 동안 고행하시며 세상의 근원을 살피셨다는 말이다. 그렇게 보면 세상은 무상하여 변하기 때문에 즐거움은 일시적이고 괴로움으로 점철된다. 결국 중생의 세계는 생멸이 가장 큰 괴로움이고 번뇌의 근원이 된다. 그 속박에서 벗어난 해탈이 진정한 자유인의 길이고 삶과 죽음의 한계를 벗어난 경지다. 대 자유인! 깨달은 자는 바로 불타이다. 부처님은 이 세상의 어떤 이름이나 존숭보다도 원래의 순수한 의미 그대로 깨달은 자로 불리기를 바라셨다. 특정 사회가 본래의 목적대로 존속되기 위해서는 구성원 각자가 자신의 본분과 궁극의 목적을 위해 헌신하는 자세가 필요하다. 부처님께서 "나는 불타다"라고 하신 뜻이 바로 여기에 있다. 종교의 선각자 외에도 인류 역사상 뛰어난 사상가들이 천착하였던 바도 궁극은 사회 구성원 모두의 안녕과 행복이었다. 좋은 사람들이 함께 모여 사는 세상! 바로 그것이다. 그것은 본성 그대로만 믿고 맡겨서는 가능하지 않았기에 어떻게 가르칠 것인가가 풀어야 할 숙제였다.

인류 고대의 문헌들의 가르침과 그 어원들을 살펴보면 가르침에 대한 순수한 열정을 읽을 수 있다. 예를 들어 인도 고대 경전인 『우파니샤드Upaniṣad』는 어원적으로 풀어보면, '가까이'를 뜻하는 '우파(upa-)', '적당한 장소에서' 또는 '아래에서'를 뜻하는 '니(ni-)', '앉다'를 뜻하는 '샤드(ṣad)'에서 유래한 말이다. 따라서 문자 그대로의 의미는 '가까이에 앉는다'는 뜻이며, 가르침을 받기 위해 스승의 가까이에 앉는다는 것을 의미한다. 서양에서 교육을 의미하는 영어의 'education', 독일어의 'Erziehung', 프랑스어의 'éducation' 등이 모두 라틴어 'educare' 또는 'educatio'에서 유래하였다. 라틴어 'educare'는 '양육한다'라는 의미로 이는 능력을 끌어낸다는 뜻의 'educere', 지도한다는 뜻의 'ducere'와 관련이 있다.

한편, 영어의 '교육학(Pedagogy)'은 그리스어 'paidagogos'에서 기원한 것으로 '어린아이를 바른 곳으로 이끌다'라는 의미를 지닌다. 즉 교육이라는 말은 서양과 동양에서 공통적으로 두 가지 상반된 의미를 보인다. 하나는 외부에서 가르침으로써 사회적 질서 등을 익히게 하는 것이고, 다른 것은 학생의 내부의 선천적 능력을 밖으로 꺼내 기르는 것이다. 그리고 교육의 시작과 끝은 인간 이성에 대한 믿음이며 인간을 교육하여 변화를 이끌어 낼 수 있다는 인간 향상의 의지였다.

플라톤이 『국가』에서 말하고 고대 그리스와 로마의 철학자들이 한결같이 설파한 것은 공동체의 평화로운 경영과 그를 위한 교육이었다. 이를 위해 구성원 각자의 노력과 인식의 함양, 그리고 좋은 사회를 만들기 위한 공동의 노력이 요구되었다. 인간 세상은 권리를 더 이상 나눌 수 없을 때는 충돌 내지는 전쟁으로 치닫게 된다. 공동체에는 공동의 규약이 있다. 이것은 점차 법률로 입안되어 의회주의와 함께 법치로 다스려지는 사회가 등장하였다. 가장 이상적인 사회는 법 없이 다스려지는 사회이며 이것은 사회 구성원 각자의 헌신과 존중에서 비롯된다. 그 공동체의 안녕을 위협하는 것은 사사로운 이익과 상대에 대한 시기, 그리고 적의가 절제 없이 표출되는 것이다. 로마의 사상가 키케로는 이렇게 말했다.

인간은 누구나 다른 사람이 잘 되는 꼴을 보고자 하지 않으며, 심지어는 다른 사람을 파멸시키기 위해 자신도 함께 타고 있는 배 밑에 구멍을 내기도 한다는 사실에 나는 놀라움과 괴로움을 하나 가득 느꼈다.

국가와 공동체가 무너지면 자신도 결국 파멸할 수밖에 없는데도 사람들은 막무가내로 자기주장만 되풀이하면서 상대를 힘들게 한다. 한 배를 타고 있다는 것은 한 운명체라는 수사적 표현이다. 그런데 자기의 분을 참지 못해 배에 구멍을 낸다면 어찌 되겠는가. 안 될 일이다. 부처님께서 이 세상을 '가시와 칼'과 같다고 비유하신 이유는 그만큼 중생의 본질이 악독해질 수 있음을 아셨기 때문이다. 어쩌면 부처님은 사람들로부터 특별한 칭호나 권위를 부여받고 싶지 않으셨을 것이다.

마구경

이와 같이 나는 들었다.

어느 때 부처님께서 비사리의 미후지 곁에 있는 2층 강당에 계셨다.

그때 세존께서 모든 비구들에게 말씀하셨다.

"여섯 가지 악마의 갈고리가 있다. 어떤 것이 그 여섯 가지인가? 눈이 빛깔에 맛들이고 집착하는 것이 곧 마의 갈고리이고, 귀가 소리에 맛들이고 집착하는 것이 곧 마의 갈고리이다. 코가 냄새에 맛들이고 집착하는 것이 곧 마의 갈고리이고, 혀가 맛에 맛들이고 집착하는 것이 곧 마의 갈고리이다. 몸이 감촉에 맛들이고 집착하는 것이 곧 마의 갈고리이고, 뜻이 법에 맛들이고 집착하는 것이 곧 마의 갈고리이니라.

만일 사문 바라문이 눈으로 빛깔에 맛들이고 집착한다면, 마땅히 알아야 한다. 그 사문 바라문은 마의 갈고리에 그 목이 걸려 마에게서 자유롭지 못하게 되느니라."

더러움에 대하여 말씀하시고 깨끗함에 대하여 말씀하셨는데, 그 자세한 내용은 위에서 말씀하신 것과 같다.

| 잡아함경 제9권, 244

양의공수良醫拱手

양의는 팔짱만 낀다.

이 말은 『선문염송』에 나오는 것이다.

의사는 사람을 치료한다. 엄밀하게는 사람에게 생겨나는 사람의 병을 다스린다. 인간은 왜 병을 앓는 것일까? 육신이 있기 때문이다. 따라서 육신이 있는 이상 병은 필연적이라고 할 수 있다. 생로병사는 인간이 존재하는 한 겪어야 할 근원적인 문제다. 몸은 예방이 중요하다는 것은 고전적인 진리다. 이미 생겨난 병은 치료를 받아야 하지만 그 병이 반드시 치료가 된다는 보장은 없다. 따라서 병을 다스리기 위해서는 평소에 적당한 운동과 좋은 식생활 습관을 들이는 것이 중요하다. 그러면 치료는 어떻게 할 것인가. 의사는 의술로써 치료를 하고 약사는 약으로써 치료를 한다. 양생법을 쓰는 사람은 섭생으로, 운동을 중시하는 사람은 운동으로써 극복하려 할 것이다. 그런데 종교의 영역에서는 마음을 잘 다스리면 육신의 병은 소멸될 수 있다고 가르친다. 그러니까 병은 육신의 영역과 정신의 영역으로 구분이 가능하고, 때로는 심신의 조화를 통해 건강을 회복하거나 유지할 수 있다.

경전에서 부처님은 의왕醫王으로도 표현된다. 중생은 신·구·의 삼업으로 인해 병과 고통을 앓는다. 불성이라는 본래의 성품에 비춰보면 삼업을 어떻게 다스리느냐에 따라 삶의 방향이 정해진다. 본래의 그 자리에는 어떤 것도 결정된 바가 없다. 그렇기 때문에 불교에서는 삶의 자세를 중시한다. 부처님은 중생이 본래 지닌 청정하고 지순한 성품을 회복하여 불성을 혼탁하게 하는 병을 낫게 하는 분이기 때문에 의왕이라 한다. 그렇다면 부처님께서 고치시는 중생의 고통, 번뇌, 병은 어디에서 오는가. 『대지도론』에서는 병을 404가지로 상세하게 설명하고 있다. 크게는 '선세행업병先世行業病'과 '현세실조병現世失調病'으로 나누고 있다. 선세행업병이란 전생에 지은 업에 의한 결과로 금생에서 앓게 되는 병이고, 현세실조병은 금생에서 살며 얻는 병이다. 이 것은 다시 내병內病과 외병外病으로 나뉜다. 내적인 원인과 외적인 원인에 의해 병을 앓는다는 뜻이다.
　『화엄경』 제51권에서도 부처님을 의왕에 비유한 내용이 다음과 같이 나온다.

"마치 뛰어난 의술을 지닌 어떤 의왕이 만약 병자를 보기만 해도 모두 병이 치유되듯이, 비록 죽을 목숨이지만 몸에 약을 발라 그 몸의 작용을 병이 있기 전과 같이 하네. 가장 뛰어난 의왕 역시 이와 같아, 모든 방편과 일체지를 구족하여 예전의 묘행妙行으로 부처의 몸을 나타내어 중생들을 보기만 해도 중생들의 번뇌가 없어지네."

의사는 약으로 환자를 치료하여 예전의 몸으로 돌려놓는다. 의사가 병을 치료하기 위해 약물을 쓰는 것과 달리 부처님은 '방편'과 '지혜'라는 약을 쓴다. 그래서 부처님의 모든 행은 묘행이다. 불교에서는 '묘'라는 글자가 참으로 매력 있는 글자다. 이 글자는 말로 설명하기 어려운 것을 뜻한다. 『법화경』의 이름도 앞에 '묘법妙法'을 붙여 경의 제목으로 하였다. 우리가 일상에서 뭔가를 활용할 때 '용'이라는 글자는 쓰는데, 이런 경우에도 '묘용妙用'이라고 쓰면 뛰어난 지혜가 발휘되고 있음을 말한다. 그러니까 '묘'가 붙으면 전혀 다른 차원의 활용이 된다. 그래서 부처님의 행은 묘행이다. 왜냐하면 부처님의 모든 행은 지혜로부터 나오기 때문이다. 그리고 그 묘행과 묘용과 묘지妙智는 오직 중생을 이익 되게 하기 위함이고, 중생이 이 지혜방편을 입기만 하면 바로 대해탈의 경지에 들어가는 것이다.

그러면 왜 '양의는 팔짱만 끼고 있는다'고 했을까. 병의 원인과 병을 앓는 사람을 알 수만 있다면 처방은 분명해진다. 그러면 필요 이상의 치료를 한다거나 처방을 잘못 내리는 일도 없을 것이다. 그러니까 양의가 팔짱만 끼고 사람을 지켜보는 이유는 그 치료법을 훤히 안다는 말이다. 익지 않는 과일을 따려는 억지를 부리지 않고 꼭 필요한 곳에 알맞은 힘을 쓰고 살아가는 묘를 터득하는 것이다.

이 경에서 부처님은 육근을 갈고리에 비유하여 얽어매는 것을 설하신다. 그렇다면 우리의 감각은 어떻게 악마의 갈고리에 걸려드는 것일까? 다시 경문을 보자.

"여섯 가지 악마의 갈고리가 있다. 어떤 것이 그 여섯 가지인가? 눈이 빛깔에 맛들이고 집착하는 것이 곧 마의 갈고리이고, 귀가 소리에 맛들이고 집착하는 것이 곧 마의 갈고리이다. 코가 냄새에 맛들이고 집착하는 것이 곧 마의 갈고리이고, 혀가 맛에 맛들이고 집착하는 것이 곧 마의 갈고리이다. 몸이 감촉에 맛들이고 집착하는 것이 곧 마의 갈고리이고, 뜻이 법에 맛들이고 집착하는 것이 곧 마의 갈고리이니라. 만일 사문 바라문이 눈으로 빛깔에 맛들이고 집착한다면, 마땅히 알아야 한다. 그 사문 바라문은 마의 갈고리에 그 목이 걸려 마에게서 자유롭지 못하게 되느니라."

경에 친절하게 설명되었다. 눈-색, 귀-소리, 코-냄새, 혀-맛, 몸-감촉, 뜻-법의 상관관계가 성립된다. 즉 각각의 대입되는 관계가 갈고리로 작용한다. 눈에게는 색이 갈고리요, 귀에게는 소리가 갈고리다. 마찬가지로 코는 냄새가, 혀는 맛이, 몸은 촉감이, 생각은 법이 갈고리가 된다. 다르게 말하면 눈은 보이는 것에 걸려들고 귀는 소리에 걸려든다. 나머지도 마찬가지다. 그렇다면 왜 갈고리가 되어 우리를 구속하고 얽어매는 것일까? 그것은 바로 집착심이다. 집착이 일어나면 누가 구속하는 것도 아닌데 스스로 굴레에 갇히고 만다. 그래서 보는 것을 다스리고 소리를 다스리는 식으로 육근을 잘 제어하는 것이 갈고리에 걸려들지 않는 요긴한 한 법이다.

그리스 격언에 "시선은 검이다"라는 말이 있다. 보는 것이 무서운 것이다. 시각은 예리하면서도 잘 잊어버리지 않는 기능 때문에 날카로운 검에 비유했다. 잘 보는 것도 무섭지만 설핏 본 것으로 모든 것을 다 본 것으로 착각하는 것도 역시 무섭다. 더 무서운 것은 보지도 않고 알지도 못하면서 본 것처럼 하거나 아는 것처럼 하는 것이다. 그러니 중생이 살아가는 세계가 칼날위를 걷는 것처럼 위태롭지 않을 수 없다.

한편, 이런 감각의 특수성을 잘 살리면 인류를 위해 유익한 발견을 할 수도 있다. 특히 자폐증 같은 뇌와 관련된 질환을 가지고 있는 사람의 경우, 그들이 갖는 독특한 능력을 잘 발휘하도록 이끌어 주는 것이 좋다. 최근 「템플 그랜딘」이라는 영화를 봤다. 템플 그랜딘(Temple Grandin, 1947~)은 보스턴 출신 미국의 여성 동물학자다. 동물복지를 배려한 가축시설의 설계자이며 콜로라도 주립대학교 준교수 신분이다. 보통 사람은 언어로 이해하는데 자폐성 질환자는 그림으로 인식하는 차이가 있다고 한다. 즉 사물을 사진을 찍듯이 감각을 수집하는 것이다. 자폐성 장애인에 대한 이해가 부족한 시대에 태어난 그랜딘은 뇌에 장애가 있음을 알게 되어 보호시설에 맡겨질 뻔했다. 성인이 되어서 아스퍼거 증후군이라고 진단받았다. 그랜딘은 초등학교 졸업 후 자신의 특수성을 알아본 좋은 교사를 만난 덕분에 학업을 계속할 수 있었다. 1989년에 일리노이 대학교에서 동물학 박사학위를 취득했다. 소들을 위한 농장의 시설을 발명하기도 했다. 그녀가 만든 소들을 관리하는 인도적 시스템은 북미에서 절반 이상을 차지하고 있다. 이 모든 것이 동물의 관점에서 사물을 인식하는 법을 터득할 수 있었던 능력 때문이다. 그녀는 모자란 것이 아니라 달랐던 것이다.

우리의 신체감각은 이처럼 독특하면서도 무한한 인지능력이 있음을 알 수 있다. 잘 쓰면 무량공덕을 지을 수 있고, 반대로 잘 활용하지 못하면 개인의 집착에 한정되어 괴로움의 근원이 되고 만다. "사랑받는 나무"라는 아랍의 이야기를 보면 집착이 어떻게 발전하는지 잘 일깨워준다. 이야기를 보자.

　어느 마을에 나무 한 그루가 있었는데, 그 나무는 마을 사람들이 마을의 제사보다 더 중요하게 여길 정도로 사람들의 사랑을 받았다. 이런 숭배에 화가 난 한 남자가 이 나무를 잘라버리기로 결심했다. 날이 저물어 남자가 육중한 도끼를 들고 나무 가까이 오자 악마가 인간의 모습으로 나타나 그에게 물었다.

"이 도끼로 뭘 하려고 하시오?"

"이 나무를 자를 거요."

"왜죠?"

"마을 사람들이 이 나무만 좋아하고 진짜 신을 잊어버리고 있으니까요."

"당신이 이 나무를 사랑하지 않으면 그뿐 아닙니까?"

"나는 정말 이 나무를 잘라버리고 싶어요. 그러니 내버려두시오."

남자는 이렇게 말하고는 도끼를 쳐들었다.

"기다리시오!"

악마는 한 손을 남자의 팔 위에 얹으면서 소리쳤다.

"당신이 이 나무를 자르지 않는다면, 당신에게 좋은 일을 하나 주겠소. 어떻소?"

"무슨 말씀인지?"

남자는 약간 동요되어 물었다.

"내 제안은 이렇습니다. 당신이 이 나무를 자르지 않는다면 금화 두 닢을 드리지요."

"누가 그 돈을 내게 준단 말입니까?"

"내가 드리지요."

"언제요?"

"매일 아침 당신이 일어나면 발견하게 될 거요."

남자는 도끼를 내버려두고 집으로 돌아갔다. 다음날 아침 얼굴을 가린 거지 하나가 문을 두드리기에 열었더니 그에게 금화 두 닢을 주고 재빨리 달아나버렸다. 하루가 지난 그 다음날 아침 그는 일찍 일어나서 거지를 기다리고 있었다. 하지만 거지는 나타나지 않았다. 누구도 금화 두 닢을 가져다주지 않았다. 화가 난 남자는 다시 도끼를 들고 나무쪽으로 달려갔다. 거기서 그는 인간의 모습을 한 악마를 다시 만났다. 악마가 그에게 말했다.

"이 도끼로 뭘 하려고 하시오?"

"이 나무를 자를 겁니다."

"안 될 걸요. 당신은 더 이상 이 나무를 자를 능력이 없습니다."

남자가 도끼를 들자 악마는 손가락으로 도끼를 낚아채서 멀리 던져버렸다. 그리고는 벽 쪽으로 남자를 세차게 떠밀어 그를 거의 죽을 지경으로 만들어 놓았다.

"당신은 누구지? 어디서 이런 힘이 나오지?"

"이 힘은 네가 받은 금화 두 닢에서 나오지. 네가 신을 사랑하는 마음에서 이 나무를 자르려고 했을 때는 네게 아무것도 할

수 없었다. 하지만 네가 오늘 아침 받지 못한 금화 두 닢 때문에
화가 나서 나무를 자르려고 했을 때, 너는 내 세력 안으로 들어
온 거야. 그래서 너를 꺾어버린 거지."

　이 이야기의 교훈은 그렇다. 순수한 마음으로 할 때는 자신을
지키는 일이 가능하지만, 한번 이익을 두고 거래가 이뤄졌기 때
문에 그 악마의 손에 굴복하고 말았다. 그에게는 이미 집착심이
일어나버렸다. 우리가 겪는 괴로움은 대부분 스스로 초래한 것
이다. 그 괴로움의 크기는 내가 몸부림을 치면 칠수록 커진다.
그리고 그 괴로움의 불은 다른 사람이 아닌 내 자신이 장작개비
를 공급하는 꼴이어서 더욱 치성하게 타오른다. 이 불은 좀처럼
꺼지지 않는다. 감각을 물들이지 않는 것! 그것이 갈고리의 굽
은 바늘을 펴는 길이다.

부루나경

이와 같이 나는 들었다.

어느 때 부처님께서 사위국 기수급고독원에 계셨다.

그때 존자 부루나가 부처님 계신 곳을 찾아와 머리를 조아려 그 발에 예배하고 한쪽에 물러나 앉아 부처님께 아뢰었다.

"훌륭하십니다. 세존이시여, 저를 위해 설법하여 주소서. 저는 홀로 어느 고요한 곳에 앉아 골똘히 정밀하게 사유하면서 방일하지 않게 지내고, …… '후세에는 몸을 받지 않는다'고 스스로 알겠습니다."

부처님께서 부루나에게 말씀하셨다.

"훌륭하고, 훌륭하다. 네가 능히 여래에게 그와 같은 이치를 묻는구나. 자세히 듣고 잘 생각해 보아라. 너를 위해 설명하리라.

만일 비구가 사랑할 만하고 좋아할 만하며 생각할 만하고 마

140

음에 들어 탐욕을 길러 자라게 하는 빛깔을 눈으로 보고, 그것을 본 뒤에 기뻐하고 찬탄하고 얽매여 집착한다면, 기뻐하고 찬탄하고 얽매여 집착하고 나면 환희하고, 환희하고 나서는 좋아하며 집착하고, 좋아하며 집착한 뒤에는 탐하여 사랑하고, 탐하여 사랑한 뒤에는 막히고 걸리게 된다. 환희하고 좋아하며 집착하고 탐하여 사랑한 뒤에는 막히고 걸리게 된다. 환희하고 좋아하며 집착하고 탐하여 살아하고 막히고 걸리기 때문에 그는 열반에서 멀어지게 되느니라. 귀·코·혀·몸·뜻도 또한 그와 같으니라.

부루나야, 만일 비구가 사랑할 만하고 좋아할 만하며 생각할 만하고 마음에 들어 탐욕을 길러 자라게 하는 빛깔을 눈으로 보고, 그것을 본 뒤에 기뻐하지 않고 찬탄하지 않으며 얽매여 집착하지 않는다면, 기뻐하지 않고 찬탄하지 않으며 얽매여 집착하지 않기 때문에 환희하지 않고, 환희하지 않기 때문에 매우 좋아하지 않으며, 매우 좋아하지 않기 때문에 탐하여 사랑하지 않고, 탐하여 사랑하지 않기 때문에 막히거나 걸리지 않게 된다. 환희하지 않고 매우 좋아하지 않으며 탐하여 사랑하지 않고 막히거나 걸리지 않기 때문에 그는 점점 열반에 가까워지느니라. 귀·코·혀·몸·뜻도 또한 그와 같으니라."

부처님께서는 부루나에게 말씀하셨다.

"나는 이미 간략히 법의 가르침을 말하였다. 너는 어디에 머무르고자 하느냐?"

부루나가 부처님께 아뢰었다.

"세존이시여, 저는 이미 세존께서 간략히 말씀하신 가르침을 받았습니다. 저는 서방 수로나로 가서 세상에서 유행하고자 합니다."

부처님께서 부루나에게 말씀하셨다.

"서방의 수로나 사람들은 거칠고 모질며 가볍고 성급하며 못되고 사나우며 비난하기를 좋아한다. 부루나야, 네가 만일 그들의 거칠고 모질며 가볍고 성급하며 못되고 사나우며 비난하기를 좋아하며 헐뜯고 욕하는 말을 듣는다면 마땅히 어떻게 하겠느냐?"

부루나가 부처님께 아뢰었다.

"세존이시여, 만일 저 서방의 수로나 사람들이 면전에서 거칠고 모질며 심한 말로 비난하고 헐뜯고 욕한다면, 저는 '저 서방의 수로나 사람들은 어질고 착하며 지혜롭다. 비록 내 앞에서 거칠고 모질며 못되고 사나우며 비난하기를 좋아하고 나를 헐뜯고 욕하지만, 그래도 손이나 돌로 나를 때리지는 않는구나'라고 생각하겠습니다."

부처님께서 부루나에게 말씀하셨다.

"저 서방의 수로나 사람들이 거칠고 모질며 가볍고 성급하며 못되고 사나워서 너를 비난하고 욕하기만 한다면 너는 벗어날 수도 있겠지만, 다시 손이나 돌로 때린다면 마땅히 어떻게 하겠느냐?"

부루나가 부처님께 아뢰었다.

"세존이시여, 저 서방의 수로나 사람들이 만일 손이나 돌로 저를 때린다면, 저는 '수로나 사람들은 어질고 착하며 지혜롭다. 비록 손이나 돌로 나를 때리지만 칼이나 몽둥이를 쓰지는 않는구나'라고 생각할 것입니다."

"만일 그 사람들이 혹 칼이나 몽둥이로 너에게 해를 입힌다면 너는 다시 어떻게 하겠느냐?"

"세존이시여, 만일 그 사람들이 혹 칼이나 몽둥이로 저에게 해를 입힌다면, 저는 '저 수로나 사람들은 어질고 착하며 지혜롭다. 비록 칼이나 몽둥이로 내게 해를 입혔지만 죽이지는 않는구나'라고 생각하겠습니다."

부처님께서 부루나에게 말씀하셨다.

"가령 그 사람들이 혹 너를 죽인다면 어떻게 하겠느냐?"

부루나는 부처님께 아뢰었다.

"세존이시여, 만일 서방의 수로나 사람들이 혹 저를 죽인다면, 저는 '모든 세존의 제자들은 몸을 싫어하여 혹 칼로 자살하기도 하고 독약을 먹기도 하며 노끈으로 스스로 목을 매기도 하고 깊은 구덩이에 몸을 던지기도 한다. 저 서방 수로나 사람들은 어질고 착하며 지혜롭다. 썩어 무너질 나의 몸을 조그마한 방편으로써 곧 해탈하게 하는구나'라고 생각할 것입니다."

부처님께서 말씀하셨다.

"훌륭하다. 부루나야, 너는 인욕을 잘 배웠구나. 너는 이제 수로나 사람들 틈에서 지낼 수 있을 것이다. 너는 이제 떠나서 건너지 못한 사람을 건네주고, 편안하게 하지 못한 사람을 편안하게 하며, 열반을 얻지 못한 자들에게 열반을 얻게 하라."

그때 존자 부루나는 부처님의 말씀을 듣고 기뻐하면서 예배하고 떠나갔다.

그때 존자 부루나는 밤이 지나고 이른 아침에 가사를 입고 발우를 가지고 사위성으로 들어가 걸식하였다. 밥을 다 먹고는 다시 나와 침구를 다른 이에게 물려준 뒤에 가사와 발우를 가지고 떠나 서방 수로나에 이르러 인간 세상을 유행하였다. 거기 이르러서는 여름 안거를 지내며 5백 우바새를 위하여 설법하였고, 5백 승가람을 세워 평상과 요와 공양에 필요한 모든 도구를 다 갖추어 만족하였다. 3개월이 지난 뒤에는 3명을 두루 갖추었고, 그곳에서 무여열반에 들었다.

| 잡아함경 제13권, 311

강 설

지자불혹知者不惑
인자불우仁者不憂
용자불구勇者不懼

지혜로운 사람은 미혹되지 않고

144

어진 사람은 근심하지 않고
용감한 사람은 두려워하지 않는다.

이것은 『논어』「자한」편에 나오는 말이다. '앎(知)'이라는 저
한 글자가 인류역사를 얼마나 자극했던가. 자신이 터득한 지식
과 경험을 타인과 후대에 남기기 위해 기록한 언어문자의 문명
은 또 얼마나 경이로운 것이었던가. 모든 종교와 학문이 인류를
위해 기울였던 노력은 계몽으로 귀결된다. 'enlightenment(프랑
스어 lumières, 독일어 aufklärung)'를 번역한 한자어 '계몽啓蒙'은
인간의 어리석음을 깨우친다는 뜻을 지닌다. 철학자 칸트는 인
간이 미성숙으로부터 벗어나 스스로 이성적 삶을 살아가는 것
을 계몽이라 정의하기도 했다. 17, 18세기 유럽에서 일어난 이
른바 계몽사상은 인간이 이룩한 문화와 문명에 고취되어 인간
의 지성 혹은 이성을 바탕으로 문화와 문명을 진보, 발달시키려
는 사상 또는 그러한 행동을 포함하는 적극적인 상태를 가리키
는 말이다. 즉 인간의 지성 혹은 이성의 힘으로 자연과 인간관
계, 사회와 정치문제를 객관적으로 관찰하여 명료하고 자명한
보편적 진리를 발견하고 낙관적으로 발전시키려는 시대정신이
라고 볼 수 있다.

계몽사상은 이와 같은 정신으로 인간의 존엄과 평등, 자유권
을 강조함으로써 유럽의 중세시대를 지배한 전제군주와 로마

가톨릭교회와 신학의 족쇄로부터 인간 이성의 해방을 주창했다. 계몽사상의 의의는 국가·정부의 역할을 결정적으로 바꾸었다는 데서도 찾아진다. 정부가 더 이상 목적이 아니라 국민의 권리를 보장하고 유지하기 위해 존재하는 민중의 수단이 되어야 한다는 것이다. 인간의 권리와 행복을 보장하기 위해 만들어진 국가는 당연히 국민의 동의를 받지 않고는 존재할 수 없다. 국가가 그 책임을 다하지 않고 민의를 배반한다면 민중은 혁명적인 저항권을 발동해 국가를 교체, 폐지할 수 있다. 이런 연유로 계몽사상은 17, 18세기 시민혁명에 지대한 영향을 끼치고 새로운 시대를 열게 하였다. 이 노력의 첫 장을 연 철학자로는 영국의 경험론 철학자 존 로크를 손꼽을 수 있다. 이후 계몽주의는 프랑스와 독일에서 디드로, 볼테르, 루소와 칸트에 영향을 주어 이후 사상들의 출현에 기여했다. 나는 개인적으로 계몽주의에 관심이 많아 관련 인물과 서적을 탐독하였다. 그 이유는 우리의 불교 발전을 위해 다양한 인류정신들을 살펴볼 필요가 있었기 때문이다.

하택신회 선사는 "나의 법은 지지일자知之一字 중묘지문衆妙之門"이라고 하셨다. '지知'라는 한 글자가 모든 세상의 비밀스러운 이치를 밝혀내는 문이라는 것이다. 그 문으로 들어가려면 묘를 터득해야 한다. '앎'이라는 문을 연다고 해도 마찬가지다. 알면 어떻게 될까? 공자님은 알면 미혹되지 않을 것이라고 말씀하신다. 인생 40을 '불혹不惑'이라고도 하는데, '혹'은 미혹이다. 의심하는 것, 흔들리는 것이다. 왜 흔들릴까? 자신의 길과 운명에 대한 앎이 부족하고 거기에서 오는 무지와 자신감의 부족이 의혹을 낳는다. 세상을 행복한 마음으로 살아가려면 무엇보다 부동심을 길러야 한다. 부동심이 있어야 의연한 태도가 만들어진다.

그 다음이 근심이다. 근심은 왜 일어날까? 자신의 뜻대로 되지 않을 때, 미래의 일을 확신하지 못할 때 일어난다. 그런데 어진 사람은 근심하지 않는다고 하였다. 그러면 반대로 어질지 않는 상태가 무엇을 말하는지 이해할 필요가 있다. 지혜, 인내심, 아량, 따뜻함, 올곧음 등이 있으면 어진 사람이라 할 수 있지만, 이런 마음이 없으면 어진 사람이 되지 못한다. 결국 자신만을 위한 이기심이 근심의 근원임을 알 수 있다. 그리고 용감한 사람은 두려워하지 않는다고 하였다. 베트남 속담에 "덩치 큰 사람 열보다 간 큰 사람 하나가 낫다"라는 말이 있다. 이런 근성이 있어서 미국을 이겼던 것일까? 아무튼 흥미로운 말이다. 용감함, 정의로운 마음은 옳은 길을 걷는다는 스스로의 확신이 있어야 가능하다. 떳떳한 마음이 없으면 용기가 생기지 않는다. "지자는 미혹되지 않고, 인자는 근심하지 않으며, 용자는 두려워하지 않는다"라는 공자님의 말씀이 인간세의 큰 가르침이다.

이 「부루나경」은 많이 알려져 있다. 설법제일로 일컬어지는 부루나 존자가 불법을 전도하기 위해 타지방으로 가고자 하였다. 그런데 그 고장 사람들은 거칠고 포악하다는 평판이 있어서 혹시나 그곳에 가서 해를 입을까 하여 부처님은 염려가 되셨다. 그런 위험한 곳에 가서 어떻게 법을 전할 것인지에 대한 부처님의 질문에 부루나 존자가 답을 하는 것이 이 경의 내용이다. 그 내용을 살펴보도록 하자.

"만일 비구가 사랑할 만하고 좋아할 만하며 생각할 만하고 마음에 들어 탐욕을 길러 자라게 하는 빛깔을 눈으로 보고, 그것을 본 뒤에 기뻐하고 찬탄하고 얽매여 집착한다면, 기뻐하고 찬탄하고 얽매여 집착하고 나면 환희하고, 환희하고 나서는 좋아하며 집착하고, 좋아하며 집착한 뒤에는 탐하여 사랑하고, 탐하여 사랑한 뒤에는 막히고 걸리게 된다. 환희하고 좋아하며 집착하고 탐하여 사랑한 뒤에는 막히고 걸리게 된다. 환희하고 좋아하며 집착하고 탐하여 살아하고 막히고 걸리기 때문에 그는 열반에서 멀어지게 되느니라. 귀·코·혀·몸·뜻도 또한 그와 같으니라."

인간의 호불호는 각자의 몫이어서 일정하지 않다. 안·이·비·설·신 다섯 가지 감관을 바탕으로 하여 바깥의 것을 수집한다. 그 다음에 '의'에서 알아차린다. 사과 한 알을 눈으로 보고는 '이것은 사과다'라고 생각하는 것이 여섯 번째 식이다. 그 다음에 칠식에서는 깊은 사량을 한다. '이것을 어떻게 할까?' 하면서 가장 이익이 되는 방법을 찾는다. 그러니까 칠식에서부터 각자의 습성에 따라 활용이 달라진다. 칠식의 특징이 이기심을 바탕으로 한 깊은 사량이다. 그 다음에 팔식에서는 기억을 저장하고 거울처럼 비추면서 모든 일을 반추하도록 한다. 그래서 근본식이다. 우리 의식의 가장 깊은 곳이 팔식이다. 그 습관이나 기억이 때를 만나면 모습을 드러낸다. 씨앗이 적당한 기후가 되면 싹을 틔우는 것과 같다.

　좋아하고 사랑하고 탐욕을 부리는 첫 시작은 눈으로 보면서부터 일어난다. 만약 눈에 보이는 것이 맘에 들고 좋다면 기뻐한다. 그 다음은 놓지 않고 더욱 붙들려고 하며 붙들면 환희심을 낸다. 소유했으니까! 그 다음에는 더욱 애착을 가지면서 사랑의 마음이 싹튼다. 일에 장애가 생기고 막히는 것은 이런 과정을 거치면서 고착화된다. 보고-좋아하고-집착하고-환희하고-사랑하고, 그 다음에 막힘이 일어난다. 막히면 넘어갈 수 없다. 그래서 걸린다. 우리는 말에도 걸리고 생각에도 걸린다. 누가 무슨 말만 해도 걸리고, 내가 무슨 말을 해놓고도 걸린다. 중생의 장애가 이런 과정의 연속이다. 따라서 마음의 해탈을 얻으려면 위에서 설해진 것과 반대로 행하면 된다. 그것이 해답이다. 부처님께서는 이것이 간단한 해탈의 법임을 말씀하시고는 부루나에게 어디에 머물 것인지 물으셨다. 뜻밖에 부루나 존자는 전도에 큰 뜻을 품고 있었다. 문답은 이렇게 지속된다.

"세존이시여, 저는 이미 세존께서 간략히 말씀하신 가르침을 받았습니다. 저는 서방 수로나로 가서 세상에서 유행하고자 합니다."

"서방의 수로나 사람들은 거칠고 모질며 가볍고 성급하며 못되고 사나우며 비난하기를 좋아한다. 부루나야, 네가 만일 그들의 거칠고 모질며 가볍고 성급하며 못되고 사나우며 비난하기를 좋아하며 헐뜯고 욕하는 말을 듣는다면 마땅히 어떻게 하겠느냐?"

"세존이시여, 만일 저 서방의 수로나 사람들이 면전에서 거칠고 모질며 심한 말로 비난하고 헐뜯고 욕한다면, 저는 '저 서방의 수로나 사람들은 어질고 착하며 지혜롭다. 비록 내 앞에서 거칠고 모질며 못되고 사나우며 비난하기를 좋아하고 나를 헐뜯고 욕하지만, 그래도 손이나 돌로 나를 때리지는 않는구나'라고 생각하겠습니다."

인욕이 어려운 것은 모욕감을 참아야 하기 때문이다. 자기를 능멸하는 말을 들었을 때가 가장 참기가 어렵다고 한다. 중국 속담에 "차가운 차와 찬밥은 견딜 수 있지만, 차가운 말은 견딜 수 없다"라는 것이 있다. 냉소적인 말 한마디가 사람에게 깊은 상처를 입힌다. 그런데 직접적으로 욕을 하고 해친다면 곤란한 일이다. 그래도 말로써 하는 것은 직접 폭력을 행사하는 것은 아니니까 그것으로 다행이라 생각하겠다는 부루나 존자의 답이었다. 문답은 점점 강도가 높아진다. 험한 욕설에서 손찌검으로, 손찌검이나 돌팔매질에서 몽둥이로, 몽둥이나 칼 같은 흉기에서 마침내 죽음을 당할 수도 있는 지경에 이른다면 어떻게 할 것인가? 문답은 이렇게 종결된다.

"세존이시여, 만일 서방의 수로나 사람들이 혹 저를 죽인다면, 저는 '모든 세존의 제자들은 몸을 싫어하여 혹 칼로 자살하기도 하고 독약을 먹기도 하며 노끈으로 스스로 목을 매기도 하고 깊은 구덩이에 몸을 던지기도 한다. 저 서방 수로나 사람들은 어질고 착하며 지혜롭다. 썩어 무너질 나의 몸을 조그마한 방편으로써 곧 해탈하게 하는구나'라고 생각할 것입니다."

"훌륭하다. 부루나야, 너는 인욕을 잘 배웠구나. 너는 이제 수로나 사람들 틈에서 지낼 수 있을 것이다. 너는 이제 떠나서 건너지 못한 사람을 건네주고, 편안하게 하지 못한 사람을 편안하게 하며, 열반을 얻지 못한 자들에게 열반을 얻게 하라."

맹자는 "뜻을 펴게 되면 백성에게 혜택을 끼치고, 설령 뜻을 펴게 되지 못하면 홀로 도를 행하면서 부귀에 아첨하지 않고, 가난하고 천해도 지조를 바꾸지 않으며, 위협적인 무력에도 굴복하지 않는 사람이 대장부"라고 했다. 그러면서 "삼군의 장수는 꺾을 수 있지만, 필부의 의지는 꺾을 수 없다"라고 했다. 한 사람의 지조도 이렇듯 감당하기가 어려운데, 불법을 전하여 중생을 제도하겠다는 의지를 누가 막을 수 있겠는가. 문답이 끝난 후 부루나 존자는 이와 같이 자신의 원력을 결행하였다.

그때 존자 부루나는 부처님의 말씀을 듣고 기뻐하면서 예배하고 떠나갔다.
그때 존자 부루나는 밤이 지나고 이른 아침에 가사를 입고 발우를 가지고 사위성으로 들어가 걸식하였다. 밥을 다 먹고는 다시 나와 침구를 다른 이에게 물려준 뒤에, 가사와 발우를 가지고 떠나 서방 수로나에 이르러 인간 세상을 유행하였다. 거기 이르러서는 여름 안거를 지내며 5백 우바새를 위하여 설법하였고, 5백 승가람을 세워 평상과 요와 공양에 필요한 모든 도구를 다 갖추어 만족하였다. 3개월이 지난 뒤에는 3명을 두루 갖추었고, 그곳에서 무여열반에 들었다.

부처님의 제자들은 이 경을 마음 깊이 새겨야 할 것이다. 대승불교의 이념이 '상구보리 하화중생(上求菩提 下化衆生)'이지 않

152

는가. 복지재단에서 직원들이나 산하시설 종사자 또는 자원봉사자 등을 상대로 이야기할 기회가 있을 때마다 나는 이 말을 항상 강조하고 있다. 복지가 곧 포교이며, 포교는 몸이 중생의 현장에 있어야 하기 때문에 불교사회복지사는 포교의 제일선에 있다는 인식을 갖도록 가르치고 있다. 불교를 공부하는 사람은 부루나 존자와 같은 불법홍포에 대한 사명감을 가져야 한다. 우리는 요익중생을 위해 살아가는 존재이니까!

명예로운 죽음에 관하여 생각할 때면 떠오르는 인물이 있다. 그리스의 고대 철학자 아리스토텔레스다.

그는 마케도니아의 스타게이라에서 태어났다. 그의 아버지는 마케도니아 왕의 시의侍醫였으며 어려서부터 자연과학에 관심이 많았다. 17세에 아테네로 여행하여 플라톤이 건립한 아카데메이아에서 스승인 플라톤이 죽을 때까지 20년간 머무르며 철학 연구에 몰두했다. 그는 기원전 342년부터 340년까지 마케도니아의 왕자 알렉산드로스의 가정교사로도 있었다. 그가 준 『일리아드』는 알렉산더 대왕이 늘 간직하는 서적이 되었다고 한다. 기원전 335년 알렉산더 대왕이 페르시아 원정길에 오르자 리케이온에 학교를 세우고 제자들을 가르치며 12년간 강의와 연구에 몰입했다. 오늘날 전해지는 방대한 학술서의 대부분은 이 시대의 강의 초고에 바탕을 둔 것이다. 그는 녹음이 우거진 숲길을 거닐면서 강의하여 '소요학파'라는 이름을 얻었다.

기원전 323년, 아리스토텔레스 나이 62세 때 알렉산드로스가
죽자 이 가문과 인연이 많은 아리스토텔레스에게 소크라테스에
게 그랬던 것처럼 불경죄를 뒤집어씌우려 했다. 하지만 아리스
토텔레스는 소크라테스처럼 순순히 죽음을 받아들이지 않았다.
그리고 아테네를 탈출했다. 그러면서 그는 이런 말을 남겼다고
한다.

　나는 아테네인들에게 철학에 대해 두 번이나 죄를 짓게 하고
　싶지 않다!

이 말은 소크라테스를 모함하여 죽인 것으로 이미 한 번 죄를
지은 아테네인들이 똑같은 실수를 되풀이하지 않기를 바란다는
뜻이었다. 아테네를 떠난 아리스토텔레스는 에우보이아 섬에 있
는 어머니의 땅 칼키스에 도착했다. 거기서 조류의 흐름을 연구
하다가 이듬해인 기원전 322년, 그의 나이 63세에 전부터 앓아
왔던 위장병으로 위대한 생애를 마치게 된다.

나에게 흥미로운 것은 아리스토텔레스의 죽음을 받아들이는
자세, 그리고 아테네와 철학에 대한 자긍심이다. 그는 남의 손
에 무의미하게 죽고 싶지 않았다. 그리고 무엇보다 철학을 사랑
하는 마음과 아테네의 명예에 대한 그의 생각을 읽을 수 있어서
좋다. 계보상으로 선대의 스승이 되는 소크라테스가 아테네에서

죽음을 맞이한 것은 유명한 일이다. 그런데 자신마저 아테네에서 죽임을 당하면 훗날 인류사의 위대했던 두 철학자를 이 도시의 사람들이 죽였다는 불명예를 안게 되는 것이다. 아리스토텔레스는 아테네라는 도시를 사랑했기 때문에 이 도시에 그런 불명예가 남는 것을 원치 않았다. 그리고 자신의 철학이 인류 역사에 오래도록 기억될 것이라는 자긍심이 있지 않았을까? 누구나 죽음은 피할 수 없는 것이고, 훗날의 평판 또한 준엄한 것이다. 우리는 이 둘을 받아들일 각오가 되어 있어야 하고, 그렇기 때문에 세상을 잘 살아가야 할 이유가 있다. 아리스토텔레스는 최고의 관직에 오르는 사람들이 갖춰야 할 세 가지 자격을 말하였다.

첫째, 국가에 대한 높은 충성심
둘째, 최고의 행정능력
셋째, 정의롭고 높은 도덕성

그는 행복에 대해 정의하기를 "행복은 인생의 의미이자 목적"이라고 했다. 사람이 살아가는 이유와 목적은 행복을 위해서라는 것이다. 다시 말해 행복은 삶의 궁극의 목적이자 근거가 된다. 그리고 그 행복은 자신에게 달려 있다. 자신이 어떤 삶을 영위하느냐에 따라 행복의 질과 방향이 다르게 펼쳐진다.

위에서 부루나 존자의 전법에 대한 사명을 읽었고, 아리스토 텔레스의 철학자로서의 자긍심을 보았다. 그리고 자신이 몸담고 살아가는 공동체에 대한 배려와 사랑도 알 수 있었다. 이런 동 서고금의 이야기들을 많이 찾아서 기록해 놓고 싶은 바람이 있 었는데, 여기에 함께 써 놓을 수 있어서 기쁘다.

단욕경

이와 같이 나는 들었다.

어느 때 부처님께서 사위국 기수급고독원에 계셨다.

그때 세존께서 여러 비구들에게 말씀하셨다.

"마땅히 탐욕을 끊어야 한다. 눈의 탐욕을 끊고 나면 눈도 이미 끊어지고 알게 되며, 마치 다라나무 밑동을 자르듯 그 근본을 끊어 미래 세상에 다시는 태어나지 않게 될 것이다. 귀·코·혀·몸·뜻도 또한 그와 같음을 말하느니라."

부처님께서 이 경을 말씀하시자, 여러 비구들은 부처님의 말씀을 듣고 기뻐하며 받들어 행하였다.

| 잡아함경 제13권, 314

불석과추상不惜過秋霜　도교자미장圖教滋味長

종연생적득縱然生摘得　종시불성향終是不馨香

가을 서리 맞는 걸 아까워 말고

그 맛이 깊어지기를 기다리라.

설사 생화를 꺾어 놓는다 해도

마침내 향기는 나지 않을 것이네.

이것은 『종용록』 제2칙에 나오는 게송이다.

만물이 익고 숙성이 되기 위해서는 시간이라는 터널을 지나야 한다. 자연의 모든 것은 시절인연이 있다. 시절인연이라는 말 속에는 알맞은 때가 있다는 것과 충분한 시간이 무르익어야 한다는 등의 복합적인 의미가 있다. 그러니 지나간 시간을 애석해하지 말고 남아 있는 시간, 앞으로 다가올 미래를 성실히 준비하고 살아가는 자세가 필요하다. 가을 서리 맞는 것을 아까워하지 말라는 것은 이미 지나쳐버린 시간을 돌아본들 무슨 소용이 있겠느냐는 말이다. 서리가 내리면 서리를 맞고 바람이 불면 바람에 맡겨야 한다. 좋은 시절이 이미 지나버렸을지라도 남아 있는 시간에 눈을 돌리면 된다. 늦은 가을에 서리까지 맞고 나면 식물의 잎은 급속히 시들어버린다. 하지만 풍류가 지난 다음에도 다시 풍류가 있는 법이다. 그 풍류라는 시간이 지난 만큼 농익어지는 그 무엇이 있지 않겠는가. 맛이 깊어진다는 말이 묘한 느낌을 자아낸다.

묵은 맛을 모르는 사람은 눈을 자극하는 산뜻한 것을 찾을 것이다. 그래서 생각해낸 것이 생화다. 이제 대비가 선명해졌다. 서리를 맞은 늦가을의 것과 이제 막 피어난 생화의 향기가 같을 수 없다. 뚝배기보다 장맛이라 했다. 만물이 숙성되듯 사람도 철 들고 익어야 한다. 더욱이 수행을 생각하는 사람은 보통의 사람들과는 다른 호흡을 익혀야 한다. 삶을 긴 호흡으로 보는 것이다. 나는 복지재단의 직원들에게도 그렇지만, 외부의 연수나 특강 같이 이야기할 기회가 있을 때마다 이야기의 끝마무리에는 항상 이 말을 강조한다. "긴 호흡으로 살라!" 그러면서 다큐멘터리 「차마고도」를 편집한 5분 분량의 영상을 보여주곤 한다.

인류학자들의 말로는 "강의 길이가 그 민족의 호흡을 좌우한다"라고 한다. 긴 강을 가진 대륙에 살아가는 민족과 강이 없거나 가늘고 짧은 강을 끼고 살아가는 민족 간에는 사물을 보는 유장한 호흡의 차이가 있다는 것이다. 한반도의 강 길이가 길어봐야 불과 몇백 킬로미터에 지나지 않아서 우리의 성정이 급하고 변덕스러운 것일까? 그래서인지 동아시아권의 여러 민족 중에서도 황하(5,464km)와 양자강(6,300km)을 거느린 중국인들은 삶을 유장한 호흡으로 바라보며 어지간해서는 절망하지 않는다고 한다. 어려운 시절이 있으면 좋은 시절이 있고, 동지가 있으면 하지도 있는 법이니까. 세상만사 알고 보면 세옹지마의 반전이 있다. 그래서인지『종경록』의 이 게송이 유난히 정이 간다.

이「단욕경」에서는 탐욕을 끊는 법에 대한 가르침이 설해지고 있다. 탐욕을 끊는 것은 가능할까? 그렇다면 어떻게 끊을 수 있는지 우선 생각해볼 수 있다. 생각은 물질이 아니어서 눈에 보이지도 않고 손에 잡고 만질 수도 없다. 그러니 물리적인 절단은 가능하지 않다. 따라서 정신적인 문제로 좁혀보면 어떻게 마음가짐을 갖느냐에 따라 끊는 것이 가능해질 수 있다. 그 끊음의 시작은 흐름을 멈추는 것으로부터 시작된다. 멈추면 끊어진다. 호흡을 관찰하는 것은 흐름을 끊는 방법들 중에서 가장 기본적이고 원초적인 방법으로서 대단히 유용하다. 생각을 바꾸는 것은 제대로만 한다면 그렇게 오랜 시간이 걸리지 않는다. 과학적으로도 입증된 것인데, 구글의 명상지도자인 차드 멍탄에 따르면 불과 수 분 내에 가능하다고 한다. 호흡의 들고 나는 것에 의식을 집중하고 호흡을 조절하면 의식은 어느 순간 급속히 진정이 되면서 편안해진다.

호수에 이는 물결을 비유로 들 수 있다. 바람이 불면 수면에 물결이 일면서 연쇄적으로 호수 전체에 퍼진다. 만약 바람이 잠

잠해지면 물결이 진정되면서 수면은 거울처럼 고요한 상태가 된다. 그러면 파도는 어디로 사라진 것일까? 파도가 본래 있었던가. 그렇지 않다. 파도는 물 자체이면서 물의 표면에 일어난다. 물과 파도는 하나다. 하지만 파도가 일어나지 않는다면 우리는 파도를 알지 못할 것이다. 본래 없던 것이니까. 인간의 마음도 마찬가지여서 탐욕이라는 수면에 이는 파도의 흐름을 끊기 위해서는 생각의 전환이 우선적으로 이뤄져야 한다. 최근 읽은 하루키의 『직업으로서의 소설가』라는 책에는 폴란드 시인 즈비그니에프 헤르베르트의 말이 소개되어 있다. "원천에 가 닿기 위해서는 흐름을 거슬러 올라가야만 한다. 흐름을 타고 내려가는 것은 쓰레기뿐이다." 저항하지 않으면 흐름을 극복하기 어렵다. 빠져나와야 한다. 탐욕의 극복도 마찬가지여서 먼저 심리적인 흐름을 바꾸고 탐욕으로 다시 되돌아가지 않는 것이 중요하다. 흐름에 아무 저항도 없이 흘러가는 것은 강물에 떠 있는 부유물에 지나지 않는다. 강인한 생명력을 가진 생명체는 역류에 대한 남다른 감각이 있다. 폭포수를 뚫고 올라가는 물고기처럼 흐름이 강할수록 떠밀려가지 않기 위해 필사적으로 몸부림치며 거슬러 올라간다. 그런데도 사람은 상황을 얻으면 상황에 안주하려 한다. 선종의 표현대로라면 편의를 얻으면 편의에 떨어지는 것이다. 경문을 보자.

"마땅히 탐욕을 끊어야 한다. 눈의 탐욕을 끊고 나면 눈도 이미 끊어지고 알게 되며, 마치 다라나무 밑동을 자르듯 그 근본을 끊어 미래 세상에 다시는 태어나지 않게 될 것이다. 귀·코·혀·몸·뜻도 또한 그와 같음을 말하느니라."

부처님은 탐욕의 끊음을 나무 밑동을 자르는 것에 비유하였다. 나무 밑동을 자르면 뿌리와 가지가 단절된다. 그러면 나무는 더 이상 자라지 못한다. 더 이상 자라지 못한다는 것은 나무의 생명이 끝난 것이다. 탐욕은 다스릴 수만 있다면 밑동을 잘린 나무가 더 이상 자라지 못하는 것처럼 다스려야 한다. 육근이 모두 마찬가지다. 눈도 그렇고 코도 그렇다. 귀, 혀, 몸, 생각도 똑같은 법칙이 적용된다.

탐욕은 쾌락을 추구하는 행위와 관련이 있기 때문에 우리는 쾌락에 대한 정의를 다시 해볼 필요가 있다. 고대 그리스에서 즐거움과 쾌락을 주의 깊게 본 사람이 바로 에피쿠로스(기원전 341년 사모스~기원전 271년 아테네)다. 그는 학파를 가졌기 때문에 흔히 에피쿠로스학파라고 부른다. 에피쿠로스는 쾌락과 행복이 최고의 선이라고는 하지만, 그 쾌락은 엄밀하게 마음의 평정에 기초하고 있다. '아타락시아ataraxia'라는 말이 그것인데, 이는 그리스의 모든 철학적 지혜에 공통되는 이상이기도 하다. 어떻게 행복한 상태에 머무를 것인가에 대한 철학이다. 대부분의 철학자들이 정신적인 면에서 행복을 다루려고 했던 반면에 에피쿠로스는 물질의 풍족이 안락한 삶을 위해서는 결코 소홀히 다뤄질 수 없음을 주장하였다. 시공을 초월하여 이 주장에 매료된 이가 있었으니 바로 칼 마르크스이다. 욕구 충족을 위해서는 최소한의 필요 재물이 충족되어야 한다는 것이고, 마르크스가 쓴 박사학위 논문 「데모크리토스와 에피쿠로스 자연철학의 차이」도 이와 관련된 것이었다.

에피쿠로스는 결혼하지 않았으며 아이도 없었다. 만성적인 요로결석을 앓았고, 이는 그가 죽음에 이르는 원인이 된다(기원전 271년). 요로결석의 굉장한 고통을 겪으면서도 그는 이도메네우스에게 다음과 같이 썼다고 한다.

나는 이 편지를 내 삶의 마지막이기도 하지만 기분 좋은 어느 날에 쓰네. 소변을 볼 수 없는 고통스러운 상황인데다가 세균성 이질까지 겹쳐 내 고통은 더 이상 심각해질 수 없을 정도네. 그렇지만 내 철학적 사색들로부터 오는 기쁨이 이 고통을 상쇄시켜 준다네. 자네에게 부탁하네. 메트로도루스 Metrodorus의 아들을 잘 돌봐주게. 그 젊은이가 내게, 그리고 철학에 보여준 헌신은 그럴 만한 가치가 있다네.

에피쿠로스학파는 규모는 작지만 매우 헌신적으로 그를 추종했다고 한다. 에피쿠로스학파는 여성을 예외가 아닌 정식으로 받아들인 첫 학파였다. 에피쿠로스는 우정을 행복의 재료로 중요히 여겼고, 학교는 친구들과 함께 사는 공동체에 종종 비유되었다. 이 학파는 원래 에피쿠로스의 집과 정원에서 열렸다. 정원으로 통하는 문에 있는 조각은 세네카의 편지 중 하나에 다음과 같은 내용이 기록되어 있다고 전한다.

방황하는 나그네들이여, 여기야말로 당신이 거처할 진정 좋은 곳이오. 여기에 우리가 추구해야 할 최고의 선善인 즐거움이 있습니다.

「단욕경」을 강설하면서 고대 그리스의 철학자인 에피쿠로스를 언급하는 이유는 즐거움과 쾌락을 보는 눈을 근본적으로 회의해보도록 하기 위함이다. 자신의 철학에 대한 자긍심과 후학들을 길러내는 공동체에 대한 헌신적 자세가 경외감을 준다. 우리가 생각하는 행복이란 기껏해야 큰 집에서 잘 먹고 잘 놀고 돈 많이 버는 정도에 지나지 않는다. 그렇지만 불교의 교설은 물론이고 고대의 사상가들이 고민한 것은 어떻게 하면 마음의 평정을 유지하면서 선을 추구할 것인가 하는 문제였다. 쾌락과 즐거움이란 나의 존재에 대한 순수한 열정과 기쁨을 말하는 것이지 존재의 의미를 물질적 탐닉에 두지는 않는다. 탐욕에 지배당하지 않기 위해서는 강한 의지가 필요하다. 밑동 잘린 나무가 더 이상 꽃과 열매를 맺지 못하는 것처럼 우리는 탐욕을 그와 같이 다스려야 한다. 「단욕경」이 설해진 이유도 여기에 있다.

안고경

이와 같이 나는 들었다.

어느 때 부처님께서 사위국 기수급고독원에 계셨다.

그때 세존께서 여러 비구들에게 말씀하셨다.

"눈은 괴로운 것이다. 만일 눈이 즐거운 것이라면 마땅히 닥쳐오는 괴로움을 받지 않아야 할 것이요, 또한 눈에 대해 '이렇게 되었으면' 하거나 '이렇게 되지 않았으면' 하고 바랄 수 있어야 할 것이다. 눈은 괴로운 것이기 때문에 닥쳐오는 괴로움을 받고, 눈에 대해 '이렇게 되었으면' 하거나 '이렇게 되지 않았으면' 하고 바랄 수도 없는 것이다. 귀·코·혀·몸·뜻도 또한 그와 같다고 말하느니라."

부처님께서 이 경을 말씀하시자 모든 비구들은 부처님의 말씀을 듣고 기뻐하며 받들어 행하였다.

| 잡아함경 제13권, 317

치서부도가馳書不到家

편지를 부쳤는데 아직 집에 이르지 않았다.

선종의 오종가풍(五宗家風: 위앙종, 법안종, 임제종, 운문종, 조동종)
중에서도 조동종曹洞宗의 선문답들은 섬세하고 치밀하다. 무엇
보다 언어의 깊은 맛을 알지 않으면 안 된다. 말의 묘미를 느껴
보라. 부친 편지가 아직 집에 도착하지 않았으니 추적해봐야 한
다. 행방이 묘연하니 어떻게 된 건가? 한번 참구해보자. 편지는
어느 역을 지나고 있는가? 조동종의 가풍을 얘기할 때 이 말이
등장한다. 눈에 보이지 않지만 어디에선가 작용이 이뤄지고 있
음을 간파해야 한다. 조동종의 가풍을 사람에 비유할 때는 "조
동사민曹洞士民"이라 한다. 농부의 일터, 장사하는 사람의 가판
을 떠올려보라. 농부는 하루하루의 일기를 살피며 작물을 가꿔
간다. 작물은 땅이 있어야 뿌리를 내린다. 그뿐만이 아니다. 비
와 바람, 햇빛 외에도 많은 자연적 요소들이 영향을 미친다. 현
대의 농사는 비닐하우스 속에서 자연의 기후와 상관없이 길러
내는 작물이 많은 비중을 차지하지만 과거에는 절대적으로 자
연에 의존하며 살아야 했다. 그래서 농부는 억지를 부리는 일이
없이 자연에 순응하는 것이 중요한 덕이었다. 그리고 장사를 하

는 사람도 진실한 면모가 있어야 한다. 인도에는 "값은 속여도 물건은 속이지 말라"라는 속담이 있다. 이게 참 좋은 말이다. 값은 다소 흥정을 하고 이익을 따지기도 하지만 중요한 것은 물건이기 때문에 물건에 하자가 있어서는 안 된다. 값보다는 물건이 본질이다. 농부에게 농부의 도가 있듯이 장사하는 사람에게는 상도가 있는 법이다.

이처럼 조동종은 방棒이나 할喝 같은 선종 특유의 과격한 수단을 쓰지 않고 세상사를 하나의 이야기에 담아 비유적으로 설명하는 방식을 즐겨 쓴다. 그래서 이야기가 진행되는 속에서 재빨리 간파해내도록 하는 것이 조동종의 가풍이다. 언어문자가 지시하는 일의 본질을 파악하는 것은 간단한 일이 아니다. 전체를 통찰하며 본질을 꿰뚫어보는 출중한 안목이 아니면 안 된다. 그런 안목을 가진 이라면 일의 전말을 알 것이다. 하나하나 조목조목 짚어가며 일을 헤아릴 수 있다. 우리가 조동종에서 읽을 수 있는 특별한 감각이 바로 여기에 있다. 도착하지 않는 편지, 오리무중에 빠져버린 일을 어떻게 추론해낼 것인가. 그렇다고 편지가 어디로 사라져버린 것도 아니다. 어딘가에 분명히 있기는 있다. 찾아보라.

「안고경」에서 부처님은 우리의 감각이 어떻게 작용하는지, 그리고 그 감각을 어떻게 이해해야 하는가에 대하여 설하신다. 우리는 육근을 통하여 감각을 받아들인다. 수집하는 것과 마찬가지다. 이렇게 감각기관을 통하여 수집된 정보들은 의식을 거치면서 감정의 형태로 재생산된다. 예를 들어보자. 책상 위에 사과가 한 알 있다. 그러면 눈은 '책상 위에 사과가 한 알 있는' 상태를 본다. 그리고 나면 의식화 과정을 거치면서 저 사과를 어떻게 할 것인가에 대한 여러 생각을 하게 된다. 먹을 수도 있고, 먹지 않을 수도 있다. 그냥 먹을 수도 있고, 믹서에 갈아서 주스로 마실 수도 있다. 그리고 사과를 좋아하지 않아 먹고 싶은 충동을 느끼지 않을 수도 있다. 이와 같은 방식으로 우리는 생각하고 사량하고 어떻게 취할 것인가에 대한 고민을 한다. 매사가 그런 식이다. 그러니 항상 머릿속이 들끓고 번뇌에 시달리기만 한다. 「안고경」의 말씀을 보자.

"눈은 괴로운 것이다. 만일 눈이 즐거운 것이라면 마땅히 닥쳐오는 괴로움을 받지 않아야 할 것이요, 또한 눈에 대해 '이렇게 되었으면' 하거나 '이렇게 되지 않았으면' 하고 바랄 수 있어야 할 것이다. 눈은 괴로운 것이기 때문에 닥쳐오는 괴로움을 받고, 눈에 대해 '이렇게 되었으면' 하거나 '이렇게 되지 않았으면' 하고 바랄 수도 없는 것이다. 귀·코·혀·몸·뜻도 또한 그와 같다고 말하느니라."

우리의 감각은 즐거운 것일까, 괴로운 것일까? 위의 경문에서 부처님은 사람들이 감각을 대하는 자세에 대하여 언급하신다. 괴로움과 즐거움을 대하는 우리의 자세는 어떤가. 괴로움은 피하려 하고 즐거움은 피하려 하지 않는다는 것이 문제의 핵심이다. 그러니까 눈이 즐거운 것이라면 보는 것마다 즐거움이고 행복이어야 한다. 즉 보는 것에 걸리지 않아야 한다. 그런데 우리는 걸린다. 모든 것이 그냥 지나가지 않고 눈에 걸리고 머문다. 그래서 괴롭다. 사람의 마음속에는 두 가지 바람이 있다. 원하는 것을 얻었으면 하는 바람과 피하고 싶은 일을 당하지 않았으면 하는 바람이다. 원하는 것을 얻지 못하면 불운하다 생각하고, 피하고자 했던 일은 당하게 되면 불행하다 생각할 것이다. 당면한 현실에서 무엇을 얻고 무엇을 버릴 것인지 선택할 권한을 가진 자가 바로 삶의 주인이고 주인공으로 살아가는 사람이다. 선종에서 강조하는 능동적인 삶을 살아가는 사람의 안목이 여기에 있다.

다른 감각도 마찬가지다. 음식의 경우 입맛의 즐거움만 생각한다면 무한정 먹을 것이다. 하지만 맛있는 음식을 먹고 즐거운 상태에서 조금만 넘어서면 과식으로 고통받게 된다. 조금 전의 즐거움은 어디론가 사라지고 식탐에 대한 괴로움과 때늦은 후회를 늘어놓는다. 이런 경우 좋은 맛을 찾는 입이 괴롭기만 하다. 코는 좋은 향기를, 귀는 좋은 소리를, 몸은 좋은 촉감을 취하려 하고 거기에 탐닉한다. 이게 괴로움의 근원이 된다. 우리를 괴롭히는 것은 행위가 아니라 행위에 대한 사사로운 생각들이다. 감각기관을 통해 수집되는 외물이 괴로운 것이 아니라 그것을 생각하고 받아들이는 나의 습관과 탐욕이 괴롭게 한다. 죽음이라는 행위를 예로 들면, 죽음 그 자체는 죽음으로서 존재할 뿐이다. 그런데 죽음을 받아들이는 당사자의 심리적인 무게가 각각 다르다. 왜냐하면 모든 사람이 죽음 앞에서 두려움을 겪는 것은 아니기 때문이다. 황금을 본다고 모두가 그것을 취하려고 하지는 않는 것과 같다.

철학에서는 원칙을 실천하는 문제가 주요 논제가 된다. 원칙은 법칙과 같은 것으로 바르게 알고 바르게 실천하는 것이 무엇보다 중요하다. '식탐은 해롭다'라는 말을 예로 들어보자. 이것은 원칙이다. 두 번째는 왜 식탐을 부리면 안 되는지 증명하는 과정이 있어야 한다. 그리고 세 번째는 이 증명이 올바른지 분별하고 확인하는 것이다. 세 번째 단계는 두 번째 단계를 위해 필요한 것이고, 두 번째 단계는 첫 번째 단계를 위해 필요한 것이다. 이 가운데 가장 중요한 것은 첫 번째 단계로 원칙을 실행에 옮기는 것이다. 그런데 사람들은 반대로 세 번째 것부터 중시하여 따지고 증명하는 것을 좋아하지만 정작 실천에 옮기는 사람은 흔치 않다. 우리는 원칙에 어긋나게 살아가고 있다고 할 수 있다. 사람의 강인한 정신, 진리에 대한 불굴의 의지가 불필요한 감각으로부터 일어난 번뇌를 극복하는 한 방법이라 하겠다.

육상행경 ^❷

이와 같이 나는 들었다.

  어느 때 부처님께서 사위국 기수급고독원에 계셨다.

  그때 세존께서 모든 비구들에게 말씀하셨다.

  "여섯 가지 항상 실천해야 할 행이 있다. 어떤 것이 그 여섯 가지인가? 혹 비구가 눈으로 빛깔을 보고는 괴로워하지도 않고 즐거워하지도 않으며, 평정한 마음에 머물러 바른 기억과 바른 지혜를 가지고, 귀로 소리를, 코로 냄새를, 혀로 맛을, 몸으로 감촉을, 뜻으로 법을 인식하고는 괴로워하지도 않고 즐거워하지도 않으며, 평정한 마음에 머물러 바른 기억과 바른 지혜를 가진다고 하자. 만일 비구가 이 여섯 가지 항상 실천해야 할 행을 성취했다면 그는 세간에서 얻기 어려운 사람이니라."

  부처님께서 이 경을 말씀하시자 모든 비구들은 부처님의 말씀을 듣고 기뻐하며 받들어 행하였다. | 잡아함경 제13권, 340

육 상 행 경 ❹

이와 같이 나는 들었다.

　어느 때 부처님께서 사위국 기수급고독원에 계셨다.

　그때 세존께서 모든 비구들에게 말씀하셨다.

　"여섯 가지 항상 실천해야 할 행이 있다. 어떤 것을 그 여섯 가지라고 하는가? 혹 비구가 눈으로 색을 보고는 괴로워하지 않고 즐거워하지도 않으며, 평정한 마음에 머물러 바른 기억과 바른 지혜를 가지고, 귀로 소리를, 코로 냄새를, 혀로 맛을, 몸으로 감촉을, 뜻으로 법을 인식하고는 괴로워하지도 않고 즐거워하지도 않으며, 평정한 마음에 머물러 바른 기억과 바른 지혜를 가진다고 하자. 만일 비구가 이 여섯 가지 항상 실천해야 할 행을 성취했다면, 마땅히 알아야 하리라. 그들은 바로 사리불과 같은 이들이니라.

　사리불 비구는 눈으로 색을 보고는 괴로워하지 않고 즐거워하지도 않으며, 평정한 마음에 머물러 바른 기억과 바른 지혜를 가진다. 귀로 소리를 코로 냄새를, 혀로 맛을, 몸으로 감촉을, 뜻으로 법을 인식하고는 괴로워하지도 않고 즐거워하지도 않으며, 평정한 마음에 머물러 바른 기억과 바른 지혜를 가진다. 사리불은 이 여섯 가지 항상 실천해야 할 행을 성취하였으므로 세간에서 드문 사람이며, 그는 받들어 섬기고 공경하고 공경할 만한 사람이니, 곧 세간의 위없는 복밭이니라."

부처님께서 이 경을 말씀하시자 모든 비구들은 부처님의 말씀을 듣고 기뻐하며 받들어 행하였다.

| 잡아함경 제13권, 342

금강여니인개배金剛輿泥人揩背

금강과 진흙인이 서로 등을 긁어준다.

이 말은 『종용록』 제43칙인 "나산이 생각의 일어나고 멸함을 묻다(羅山起滅)"의 본칙에 붙은 만송의 착어다. 금강신이 불멸의 항구적인 것이라면 진흙인은 생멸하는 유한적인 것이다. 둘은 성질이 같지 않으면서 일순간도 분리될 수 없다. 서로 의지하여 작용이 일어나기 때문이다. 손바닥과 손등이 하나의 손에 있으면서 이름과 작용이 다르듯이 영원과 생멸은 성질이 다른 듯하면서도 상반된 힘의 작용으로 존재한다. 영원한 것만 있고 생멸이 없으면 만물은 플라스틱으로 만든 장미처럼 항구적인 듯해도 변화 자체가 일어나지 않기 때문에 정지된 상태로 있게 된다. 또 생멸만 있고 영원성이 없으면 모든 것이 일회성이라서 동일한 작용의 반복이 불가능하다. 우리가 보는 자연만물은 종자나 물질의 원자가 있어서 근원을 이루는 그 무엇이 인연화합의 연기적 법칙에 따라 생멸한다. 그래서 자연만물의 세계는 불생불멸하고 부증불감한다. 거기에는 더러움도 깨끗함도 붙을 수 없는 것이다. 존재 그 자체의 존재는 이름 지을 수도 없다. 그래서 『금강경金剛經』의 논리가 "반야바라밀은 반야바라밀이 아닌 까닭에 반야바라밀이다"라고 하는 것이다. 뭐라고 단정 짓는 순간 어느 한쪽으로 기울어져 버리기 때문에 반대의 하나를 잃어버린다. 균형을 잃어버리면 만물은 존재하지 못한다. 모든 것이 균형 속에서 존재하는 것이다.

금강신과 진흙인이 서로 등을 긁어준다는 말을 다시 생각해 보자. 가려운 곳을 긁어주면 시원하다. 답답한 것을 풀어줘도 시원하다. 긁는 것은 문제의 해결을 말한다. 그런데 금강신과 진흙인이 가렵다는 생각을 할까? 그들은 가려움을 모른다. 그러면 가렵지도 않는데 긁는 것은 무엇인가? 서로에게 고마움도 모른다. 결과적으로 말하면 무심하여 상관없는 경지를 뜻하는 것이다. 마음이 무심하면 만사에 상관없는 사람이 될 수 있다. 장애되지 않고 방해받지 않는 사람, 그는 자유인이다. 우리는 감각이 이끄는 대로만 살아가서는 안 된다. 내가 감각의 주인이 되어야 한다. 에픽테토스는 "자기 자신이 주인이 되지 못하는 사람은 진정으로 자유로울 수 없다"라고 하였다. 그뿐인가. 임제 선사의

"수처작주 입처개진(隨處作主 立處皆眞)", '가는 곳마다 주인이 되고 서 있는 곳마다 진리의 땅이 되도록 하라' 하신 법문이 얼마나 장대한 말씀인지 다시 한 번 생각해볼 필요가 있다. 감각을 다스리는 길은 오직 주인공으로서의 삶을 살겠다는 의지가 충만할 때 비로소 걸어갈 수 있다.

"여섯 가지 항상 실천해야 할 행이 있다. 어떤 것이 그 여섯 가지인가? 혹 비구가 눈으로 빛깔을 보고는 괴로워하지도 않고 즐거워하지도 않으며, 평정한 마음에 머물러 바른 기억과 바른 지혜를 가지고, 귀로 소리를, 코로 냄새를, 혀로 맛을, 몸으로 감촉을, 뜻으로 법을 인식하고는 괴로워하지도 않고 즐거워하지도 않으며, 평정한 마음에 머물러 바른 기억과 바른 지혜를 가진다고 하자. 만일 비구가 이 여섯 가지 항상 실천해야 할 행을 성취했다면 그는 세간에서 얻기 어려운 사람이니라."

부처님은 「육상행경」에서 여섯 가지로 항상 행하여야 할 것을 말씀하신다. 여섯 가지는 바로 육근이다. 우리 감각의 뿌리, 소집의 통로, 느낌의 근원이다. 감각기관은 스캔하듯 사물을 접한다. 그 다음에 분석하고 자신이 취할지 버릴지 판단한다. 좋은 것은 오래 붙들려 하고 싫은 것은 거부하려 한다. 여기에서 욕망과 현실 사이의 간극이 발생한다. 원하는데 이루지 못하거나 싫은데 피하지 못하는 등의 상황이 항상 일어난다. 이에 대하여 부처님이 설하시는 해결의 방법은 '마음의 평정에서 나오는 바른 기억과 바른 지혜'이다. 마음의 평정은 어떻게 가능할까? 간단하다. 눈과 코 등 육근으로 수집된 감각에 대하여 취사선택의 마음을 누그러트리는 것이다. 마음을 가라앉히려면 괴로워하거나 즐거워하는 마음, 즉 일희일비하는 가벼운 감정 등을 극복해야 한다. 감정이 가라앉고 마음이 고요해지면 우리의 판단력은 훨씬 정교하고 세밀해진다. 사람에 따라서는 어느 정도의 통찰력도 깨달을 수 있다. 그렇지만 현실에서 이렇게 살아가기가 쉬운 일이 아니기 때문에 부처님께서는 그 같은 사람을 '세간에서 얻기 어려운 사람'이라고 간명하게 정의하셨다.

「육상행경」을 전후로 하여 『잡아함경』에서는 하나의 주제가 연작처럼 설해지고 있다. 이 부분에서는 대략 4경을 연작으로 하여 1경이 설해지고 나면 여기에 더하여 2경, 2경에 더하여 3경, 3경에 더하여 4경을 설하고, 4경은 전체의 결론적인 성격을 띤다. 「육상행경」의 4경에서는 수보리 존자를 예로 들어 육상행을 모범적으로 수행하는 경우를 말씀하신다. 경문을 보자.

"사리불 비구는 눈으로 색을 보고는 괴로워하지 않고 즐거워하지도 않으며, 평정한 마음에 머물러 바른 기억과 바른 지혜를 가진다. 귀로 소리를 코로 냄새를, 혀로 맛을, 몸으로 감촉을, 뜻으로 법을 인식하고는 괴로워하지도 않고 즐거워 하지도 않으며, 평정한 마음에 머물러 바른 기억과 바른 지혜를 가진다. 사리불은 이 여섯 가지 항상 실천해야 할 행을 성취하였으므로 세간에서 드문 사람이며, 그는 받들어 섬기고 공경하고 공경할 만한 사람이니, 곧 세간의 위없는 복밭이니라."

「반야심경」을 이끄는 대화 상대가 사리불 존자다. 사리자舍利子 또는 사리불(舍利弗, Sariputra)로 불려지는데, 한역으로는 신자身者, 추자鶖子, 그리고 부처님의 십대제자 중에서는 지혜제일 존자로 통한다. 존자는 마가다국 왕사성에서 태어났다. 젊어서는 이웃마을의 목련 존자와 함께 육사외도 중 큰 세력인 산자야 Sanjaya의 문하생이었다. 하루는 길에서 범상치 않는 용모와 위의를 지닌 사문 아사지를 보고는 그의 모습을 이렇게 묘사했다. "그는 나아가고 물러서고, 앞을 보고 뒤를 보고, 굽히고 펴는 것이 의젓하였고, 눈은 땅을 향하였다." 그러고는 '아마 이 세상에 참다운 성자가 있다면 이 사람이야말로 그런 사람임에 틀림없다. 내 이 사람에게 그 스승이 누구이며, 그 가르침이 무엇인지를 물어보리라' 하고는 그에게 다가가서 그의 스승과 스승의 가르침은 무엇인지 물어보았다. 아사지는 스승인 부처님의 가르침을 요약하여 다음과 같이 말했다.

일체법이 인연에 따라 생하고 인연에 따라 멸하나니
이와 같은 생멸법을 위대한 사문께서 설하셨다.

제법종인생諸法從因生　제법종인멸諸法從因滅
여시멸여생如是滅如生　사문설여시沙門說如是

우리가 인연법, 혹은 연기법이라고 하는 말은 '인연생기因緣
生起'의 줄임말이다. 인과 연이 조합되어 만물이 생멸한다. 불교
의 이런 관점은 유일신을 믿는 종교와는 다른 관점으로 세계의
법칙에 대한 특별한 면을 보여준다. 만물은 누가 창조하고 조정
하는 것이 아니라 물질간의 상관관계에 따라 인연생기하며 생
주이멸의 과정을 거치는 것이다. 사리불과 목련 존자는 이후 부
처님을 친견하고 귀의하여 교단의 중요한 인물이 되었다. 두 존
자는 부처님의 열반에 앞서 입적하였는데, 이를 두고 부처님은
"두 사람의 죽음으로 모든 비구들이 허전해하는 것 같다"라고
말씀하셨다 한다.

"사리불은 이 여섯 가지 항상 실천해야 할 행을 성취하였으
므로 세간에서 드문 사람이며, 그는 받들어 섬기고 공경하고
공경할 만한 사람이니, 곧 세간의 위없는 복밭이니라."

제자에 대한 스승의 평으로는 더할 수 없는 칭찬이다. 부처님

은 사리불 존자를 일컬어 세간에 드문 사람, 섬기고 공경할 만
한 사람이라 하셨다. 그리고 세간의 위없는 복전이라는 최상의
찬탄과 축복의 말씀을 주셨다. 가장 가까이 있는 사람에게 좋은
평을 받는 사람이 진귀한 사람이다. 멀리서 좋게 보기는 쉬워도
가까이서 좋게 보기는 어렵다. 더군다나 부처님께서 그렇게 말
씀하실 정도면 도대체 사리불은 어떤 분이었을까?

　흔히 롤모델이라 하여 삶의 목표와 함께 누구나 인생의 본보
기로 삼고자 하는 인물이 있을 것이다. 그 대상은 사소한 특기
를 가진 인물부터 인격적으로 성숙한 사람, 나아가 영혼의 스승
까지 그 폭은 넓다. 우리는 그 같은 동서양의 인물들에 대한 이
야기를 어렵지 않게 접할 수도 있다. 나 개인적으로는 최근 들
어 인생의 마지막에 '사계절의 사람'이라는 말을 듣는다면 어떨
까? 하는 생각을 하면서 혼자 빙그레 웃어봤다. 예전에『유토피
아』를 쓴 토마스 모어의 전기영화를 본 적이 있었다. 그 영화 제
목이 「사계절의 사나이(A Man for All Seasons)」여서 제목이 참
특이하다는 생각을 했었는데, 최근 에라스무스의 『격언집』에서
'사계절의 사람(인물)' 부분을 읽고서는 이 말이 얼마나 대단한
것인지 비로소 알 수 있었다. 이 책에 따르면 '진지하면서 동시
에 재밌는 사람이면서 다른 이들이 그와 기꺼이 어울려 지내길
바라는 사람'을 두고 옛 사람들이 '사계절의 인물'이라고 불렀다
는 것이다. 철학자들 가운데는 소크라테스의 제자 아리스티포스

가 그런 사람이라 하고, 퀸틸리아누스는 아시누스 폴리오가 그런 사람이었다고 전한다. 서양의 사고방식에 기인하는 바이지만 엔니우스가 게미누스 세르빌루스라는 사람을 묘사한 내용(겔리우스, 『아티카의 밤』 제12권 4장)을 음미해 보는 것도 좋을 듯하여 여기에 옮겨 본다.

......
이렇게 말하며 그를 불렀다. 종종 기쁘게
식사와 담화를 나누며 자신과 관련된 일들을
기꺼이 함께하던 그를. 하루 중의 큰 마지막
부분이 되었다. 처리해야 할 많은 대소사 가운데
부분적으로 행해져 크고 작은 일들에 관한
논의가 광장과 원로원에서 펼쳐진 연후에.
그에게 거침없이 크고 작은 일들을, 농담을
이야기했고, 악담에 젖은 것이나 칭찬의 말들을
쏟아냈고, 무엇이든 안심하고 말했다.
내놓고 숨기고 그와 즐겁게 시간을 보냈다.
말에 끌려 악을 행할 위인이 결코 아닌 사람.
사소한 악이라도 전혀 악하지 않으며 동시에
학식과 신의를 갖춘 유쾌한 능변의 인물.
자족하며 행복하고 영리하며 때에 맞는 걸
말할 줄 알며, 유익하고 말수가 적은 사내.

옛 것을 지키며, 땅에 묻혀 종종 세월이

이룩한 것을, 신구의 풍속을 지키는 이를,

신과 인간의 많은 옛 법도에 밝은 이를,

말할 줄도 침묵할 줄도 아는 이를 지키는 사람.

어떤가! 인간의 생활은 윤리라는 개념으로 정의되고 분석되어진다. 모든 분야에는 그 분야의 윤리가 있다. 자기가 속한 사회, 단체, 국가가 있고, 구성원으로서의 규범이 따른다. 그리고 윤리에는 정의-올바름이라는 판단근거가 있고, 그로 인해 평가되어진다. 어떻게 행동하고 어떻게 살 것인가. 윤리학의 이 고준한 질문을 생각하면 걸어온 길보다는 나아가야 할 길이 아득히 남아 있음을 느낄 수 있다.

「육상행경」에서 부처님의 제자들이 감각을 다스리는 방법이 나왔고 사리불 존자의 일면이 나왔다. 우리는 각자 어떤 사람이며 어떻게 살아가야 할까? 개인적으로 '사계절의 사람' 정도는 되어야 하지 않을까, 생각해본다.

십력경

이와 같이 나는 들었다.

어느 때 부처님께서는 왕사성의 가란다죽원에 계셨다.

그때 세존께서 모든 비구들에게 말씀하셨다.

"여래는 열 가지 힘을 성취하고, 네 가지 두려움 없음을 얻으며, 예전 부처님들께서 머무셨던 곳을 알고, 능히 법륜을 굴리며 대중 가운데에서 사자의 목소리로 '이것이 있기 때문에 저것이 있고, 이것이 일어나기 때문에 저것이 일어난다. 이른바 무명을 인연하여 행이 있고 …… (이 사이의 자세한 내용은 위에서 설한 것과 같다.) …… 순전한 괴로움뿐인 큰 무더기가 발생하며, …… 순전한 괴로움뿐인 큰 무더기가 소멸한다'고 말한다.

비구들아, 이것이 바로 밝게 드러난 진실한 가르침의 법으로서 삶과 죽음의 흐름을 끊고, …… 그 사람들도 모두 밝게 잘 드러낼 것이다. 이와 같이 밝게 드러난 진실한 가르침의 법은 삶과 죽음의 흐름을 끊으며, 선남자들로 하여금 바른 믿음으로 출가하게 하기에 충분하다. 그러므로 방편을 써서 닦고 익히며 방일하게 지내지 말고, 바른 법과 율에서 꾸준히 힘쓰고 고행하라. 가죽과 힘줄과 뼈가 드러나고 피와 살이 마르더라도, 만일 그 얻어야 할 것을 얻지 못했거든 간절한 정진을 버리지 말고 방편으로써 굳게 참아야 하느니라. 왜냐하면 게으름으로 괴롭게 살아가는 자들은 능히 갖가지 악하고 착하지 않은 법을 일으키고, 미래의 존재에 대한 번뇌가 불꽃처럼 늘어나고 자라며, 미래 세상에서는 태어나고 늙고 병들고 죽으며 그 큰 이치에서 물러나게 되기 때문이다.

열심히 정진하며 홀로 지내기를 좋아하는 자들은 갖가지 악하고 착하지 못한 법과 괴로움의 과보를 불꽃처럼 일으키는 미래의 존재에 대한 번뇌를 일으키지 않고, 미래 세상에서도 태어남・늙음・병듦・죽음을 더하거나 자라게 하지 않으며, 큰 이치를 만족하여 제일가는 가르침의 도량을 얻을 것이다. 말하자면 큰 스승께서 적멸・열반・보리로 바로 향함・잘 감・바른 깨달음에 대해 설법하시는 것을 면전에서 친히 듣게 될 것이다.

그러므로 비구들아. 마땅히 자기를 이롭게 하고 남을 이롭게 하며, 자기와 남을 함께 이롭게 할 것을 관찰하고 꾸준히 힘써 공부해야 하느니라. 즉 '나는 이제 출가하여 어리석지도 않고 미혹하지도 않으니 큰 과보가 있고 즐거움이 있으리라. 의복・

음식·침구·탕약 등 모든 것을 공양한 사람들도 큰 과보와 큰 복과 큰 이익을 얻을 것이다'라고 마땅히 이와 같이 배워야 하느니라."

부처님께서 이 경을 말씀하시자 모든 비구들은 부처님의 말씀을 듣고 기뻐하며 받들어 행하였다.

| 잡아함경 제14권, 348

거야거료車也去了　자심유항藉甚油缸

수레는 이미 가버렸는데, 무슨 기름항아리가 소용 있겠는가.

이 말은『종용록』제46칙의 본칙평창에 나오는 것이다. 46칙은 "덕산이 배움을 마치다"라는 '덕산학필德山學畢'이 주제다. 옛날의 수레는 정교하게 만들어진 게 아니어서 바퀴에 수시로 기름을 쳐주어야 했던 것 같다. 그렇다면 수레를 움직일 때는 당연히 기름항아리가 수레에 실려 있어야 한다. 만약 미처 준비를 못했다거나 준비를 했는데도 수레에 싣지 못했다면 늦어버린 것이다. 만사 때늦으면 소용이 없으니 의미 없는 일이 되고 말았다. 일의 성패는 시간이 절대적으로 작용한다. 나아갈 때와 물러설 때를 아는 것이 중요하다. 복을 짓는 것도 어렵지만 복 지을 기회를 만나는 것도 어렵다. 기회를 놓치지 말라! 46칙의 서두에 이끄는 말인 '시중'의 법문이 또한 맛이 깊다.

> 만 리에 풀 한 포기 없더라도 깨끗한 땅이 사람을 미혹하게 하고, 팔방으로 구름 한 조각 없더라도 푸른 하늘이 너를 속일 것이다. 비록 문설주로 문설주를 뽑으며, 허공으로 허공을 떠받친다 해도 머리 뒤의 한 방망이에 대해서는 특별한 방편을 보여줘야 한다.

만 리에 풀 한 포기 없다는 것은 모든 의문이 해결된 것이다. 구름 없는 하늘도 마찬가지다. 이미 실질의 본바탕에 들어왔으니 더 이상 물을 것도 없다. 왕 앞에 다다른 사람이 다시 왕을 찾지 않고, 이미 배부른 사람은 밥 생각을 않는 법이다. 몸에 맞으면 옷과 신발을 잊어버리는 것이요, 일이 순조로우면 인식을 하지 못하는 이치와 같다. 그런데도 막상 그 상황이 펼쳐지면 사람들은 의혹을 품는다. 이것이 문제다. 이미 행복의 정원에 있으면서도 다시 부족하다고 찾아 나선다. 문설주로 문설주를 뽑는다는 말은 아주 고전적인 격언이다. 서양에서도 이와 비슷한 격언이 많다. "못을 못으로 뽑는다", "쐐기를 쐐기로 뽑는다" 등이 그렇다. 기원 전후 로마의 연설가이며 사상가인 키케로는 『투스쿨룸 대화』에서 이렇게 말한다.

환자들에게 느린 회복이 이뤄지는 것처럼, 치료는 상황의 변화에 영향을 받곤 한다. 사람들은 또한 옛사랑을 새로운 사랑으로 치료한다고, 즉 쐐기를 쐐기로 뽑는다고 생각한다.

이 말이 무엇을 뜻하는가. 만물은 비슷한 것끼리 어우러진다는 생각을 하기 때문에 그 원인을 제거하기 위해서는 같은 성질의 것으로 실마리를 찾아야 한다는 것이다. 보조국사께서『정혜결사문定慧結社文』의 첫머리에 "땅에서 넘어진 자 땅을 짚고 일어나라"라고 하셨던 대 선언이 간단한 말씀이 아니다. 수술을 하려면 환부를 들어내야 한다. 당장은 앓고 있는 상처보다 더 큰 고통을 주겠지만 병을 치료하기 위해서는 불가피한 일이다. 그런데 보통의 사상과 철학에서는 논리와 추론을 통해 궁극으로 들어가는 것에 몰두하지만 선종에서는 다시 한 관문을 걸어 놓는다. 문설주로 문설주를 뽑고 허공으로 허공을 떠받치는 것으로 부족하다. 다시 한 방망이! 특별한 방편을 보이라는 것이다. 선종의 활로가 여기에 있다. 다시 뚫고 나아가는 한 법이 참으로 묘법이다. 선종에서는 그 정도 수완을 보일 줄 알아야 한다. 그런데 대부분의 사람들은 어떤 상황을 주면 그 상황에 안주해버린다. 선종의 표현으로는 '상황에 떨어졌다'라고 한다. 시간을 주면 시간에 떨어지고 돈을 주면 돈에 떨어진다. 사람을 주면 사람에 떨어지고 원수를 주면 원수에 떨어진다. 행복을 주면 행복에 떨어지고 불행을 주면 불행에 떨어진다. 좀처럼 상황을 벗어나는 활로를 생각하지 않고 통금시간이 다 되어서야 집 생각을 하는 나이 든 술꾼처럼 굼뜨고 느리다. 이래서야 무슨 삶의 보람이 있겠는가.

이 경은 「십력경」이다. 열 가지로 힘써야 할 수행에 대한 말 씀이다. 먼저 십력과 사무외법에 대한 이해를 하고서 경문을 보 도록 하자. 이 경에서 말하는 여래의 열 가지 힘은 지혜의 힘을 뜻한다. 그 열 가지는 다음과 같다.

① 원인을 원인으로, 원인이 아닌 것을 원인이 아닌 것으로 그대로 꿰뚫어 아는 지혜.

② 과거-미래-현재에 행하는 업의 과보를 조건에 따라 원인 에 따라 그대로 아는 지혜.

③ 모든 태어날 곳으로 인도하는 길을 있는 그대로 아는 지혜.

④ 여러 요소와 다양한 요소를 가진 세상(5蘊-12處-18界)을 있는 그대로 아는 지혜.

⑤ 중생들의 다양한 성향을 있는 그대로 아는 지혜.

⑥ 다른 중생들과 다른 인간들의 기능(根)의 수승한 상태와 저열한 상태를 있는 그대로 꿰뚫어 아는 지혜.

⑦ 선禪과 해탈과 삼매와 증득(等至)의 오염원과 깨끗함과 출 현을 있는 그대로 아는 지혜.

⑧ 중생들의 한량없는 전생의 갖가지 모습들을 그 특색과 더

불어 상세하게 기억하는 지혜(宿命通).

⑨ 중생들이 지은 바 업에 따라 가는 곳(六趣)을 꿰뚫어 아는 지혜(天眼通).

⑩ 모든 번뇌가 다하여 아무 번뇌가 없는 마음의 해탈(心解脫)과 통찰지를 통한 해탈(慧解脫)을 바로 지금 여기에서 스스로 최상의 지혜로 알고 실현하고 구족하여 머무는 지혜(漏盡通).

십력의 내용을 정리해보면 연기의 법칙과 존재의 양상, 그리고 숙명통, 천안통, 누진통 등의 지혜와 신통력이 깨달은 이의 큰 능력임을 알 수 있다. 깨달음이 깊어지면 전체적인 통찰력이 생긴다고 한다. 신통력은 여섯 가지로 나타나는데, 육신통(六神通, chalabhinna)은 불교에서 부처·보살 등이 가지고 있다고 여겨지는 6종의 초인적인 능력을 말한다. 이 6종의 신통력은 6통이라고도 불리며 지관수행에서 지행(止行: 사마타)에 의한 삼매의 단계와 관행(觀行: 위파사나)으로 이행했을 때에 얻을 수 있는 자재自在의 단계를 표현한 것이다. 참고로 그 여섯 가지는 다음과 같다.

│ 신족통(神足通, iddhi-vidha-nana): 시기(時機, 적당한 때나 기회)에 따라 자유자재로 몸을 나타내고 빠르게 움직이는 능력.

| 천이통(天耳通, dibba-sota-nana): 보통 들리지 않는 먼 소리
를 듣는 초인적인 능력.

| 타심통(他心通, ceto-pariya-nana): 타인의 마음을 아는 힘.

| 숙명통(宿命通, pubbe-nivasanussati-nana): 자신의 과거세(전
생)를 아는 힘.

| 천안통(天眼通, dibba-cakkhu-nana): 모든 것을 막힘없이 꿰
뚫어 환히 볼 수 있는 신통력.

| 누진통(漏盡通, asavakkhaya-nana): 자신의 번뇌가 다하고, 이
승을 마지막으로 다시 태어나는 것은 없어졌다고 아는 힘.

육신통 중에서 마지막 누진통을 제외한 5개를 5신통이라 하
고, 숙명통, 천안통, 누진통의 3개를 합하여 삼명三命이라 부르
기도 한다. 숙명통은 과거-현재-미래의 삼세의 인과관계를 알
수 있는 능력이다. 부처님의 교설을 보면 질문자의 전생과 현생
의 인과, 그리고 미래에 얻게 될 과보에 대한 이야기가 많이 나
온다. 그런 능력은 부처님께서 숙명통을 얻으셨기 때문에 가능
한 것이다. 수행의 최후에 통과해야 할 관문이 누진통이다. 경전
에 의하면 누진통은 아라한 이상의 보살과 여래의 단계에서 얻
는 것이라고 한다. 번뇌의 근원이 뿌리째 뽑히는 단계다. 다음은
4무외법四無畏으로, 부처님이 가르침을 설하실 때 갖는 두려움이
없는 네 가지다. 그 네 가지는 다음과 같다.

| 정등각무외正等覺無畏: 바르고 원만한 깨달음을 이루었으므
로 두려움이 없음.
| 누영진무외漏永盡無畏: 모든 번뇌를 끊었으므로 두려움이
없음.
| 설장법무외說障法無畏: 끊어야 할 번뇌에 대해 설하므로 두
려움이 없음.
| 설출도무외說出道無畏: 미혹을 떠나는 수행 방법에 대해 설
하므로 두려움이 없음.

이 외에도 설법에서 두려움 없는 네 가지가 있다. 모든 보살
들이 모든 것을 잘 기억하는 것, 모든 사람의 마음과 자질을 다
알고 있는 것, 문답을 잘하는 것, 그리고 모든 사람의 의심되는
것을 해결해주는 것 등이다. 사람이 정의로우면 스스로 떳떳하
여 부끄러움이 없고 당당하듯이 진리에 대한 깨달음은 보다 근
원적인 모든 두려움을 소멸시킨다. 그렇게 되면 설법도 즐겁고
수행도 즐겁고 좌선도 즐겁다.

이 「십력경」의 시작에 부처님은 십이연기에 대한 설법을 통하
여 존재의 시작인 무명부터 생-노사의 단계까지 밝히셨다. 십이
연기를 깨닫지 않으면 삶과 죽음의 흐름을 끊을 수 없다는 것이
핵심이다. 우리가 삶을 괴로워하는 것은 그 흐름에서 벗어나지
못하기 때문이다. 눈앞의 현실에 급급하여 허둥대고 그러다 보
면 어느 사이 죽음의 문턱에 다다라서 죽음을 슬퍼하다가 생을

마감해버린다. 그리고 다시 삶이 시작된다는 생각조차도 못하고 업의 힘에 이끌려 어딘가에 홀연히 태어나서 생을 시작하는 식으로 순환하기 때문에 '윤회'라고 한다. 중생은 윤회가 필연적인 업으로 작용한다. 윤회를 멈추기 위해서는 십이연기의 흐름을 끊어야 한다. 어떻게 그 흐름을 끊을 것인가. 바로 정진이다. 방일함을 멀리하고 불퇴전의 신심으로 수행에 임해야 한다. 경문을 보자.

"그러므로 방편을 써서 닦고 익히며 방일하게 지내지 말고, 바른 법과 율에서 꾸준히 힘쓰고 고행하라. 가죽과 힘줄과 뼈가 드러나고 피와 살이 마르더라도, 만일 그 얻어야 할 것을 얻지 못했거든 간절한 정진을 버리지 말고 방편으로써 굳게 참아야 하느니라. 왜냐하면 게으름으로 괴롭게 살아가는 자들은 능히 갖가지 악하고 착하지 않은 법을 일으키고, 미래의 존재에 대한 번뇌가 불꽃처럼 늘어나고 자라며, 미래 세상에서는 태어나고 늙고 병들고 죽으며 그 큰 이치에서 물러나게 되기 때문이다."

부처님의 고행상을 본 적이 있는가? 뼈와 힘줄이 모두 드러난 모습이다. 부처님의 고행이 단순히 수사적인 표현이 아니라 직접 그런 과정을 거치셨다. 고행하고 인내하며 게으름을 극복하라는 말씀이다. 만약 정진에 나아가지 못하고 물러나면 윤회하며 괴롭게 살아가게 된다. 불꽃같은 번뇌, 생로병사의 괴로움 속으로 빨려 들어가 버리는 것이다. 반대로 열심히 살아가는 사람은 고뇌를 극복하고 다시 태어나도 생로병사의 과보가 더 이상 자라나지 않으며 궁극에는 불보살님의 회상에서 법문을 듣는 즐거움을 누리게 된다. 또한 부처님은 이 같은 진리의 길을 가는 사람이 어떤 자세로 세상 속에 살아가야 하는지에 대하여 다음과 같이 설하신다.

"그러므로 비구들아. 마땅히 자기를 이롭게 하고 남을 이롭게 하며, 자기와 남을 함께 이롭게 할 것을 관찰하고 꾸준히 힘써 공부해야 하느니라. 즉 '나는 이제 출가하여 어리석지도 않고 미혹하지도 않으니 큰 과보가 있고 즐거움이 있으리라. 의복·음식·침구·탕약 등 모든 것을 공양한 사람들도 큰 과보와 큰 복과 큰 이익을 얻을 것이다'라고 마땅히 이와 같이 배워야 하느니라."

대승불교의 이념은 '상구보리 하화중생(上求菩提 下化衆生)'이다. 위로는 지혜를 구하고 아래로는 중생을 교화하는 것이다. 이 이념의 실질이 자리이타自利利他라는 불교의 정신이다. 누구의 희생으로 얻어지는 행복이 아니라 시혜자와 수혜자가 함께 이로운 것이 진정한 행복이다. 나는 사회복지재단의 상임이사 소임을 보면서 기회가 생길 때마다 이 말을 강조한다. 행복한 사람이 행복한 복지를 실천할 수 있다. 행복하지 않는 사람이 어떻게 행복을 말할 것인가. 복지의 실천가인 당사자가 행복해야 복지의 수혜자들에게도 행복을 나누는 것이 가능하다. 사회부적응자들은 국가와 사회로부터 보호를 받으면서 갱생의 길로 나아가야 하고, 건강한 사회인으로 살아가도록 하기 위해 사회 구성원 모두가 함께 노력해야 한다. 나는 불교의 이런 정신이 참 좋다. 지나친 희생과 봉사로 얻어지는 이익이 아니라 힘의 여력이 남은 상태의 여유로운 복지 말이다. 그래서 '자리이타' 이 한마디면 불교의 봉사와 복지, 이타행을 관통하는 철학을 포괄하고도 남는다. 이렇게 살아가는 사람은 상대에게 도움을 받으면 그 사람에게 공덕을 심어주는 결과를 낳게 한다.

천재적인 종교의 위인들은 하나같이 이타행에 대한 남다른 감각을 지니고 있다. 고려후기 불교계를 혁신하기 위한 정혜결사를 주창하셨던 보조국사의 경우도 스님의 저술 곳곳에 이타행에 대한 말씀을 고구정령히 하고 계신다. 『정혜결사문』에서 스님은 이렇게 말씀하셨다.

"우리들의 일상 소행을 돌이켜보면 어떠한가? 불법을 빙자하여 나와 남을 가리면서 이기적인 일에 구차스럽고 풍진 속에 빠져 도와 덕은 닦지 않고 옷과 밥만 축을 내니, 비록 출가했다고 한들 무슨 득이 있겠는가. 아아, 삼계를 떠나려 하면서도 속세를 벗어날 수행이 없으니, 다만 사내의 몸을 받았을 뿐 장부의 뜻이 없도다. 위로는 도를 넓히는 일에 어긋나고, 아래로는 중생을 이롭게 하지 못하며, 중간으로는 네 가지 은혜를 저버렸으니 실로 부끄러운 일이다."

이타행이 없는 종교는 공허하다. 인간의 삶 속으로 들어가지 못하는 종교가 살아남은 예가 있던가. 수행과 깨달음의 꽃이 이타행이다. 선종이 비판받는 이유 중의 하나가 선의 생활윤리가 불분명하기 때문이다. 깨달은 사람은 어떻게 살아가야 하는지에 대한 설명이 약하다. 어떻게 행동하며 어떻게 살아갈 것인가. 이것이 윤리의 당위성이니 선수행자가 어떻게 살아가야 하는지에 대한 명쾌한 윤리를 정립하지 못하면 선은 더욱 공허한 메아리만 반복하는 결과를 낳고 말 것이다. 그런데 보조국사께서는 이것을 분명하게 지적하셨다. 『절요節要』나 『진심직설眞心直說』에서는 이타행이 점수의 내용으로 강조되고 있다. 『절요』에서는 "이 오후悟後·점수漸修의 문은 다만 더러움에 물들지 않는 것만이 아니라, 또한 만행萬行을 익히고 닦아 나와 남을 함께 제도하는 것이다"라고 말씀하고 있다. 또 『진심직설』에서는 "무심으로 망념을 쉬는 것을 정正으로 삼고 여러 가지 선행을 익히는 것을 조助로 삼는다"라고 하여 이타행을 함께 실천할 것을 분명하게 강조하고 있다. 보조사상에서 공적영지空寂靈知한 마음바탕은 돈오점수의 체계와 정혜쌍수의 등식으로 자연스럽게 발현된다. 이러한 체계 속에서 선정과 지혜를 쌍수하면 이타행이 저절로 증장된다는 것을 주장한다. 즉 "선정과 지혜를 함께 닦으면 바로 애증의 감정이 자연스레 가벼워지고 자비와 지혜가 자연히 밝게 드러나게 된다"라는 『수심결修心訣』의 말씀이 바로 그것이다. 공적영지심에 대한 돈오를 바탕으로 선정과 지혜를 함께 닦게 되면 지혜를 통한 자비행이 자연스럽게 나오게 된다. 이는 자연스런 논리적 귀결이라고 볼 수 있다. 이처럼 원만한 지혜를 증득하고 나면 이타행은 저절로 드러난다. 스님은 『수심결』에서 말씀하신다.

"만약 미세한 번뇌의 흐름도 영원히 끊어져서 '원만히 깨달은 큰 지혜'가 홀로 밝게 드러나면 곧 천백억 화신을 나타내어 시방세계 중생들의 근기에 맞추어 감응하게 되니, 그것은 마치 하늘에 높이 뜬 달이 모든 물에 두루 나타나는 것과 같다. 이와 같이 응용이 무궁하고 인연 있는 중생을 제도하여 오직 즐겁고 근심이 없으니, 크게 깨친 세존이라 한다."

결국 모든 부처님과 보살님들의 수연방편이 오직 중생을 위한 이타행이며 자비구제라고 하겠다. 왜 이타행인가 하면, 중생을 괴로움에서 벗어나게 하기 때문이며, 이고득락하는 것이 중생에게 큰 이익이 되는 까닭이다. 이타행도 시간 속의 일이라서 주저하면 기회마저 사라져버리고 만다. 수레가 움직여버린 다음에 기름항아리를 준비한들 무슨 의미가 있겠는가. 세속에 살아가는 중생은 출세간의 불법을 보면서 자기정화와 자기초극의 청정심을 닦아야 하고, 출세간을 살아가는 불제자들은 중생들의 아픈 삶을 보면서 깨달음의 동력으로 삼아야 한다.

사제경 [●]

이와 같이 나는 들었다.

어느 때 부처님께서 바라내의 선인이 살던 녹야원에 계셨다.

그때 세존께서 모든 비구들에게 말씀하셨다.

"네 가지 성스러운 진리가 있다. 어떤 것이 그 네 가지인가?
괴로움에 대한 성스러운 진리·괴로움의 발생에 대한 성스러운
진리·괴로움의 소멸에 대한 성스러운 진리·괴로움의 소멸에
이르는 길에 대한 성스러운 진리이니라."

부처님께서 이 경을 말씀하시자 모든 비구들은 부처님의 말
씀을 듣고 기뻐하며 받들어 행하였다.

| 잡아함경 제15권, 380

사제경 ②

이와 같이 나는 들었다.

어느 때 부처님께서 바라내의 선인이 살던 녹야원에 계셨다.

그때 세존께서 모든 비구들에게 말씀하셨다.

"네 가지 성스러운 진리가 있다. 어떤 것이 그 네 가지인가? 괴로움에 대한 성스러운 진리·괴로움의 발생에 대한 성스러운 진리·괴로움의 소멸에 대한 성스러운 진리·괴로움의 소멸에 이르는 길에 대한 성스러운 진리이니라."

만일 비구가 이 네 가지 성스러운 진리에 대하여 아직 빈틈없고 한결같지 못하다면 마땅히 빈틈없는 한결같음을 닦아야 한다. 그리하여 왕성한 의욕을 일으키고 방편을 차고 견디며, 바른 기억과 바른 앎으로 마땅히 깨달아야 하느니라."

부처님께서 이 경을 말씀하시자 모든 비구들은 부처님의 말씀을 듣고 기뻐하며 받들어 행하였다.

| 잡아함경 제15권, 381

당지경

이와 같이 나는 들었다.

어느 때 부처님께서 바라내의 선인이 살던 녹야원에 계셨다.

그때 세존께서 모든 비구들에게 말씀하셨다.

"네 가지 성스러운 진리가 있다. 어떤 것이 그 네 가지인가?
괴로움에 대한 성스러운 진리·괴로움의 발생에 대한 성스러운
진리·괴로움의 소멸에 대한 성스러운 진리·괴로움의 소멸에
이르는 길에 대한 성스러운 진리이니라.

비구들아, 괴로움에 대한 성스러운 진리를 마땅히 알고 이해
해야 한다. 괴로움의 발생에 대한 성스러운 진리를 마땅히 알
고 끊어야 한다. 괴로움의 소멸에 대한 성스러운 진리를 마땅
히 알고 증득해야 한다. 괴로움의 소멸에 이르는 길에 대한 진
리를 마땅히 알고 닦아야 하느니라."

부처님께서 이 경을 말씀하시자 모든 비구들은 부처님의 말
씀을 듣고 기뻐하며 받들어 행하였다.

| 잡아함경 제15권, 382

강 설

묘용무방妙用無方   유하수부득처有下手不得處
변재무애辯才無礙   유개구부득시有開口不得時

묘용은 걸림이 없으나 손을 쓸 수 없는 곳이 있고
변재는 막힘이 없으나 입을 열 수 없는 때가 있다.

이 게송은 『종용록』 제48칙의 '시중'에 나오는 것이다. 여기
에는 법문이 더 이어진다. "용아는 손 없는 사람이 주먹질을 하
게 했고, 협산은 혀 없는 사람이 말을 하게 했다. 도중에서 그만
두는 이는 도대체 어떤 사람인가?" 우리가 지식을 연마하고 깨
닫기 위해 수행을 하는 이유는 어쩌면 '묘용'이라는 이 한마디에
있는지도 모른다. 그 활용의 묘라는 게 참으로 능수능란하다. 비
유하면 마치 손 없는 사람이 주먹질을 하고 혀 없는 사람이 말
을 하는 것과 같다고 하였다. 자극을 심하게 받으면 이렇게 된
다. 자신이 손 없는 사람인 줄 모르고 혀 없는 사람인 줄 망각
한 것이다. 얼마나 약이 올랐으면 손이 없으면서도 주먹을 휘두
르고 싶었으며, 얼마나 말을 하고 싶었으면 혀가 없는데도 말을
해보려고 했겠는가. 이 말의 출처가 있다.

어떤 승이 용아에게 물었다.

"하루 24시 가운데 어떻게 하면 힘을 얻을 수 있겠습니까?"
용아가 말했다.
"손 없는 사람이 주먹을 내밀게 해야 한다."(『오등회원五燈會
元』)

"뭇사람들의 말을 제압함은 없지 않지만, 어찌 혀 없는 사람
의 말을 알 수 있겠는가."(『종용록』 제35칙의 본칙)

이처럼 묘용이 무궁무진하지만 손을 쓸 수 없는 곳이 있고,
변재가 뛰어나다 해도 입이 닿지 않은 곳이 있으니 눈 밝은 이
는 착안해 보라는 것이다. 선종에서는 이성적인 추론이 이르지
못하는 관문을 하나 걸어 놓는다. 이 관문을 넘어서야 진정한
해탈이 있다. 눈과 귀가 닿지 못하는 소식을 알아차리는 것이
진정한 활로다.

「사제경」과 「당지경」은 초기불교의 교설인 고-집-멸-도 사
성제에 대한 법문이다. 부처님께서 성도하신 이후 최초의 설법
이 바로 사성제에 대한 말씀이었다. 그래서 사성제는 불교를 이
해하는 중요한 교설이고 반드시 알아야 하는 가르침이다. 사성
제를 이해하면 세상을 보는 불교적인 관점을 알게 되고, 그것이
다른 종교와의 유별한 점이 되기도 한다. 왜 불교에서는 세상을
'고苦'로 보며 그것이 어떻게 구성되며 소멸이 가능한지, 그리고

그 소멸의 길을 어떻게 나아갈 것인지 알 수 있다. 이제 사성제에 대하여 알아보도록 하자.

거듭 말하여 사성제는 불교 교의의 핵심으로 부처님께서 깨달음을 얻은 후 바라나시 근처의 녹야원에서 행한 최초의 설법 내용이다. 이 4가지 진리는 불교의 여러 교설에 보편적으로 받아들여지고 있다. 보통은 고苦, 집集, 멸滅, 도道의 4자로 축약해서 표현하기도 한다. 그 네 가지는 다음과 같다.

| 고성제(苦聖諦, Dukkha)

사성제의 첫째는 '이것은 괴로움이다'라는 것으로 이 대전제 속에서 존재의 속성을 바라본다. 즉 태어나는 것, 늙는 것, 병드는 것, 죽는 것, 싫어하는 사람과 만나는 것, 좋아하는 사람과 헤어지는 것, 바라는 것을 얻지 못하는 것 등을 포함하여 존재한다는 것은 괴로움이라는 고의 진리다.

| 집성제(集聖諦, Samudaya)

사성제의 둘째는 그 괴로움에는 원인이 있다는 것으로 근본 원인은 갈애渴愛에서 시작된다. 즐거움을 탐하고 추구하는 갈애, 살아남으려고 하는 갈애, 삶에서 떠나고자 하는 갈애 등이 원인에 해당한다. 그 원인들은 견고하게 얽히고 덩어리가 되기 때문에 풀기가 쉽지 않다는 것이 그 원인에 대한 진리이다.

| 멸성제(滅聖諦, Nirodha)

사성제의 셋째는 괴로움은 완전히 멸할 수 있으며 괴로움을 없앤 상태가 해탈이라고 하는 멸성제다. 고가 소멸될 수 있다는 것은 실재하지 않는다는 의미이며, 실재하지 않기 때문에 소멸될 수 있다는 것이 고의 소멸에 대한 진리이다. 그러기 위해서는 고의 원인을 잘 살피는 것이 중요한 방법이 된다.

| 도성제(道聖諦, Marga-satya)

사성제의 넷째는 괴로움을 멸하기 위한 8가지의 바른 수행 방법, 즉 팔정도가 있다는 도성제다. 도성제가 고의 소멸에 대한 진리이기 때문에 '멸도성제'라고 칭하기도 한다. 고통의 원인을 없애고 열반에 이르는 길은 무엇인가? 열반으로 가는 길은 여덟 가지가 있으니 바로 사성제 중 도성제인 팔정도, 즉 정견(正見: 바른 견해), 정사유(正思惟: 바른 사유), 정어(正語: 바른 언어), 정업(正業: 바른 행위), 정명(正命: 바른 생활), 정정진(正精進: 바른 노력), 정념(正念: 바른 기억), 정정(正定: 바른 선정)이 그것이다. 팔정도란 여덟 가지 바른 수행의 길이라는 뜻으로 그 구체적인 내용은 다음과 같다.

| 팔정도(여덟 가지 바른 길)

①정견: 바른 견해다. 세상을 있는 그대로 여실하게 보는 것

이다. 사물을 바로 보는 것이 바른 삶의 시작이다. 바른 견해가 확립될 때 우리는 어떻게 사유하고 행동해야 하는지 알며, 그 길에 나아갈 수 있다.

②정사유: 바른 생각이다. 바른 견해를 가져야만 바른 생각을 할 수 있다. 현실을 여실하게 보고 이치에 맞게 생각한다는 것이다. 이성적으로 사고하는 것이 여기에 해당한다. 이성은 인간 마음의 법칙이다. 특히 그리스의 고대철학자들이 인간 이성을 하나의 법칙으로 이해하고 그에 따라 행동하는 윤리적 개념을 도출하였다.

③정어: 바른 말이다. 언어문자와 말은 자신의 생각과 의견을 표현하는 절대적 수단이다. 말로써 짓게 되는 모든 악업을 경계해야 한다. 항상 바른 생각을 하고 바른 말을 하여 구업을 짓지 않도록 하고 바른 언어생활을 하는 것이 여기에 해당한다.

④정업: 바른 행동이다. 모든 행동을 윤리적으로 바르게 해야 한다. 바른 생각과 바른 말, 나아가 이치에 맞는 행동을 함으로써 바른 업을 실천하는 것이다.

⑤정명: 바른 생활이다. 현대적인 의미로는 바른 직업이다. 선업을 증장하는 일에 종사하고 신구의 삼업을 청정히 하면서 바르게 사는 것을 말한다. 바른 직업관을 가지고 생업에 임하는 것이 정업의 의미다.

⑥정정진: 깨달음을 향해 나아가는 쉼 없는 노력을 말한다.

상구보리 하화중생이라는 불교 본연의 사명을 위해 헌신의 마음을 갖고 정진하는 것이다.

⑦정념: 바른 기억이다. 무엇에 대한 기억이냐 하면 사성제에 대한 기억이며 마음챙김이고 바른 마음집중이다. 마음의 움직임과 느낌에 대해서 집중하여 삿된 길로 가지 않도록 생각을 바르게 하는 것이다.

⑧정정: 바른 선정이다. 마음챙김과 마음집중을 통하여 마음이 바른 삼매의 상태에 들어가 고요한 평정에 머무는 것이다. 평정이야말로 인간 이성이 취할 수 있는 최상의 정신적 상태라고 할 수 있다. 부동심을 잃지 말아야 하며 어떤 것에도 미혹되지 않는 삶이다.

「사제경」은 녹야원에서 설하신 초전법륜의 핵심 교설이라고 말씀드린 바 있다. 초기 설법에서 사성제의 법문이 빠지지 않고 등장하는 것은 그만큼 이것이 불교교설의 중요한 관점이기 때문이다. 따라서 불교를 공부하는 사람은 반드시 사성제에 대한 교설을 이해하고 일상에서 응용할 줄 알아야 한다. 사성제에 대한 부처님의 설법은 명쾌하기 그지없다. 경문을 보자.

"네 가지 성스러운 진리가 있다. 어떤 것이 그 네 가지인가? 괴로움에 대한 성스러운 진리·괴로움의 발생에 대한 성스러운 진리·괴로움의 소멸에 대한 성스러운 진리·괴로움의 소멸에 이르는 길에 대한 성스러운 진리이니라."

'이것은 괴로움이다'라는 고에 대한 정의와 고의 원인, 소멸, 그리고 소멸에 나아가는 실천행으로서의 팔정도가 제시되는 것이 사성제의 가르침이다. 그것이 어떤 괴로움이건 불교적인 관점에서는 해결이 가능하고 소멸될 수 있다는 것이다. 유일신을 믿는 종교에서는 믿음으로 해결하려 하지만 불교는 믿는 것만으로는 한계가 있고 깨달음이 수반되어야 한다고 본다. 깨달음이 바른 이해이고 바른 이해를 통해 여실하게 봄으로써 고의 소멸과 열반에 나아갈 수 있다는 가르침이다. 사성제의 교설에 이어「사제경 2」에서는 다음의 구절이 추가된다.

"만일 비구가 이 네 가지 성스러운 진리에 대하여 아직 빈틈없고 한결같지 못하다면 마땅히 빈틈없는 한결같음을 닦아야 한다. 그리하여 왕성한 의욕을 일으키고 방편을 차고 견디며, 바른 기억과 바른 앎으로 마땅히 깨달아야 하느니라."

사성제를 깨닫지 못했으면 더욱 간절하게 정진에 매진하여 깨달음을 얻도록 하라는 말씀이다. '바른 기억과 바른 앎'은 팔정도의 길이기도 하다. 모든 경전에 대한 기억은 바른 것이어야 한다. 바르게 기억하기 위해서는 정확히 듣고 정확히 이해하며 정확히 수지해야 한다. 그리고 그 기억에 의지하여 닦아나가야 한다. 경의 제목은 「사제경」과 다르지만 『잡아함경』에 실린 바로는 이 경 다음에 「당지경」이 이어져서 사성제를 잘 알아야 한다는 설법이 이어지기 때문에 여기서는 붙여서 설명을 드리고자 한다. 이어지는 「당지경」의 말씀을 보자.

"비구들아, 괴로움에 대한 성스러운 진리를 마땅히 알고 이해해야 한다. 괴로움의 발생에 대한 성스러운 진리를 마땅히 알고 끊어야 한다. 괴로움의 소멸에 대한 성스러운 진리를 마땅히 알고 증득해야 한다. 괴로움의 소멸에 이르는 길에 대한 진리를 마땅히 알고 닦아야 하느니라."

고성제는 고에 대하여 잘 이해하는 것이 중요하고, 집성제는 고의 원인을 바르게 이해하여 끊어야 하며, 멸성제는 고의 소멸을 위해 깨달음을 증득하도록 하며, 도성제는 소멸에 이르는 길로서 팔정도를 실천하고 완성하는 것이다. 이렇게 함으로써 우리는 고의 성질과 원인과 소멸과 소멸에 이르는 길까지 완전하게 성취하게 된다. 불교적인 관점에서 볼 때 인간의 진정한 행복은 사성제의 이해와 닦음, 그리고 그 성취와 증득의 여부에 달려 있다.

양의경

이와 같이 나는 들었다.

어느 때 부처님께서 바라내국의 선인이 살던 녹야원에 계셨다.

그때 세존께서 모든 비구들에게 말씀하셨다.

"네 가지 법이 있다. 그것을 성취하면 큰 의왕이라 부르나니, 왕의 필요와 왕의 분별에 호응하는 것이니라. 무엇이 그 네 가지인가?

첫째는 병을 잘 아는 것이요,

둘째는 병의 근원을 잘 아는 것이요,

셋째는 병을 치료하는 방법을 잘 아는 것이요,

넷째는 병이 치료된 뒤에 다시 도지지 않게 하는 것을 잘 아는 것이니라.

좋은 의사는 병을 잘 안다고 하는 것은 무엇인가? 이른바 좋은 의사는 이런저런 갖가지 병을 잘 아는 것이니, 이것이 좋은 의사는 병을 잘 안다고 하는 것이다.

좋은 의사는 병의 근원을 잘 안다고 한 것은 무엇인가? 이른바 좋은 의사는 '이 병은 바람을 인연하여 생겼다, 벽음癖陰에서 생겼다, 침에서 생겼다, 냉冷에서 생겼다, 현재 일로 인해 생겼다, 절후에서 생겼다'고 아는 것이니, 이것을 좋은 의사는 병의 근원을 잘 안다고 하는 것이다.

좋은 의사는 병을 치료하는 방법을 잘 안다고 한 것은 무엇인가? 이른바 좋은 의사는 갖가지 병이 약을 발라야 할 것인지, 토하게 해야 할 것인지, 배설시켜야 할 것인지, 코 안을 씻어내야 할 것인지, 훈기를 쬐게 해야 할 것인지, 땀을 내야 할 것인지를 잘 알고, 그에 따라 갖가지 처방으로 다스리니, 이것이 좋은 의사는 병을 치료하는 방법을 잘 안다고 하는 것이다.

좋은 의사는 병을 치료한 뒤에 미래에 다시 도지지 않게 한다고 한 것은 무엇인가? 이른바 좋은 의사는 갖가지 병을 잘 다스리고 완전히 없애 미래에 영원히 또는 생기기 않게 하나니, 이것이 좋은 의사는 병을 다스려 다시 도지지 않게 한다고 하는 것이다.

여래·응공·등정각이 큰 의왕이 되어 네 가지 덕을 성취하고 중생들의 병을 고치는 것도 또한 그와 같나니, 어떤 것이 그 네 가지인가? 이른바 여래는 '이것은 괴로움에 대한 성스러운 진리이다'라고 사실 그대로 알고, '이것은 괴로움의 발생에 대한 성스러운 진리이다'라고 사실 그대로 알며, '이것은 괴로움의 소멸에 대한 성스러운 진리이다'라고 사실 그대로 알고, '이것은 괴로움의 소멸에 이르는 길에 대한 성스러운 진리이다'라고 사실 그대로 아는 것이니라.

모든 비구들아, 저 세간의 훌륭한 의사는 태어남의 근본적 치료 방법을 사실 그대로 알지 못하고, 늙음·병듦·죽음과 근심·슬픔·번민·괴로움의 근본적 치료 방법을 사실 그대로 알지 못한다. 그러나 여래·응공·등정각은 훌륭한 의왕이 되어 태어남의 근본적 치료 방법을 사실 그대로 알고, 늙음·병듦·죽음과 근심·슬픔·번민·괴로움의 근본적 치료 방법을 사실 그대로 아나니, 그러므로 여래·응공·등정각을 큰 의왕이라고 부르느니라."

부처님께서 이 경을 설하시자 모든 비구들은 부처님의 말씀을 듣고 기뻐하며 받들어 행하였다.

| 잡아함경 제15권, 389

위인위철爲人爲徹　살인견혈殺人見血

사람을 위하려면 철저히 위하고
사람을 죽이려면 피를 봐야 한다.

이것은 『종용록』 제29칙의 본칙에 붙은 착어의 말씀이다. 제29칙은 "풍혈철우風穴鐵牛"라 하여 '풍혈의 무쇠소'라는 공안을 말한다. 이 말은 "조사의 심인心印은 마치 무쇠소의 기틀과 같다"라는 것으로, '조사의 심인'은 달마대사 이래로 전해진 선법을 뜻하고, '무쇠소의 기틀'은 황하의 범람을 막기 위하여 우임금이 무쇠소를 안치한 것으로 머리는 하남에, 소의 꼬리는 하북에 묻음으로써 묘한 작용을 일으킨 것을 말한다. 남을 위하려거든 철저히 위할 줄 알아야 한다는 말이 준엄하다. 보통의 사람은 남을 위한다고는 해도 적당히 흉내만 내고 만다. 이것은 진정으로 위하는 것이 아니다. 사람(남)을 위하려면 철저하게 이롭게 한다는 말은 무엇을 뜻할까. 인간 행동의 가치 판단이 어려운 이유는 상대적인 관점의 차이가 일어나기 때문이다. 그래서 윤리도 상대적 윤리주의 영역에서는 그 정의의 판단이 어렵다. 은혜의 경우도 베푸는 사람과 받는 사람의 온도 차이가 있다. 따라서 남을 위하려거든 스스로의 신념에 충실하게 임하는 게 좋다. 철저히 한다는 말은 바로 그런 의미다. 그리고 사람을 죽이려면 피를 보아야 한다는 것은 세상일에는 대가가 있다는 말이다. 희생 없이, 대가 없이 이뤄지는 일은 없다. 불교의 연기적인 관점을 폭넓게 보면 이런 원리도 포함된다.

「교만경」을 설명하면서 "당신이 알고 있는 모든 것을 말해서도 안 되고, 당신이 들은 모든 것을 믿어서도 안 되고, 당신이 할 수 있는 모든 것을 해서도 안 된다"라는 이탈리아의 속담을 소개한 바 있다. 남을 위한다고 하는 행위가 반드시 상대에게 이로움으로 귀결되지는 않는다. 안다고 모든 것을 다 말할 수 없고, 들은 것을 다 믿어서도 곤란하다. 무엇보다 할 수 있다고 모든 것을 다 행동에 옮길 수도 없는 일이다. 철저히 한다는 속에는 이런 난관이 시설되어 있다. 이런 한계를 벗어나야 진정한 묘용이 채득된다.

이 경은 「양의경」이다.

솜씨 좋은 의사가 병을 잘 다스리듯이 부처님도 중생을 잘 다스린다는 의미로 의사를 비유로 들었다. 경전에는 부처님 스스로 '양의', '의왕' 등으로 표현한 부분이 자주 나온다. 이 경에서도 부처님은 어진 의사가 가지는 네 가지 덕에 대하여 설하신다. 그 네 가지는 다음과 같다.

"네 가지 법이 있다.
무엇이 그 네 가지인가?
첫째는 병을 잘 아는 것이요,
둘째는 병의 근원을 잘 아는 것이요,
셋째는 병을 치료하는 방법을 잘 아는 것이요,
넷째는 병이 치료된 뒤에 다시 도지지 않게 하는 것을 잘 아는 것이니라."

양의가 잘하는 위의 네 가지를 부처님은 다음과 같이 풀어
말씀하신다.

| 좋은 의사는 병을 잘 안다고 하는 것은 무엇인가? 이른바
　좋은 의사는 이런저런 갖가지 병을 잘 아는 것이니, 이것이
　좋은 의사는 병을 잘 안다고 하는 것이다.

| 좋은 의사는 병의 근원을 잘 안다고 한 것은 무엇인가? 이
　른바 좋은 의사는 '이 병은 바람을 인연하여 생겼다, 벽음
　에서 생겼다, 침에서 생겼다, 냉에서 생겼다, 현재 일로 인
　해 생겼다, 절후에서 생겼다'고 아는 것이니, 이것을 좋은
　의사는 병의 근원을 잘 안다고 하는 것이다.

| 좋은 의사는 병을 치료하는 방법을 잘 안다고 한 것은 무
　엇인가? 이른바 좋은 의사는 갖가지 병이 약을 발라야 할
　것인지, 토하게 해야 할 것인지, 배설시켜야 할 것인지, 코
　안을 씻어내야 할 것인지, 훈기를 쬐게 해야 할 것인지, 땀
　을 내야 할 것인지를 잘 알고, 그에 따라 갖가지 처방으로
　다스리니, 이것이 좋은 의사는 병을 치료하는 방법을 잘 안
　다고 하는 것이다.

| 좋은 의사는 병을 치료한 뒤에 미래에 다시 도지지 않게
　한다고 한 것은 무엇인가? 이른바 좋은 의사는 갖가지 병
　을 잘 다스리고 완전히 없애 미래에 영원히 또는 생기기
　않게 하나니, 이것이 좋은 의사는 병을 다스려 다시 도지지

않게 한다고 한 것이다.

병을 잘 안다는 것은 병 자체와 병의 여러 종류를 아는 것이다. 그 다음은 병의 원인을 잘 아는 것을 들 수 있다. 원인을 알면 치료의 방법은 분명해진다. 다음은 치료의 방법을 어떻게 적용할 것인지에 대한 것이다. 치료법은 나라마다 사람마다 각각 일정하지 않다. 이런 안목을 가지는 것이 중요하다. 마지막은 병의 재발을 막는 것이다. 중병일수록 재발은 치명적이다. 있는 병을 치료하고 다시 병이 생기지 않도록 관리하는 것이 훌륭한 의사가 가져야 할 덕이다. 부처님은 이상의 4가지로 양의가 가져야 할 덕목을 제시하시고는, 당신은 보통의 의사와는 다른 방법으로 중생을 치료한다고 하셨다. 그 네 가지 치료법이 바로 사성제다. 사성제가 어떻게 치료법으로 쓰이는 것인지 다음의 경문을 보자.

"여래·응공·등정각이 큰 의왕이 되어 네 가지 덕을 성취하고 중생들의 병을 고치는 것도 또한 그와 같나니, 어떤 것이 그 네 가지인가? 이른바 여래는 '이것은 괴로움에 대한 성스러운 진리이다'라고 사실 그대로 알고, '이것은 괴로움의 발생에 대한 성스러운 진리이다'라고 사실 그대로 알며, '이것은 괴로움의 소멸에 대한 성스러운 진리이다'라고 사실 그대로 알고, '이것은 괴로움의 소멸에 이르는 길에 대한 성스러운 진리이다'라고 사실 그대로 아는 것이니라."

부처님은 괴로움에 대한 성스러운 진리, 괴로움의 발생 원인
에 대한 성스러운 진리, 괴로움의 소멸에 대한 성스러운 진리,
괴로움의 소멸에 이르는 길에 대한 성스러운 진리 등의 네 가지
를 여실하게 알기 때문에 중생의 병을 치료할 수 있다고 하셨
다. 여실하다는 말을 결코 소홀히 넘겨서는 안 된다. 사과를 사
과로 보고, 감자를 감자로 보고, 번뇌를 번뇌로 보는 것이 여실
한 법이다. 이렇게 보려면 지혜가 있어야 한다. 내가 보고 싶은
방향으로 보는 것이 아니라 본질 그 자체의 입장에서 볼 수 있
는 안목이다. 그렇게만 한다면 안과 밖, 나와 남, 주관과 객관의
세계를 명확히 인지하며 만물의 작동원리를 이해할 수 있게 된
다. 이것이 보통의 의사와 의왕인 부처님의 안목의 차이이기도
하다. 부처님은 말씀하신다.

"모든 비구들아, 저 세간의 훌륭한 의사는 태어남의 근본적
치료 방법을 사실 그대로 알지 못하고, 늙음·병듦·죽음과
근심·슬픔·번민·괴로움의 근본적 치료 방법을 사실 그대로
알지 못한다. 그러나 여래·응공·등정각은 훌륭한 의왕이 되
어 태어남의 근본적 치료 방법을 사실 그대로 알고, 늙음·병
듦·죽음과 근심·슬픔·번민·괴로움의 근본적 치료 방법을
사실 그대로 아나니, 그러므로 여래·응공·등정각을 큰 의왕

이라고 부르느니라."

의사는 병을 진단하고 치료할 수 있다. 하지만 보다 근본적인 중생의 병이 있으니 생로병사와 우비고뇌의 여덟 가지다. 생로병사는 존재의 근원을 형성하는 것으로 심층의 깨달음이 아니면 병을 밝혀내기 어렵다. 여기에 비하면 근심-슬픔-번민-괴로움의 네 가지는 상대적으로 쉬워 보인다. 왜냐하면 후자의 네 가지는 마음의 평정을 유지하고 절제하며 이성적인 삶을 지향하는 굳은 의지가 있으면 제어가 가능하기 때문이다. 소크라테스는 이성 이외의 것에는 절대 의지하지 않았다고 한다. 인간 이성을 바탕으로 한 마음의 평정이 행복으로 가는 첫걸음이며 건강한 삶의 중심이 된다. "서툰 바둑 때문에 도끼자루가 썩었다"라는 말이 있다. 이야기는 다음과 같다.

진나라 때 육안현에 왕질이란 사람이 있었다. 그는 어느 날 신안군의 산중에 나무하러 들어갔다가 한 석실에서 두 동자가 바둑 두는 걸 구경하게 되었다. 한 동자가 그에게 대추 비슷한 열매를 줬는데 그걸 먹자 목마름과 배고픔이 가시고 기분이 상쾌해졌다. 그가 한참을 바둑 구경을 하고 있는데, 동자가 '자네 도끼자루가 썩었다'고 말했다. 그래서 보니 과연 도끼자루가 썩어 있었다. 그는 깜짝 놀라서 급히 산을 내려와 집에 가보니 집은 없어지고 아는 사람이 아무도 없었다.

벌써 몇백 년이 지나가 버렸기 때문이다.

이 이야기는 『종용록』 제29칙의 시중에도 나오는 것으로 "서툰 바둑 때문에 도끼자루는 썩고, 눈알을 굴리며 머리가 혼미하여 중요한 바둑집을 빼앗겼다"라는 말씀이다. 우리는 도대체 무엇에 정신이 팔려 일생을 헛되이 보내고 마는가. 아무리 좋은 치료법이 있어도 치료받을 의지가 없으면 그 처방전이 아무 의미가 없다. 신경정신과에서는 병이 깊은 환자일수록 치료되지 않으려고 하는 완고한 저항을 보인다고 한다. 사성제가 인간의 문제를 해결하는 데 있어서 얼마나 중요한 진리를 가지고 있는지 우리는 분명히 이해하고 깨달아야 할 것이다. 이것이 불교가 세상에 제시하는 힐링의 처방전이다.

공 경

이와 같이 나는 들었다.

어느 때 부처님께서 비사리의 미후 못가에 있는 2층 강당에 계셨다. 그때 존자 아난은 이른 아침에 가사를 입고 발우를 가지고 비사리성에 들어가 걸식하였다. 이때 많은 리차족 아이들이 이른 아침에 성에서 나와 정사 문 앞에서 활로 정사 문구멍을 맞추는 시합을 하고 있었는데, 쏘는 화살마다 모두 문구멍으로 들어갔다.

존자 아난은 그것을 보고 '기특하구나. 저 리차족 아이들은 저렇게 어려운 일을 잘도 해내는구나'라고 생각하였다.

그는 성으로 들어가 밥을 빈 뒤에 돌아와, 가사와 발우를 두고 발을 씻은 뒤에 부처님 계신 곳에 나아가 부처님 발에 머리를 조아리고 한쪽에 물러서서 부처님께 아뢰었다.

"세존이시여, 저는 오늘 이른 아침에 가사를 입고 발우를 가지고 비사리성으로 걸식하러 들어가다가, 많은 리차족 아이들이 성에서 나와 정사 문 앞에서 문구멍을 맞추는 시합을 하는데 쏘는 화살마다 모두 문구멍으로 들어가는 것을 보았습니다. 저는 '참으로 기특하구나. 저 리차족 아이들은 저렇게 어려운 일을 잘도 해내는구나' 하고 생각하였습니다."

부처님께서 아난에게 말씀하셨다.

"네 생각에는 어떠하냐? 리차족 아이들이 문구멍을 맞추는 시합을 하면서 쏘는 화살마다 다 들어가는 것이 어려우냐, 하나의 털을 쪼개어 백 개로 나누고 그 나눈 한 개의 털을 쏘아 화살마다 맞추는 것이 어려우냐?"

아난이 부처님께 아뢰었다.

"하나의 털을 쪼개어 백 개로 나누고 그 나눈 한 개의 털을 쏘아 화살마다 다 맞추는 것이 더 어렵습니다."

부처님께서 아난에게 말씀하셨다.

"괴로움에 대한 성스러운 진리를 사실 그대로 아는 것만은 못하니라. 그와 같이 괴로움의 발생에 대한 성스러운 진리·괴로움의 소멸에 대한 성스러운 진리·괴로움의 소멸에 이르는 길에 대한 성스러운 진리를 사실 그대로 알고 보는 것, 그것은 참으로 어려운 일이니라."

그때 세존께서 게송으로 말씀하셨다.

하나의 털을 백으로 나누어서

그 하나를 맞추기는 참으로 어렵네.

하나하나의 괴로움을 관찰하여

나 아님을 아는 것도 또한 그러하네.

부처님께서 이 경을 말씀하시자 모든 비구들은 부처님의 말씀을 듣고 기뻐하며 받들어 행하였다.

| 잡아함경 제15권, 405

진로주열趁爐竈熱 갱여일하更與一下

화로의 불이 식기 전에 다시 숯을 넣는다.

이것은 『종용록』 제37칙의 "위산업식潙山業識"의 본칙에 나오는 말이다. 일체중생의 업식이 끝이 없어서 머물 만한 근본자리가 없다면 어떻게 할 것이냐는 위산과 앙산의 문답이 37칙의 내용이다. 중생의 업식은 다함이 없기 때문에 생사고해에서 윤회하는 원인이 된다. 그런데 업식 자체는 실재하는 것이 아니라 중생의 미혹에서 비롯된 것이기 때문에 본래 머물 자리도 없다고 본다. 업식에서 벗어나기도 어렵고 머물 자리도 없다면 어디에 처할 것인가. 현재 우리는 어디에 머무르고 있단 말인가. 점

검하기가 쉽지 않다. 이럴 땐 선종의 방식으로 답을 찾아야 한다. "크게 의심하면 크게 깨친다"는 것이 선종의 가르침이다. 의심을 크게 하면 깨달음은 저절로 터지게 된다. 그 의심을 키우는 방법은 끊임없이 되묻는 것이다. "이게 무엇인가!" 이 의문을 키우는 방식이 마치 밥 짓는 화로에 숯덩이를 하나 더 넣는 것과 같다. 그러면 화로는 열을 보충하여 계속 불을 간직하게 된다. 의심이 지속되면 의정이 생기고 그 후엔 꽃망울이 터지듯 의정이 타파되는 시절이 온다. 자신이 하는 일에 최선을 다하면서 자기개발의 노력을 게을리 하지 말아야 한다. 탐구하고 노력하면 실력은 반드시 늘게 되어 있다.

그리스 속담에 "어떤 일에나 유능한 사람이 되려면 세 가지가 필요하다. 즉 천성, 연구, 실천이 그것이다"라는 말이 있다. 천성은 타고난 성품이면서 각자 자신이 가지고 있는 기질이다. 천성은 그리스 철학의 주요 개념 중의 하나인 아레테arete와 관련하여 설명할 수 있을 것이다. 연필의 천성은 잘 써지는 것에서 찾을 수 있고, 불의 천성은 잘 타오르는 것에서 찾을 수 있다. 이렇게 각각의 고유기능이 잘 발휘되는 것이 성품의 탁월함이다. 어떤 성품을 가지고 있는가 하는 것이 중요한 게 아니라 어떻게 하면 그 고유한 성품을 잘 발휘하느냐 하는 것이 보다 본질적이고 핵심적인 일이다. 잘하는 것과 좋아하는 것은 차이가 있다. 좋아하는 것은 그 순간의 끌림이 작용하는 것이고, 잘한다는 것은 자신이 좋아하는 일인가의 여부와 상관없이 남보다 탁월한 기능이 있다는 말이다. 국가나 사회 전체적인 입장에서는 사회 구성원 각자가 자신이 잘하는 것을 하도록 하는 것이 훨씬 효율적이지 않겠는가.

좋아하는 일을 하지 말고 잘할 수 있는 일을 하라.

나는 신도 법회나 강연의 자리에서, 특히 새 학기의 개강 첫 시간에 이 말을 즐겨 강조한다. 나의 경우는 좋아하는 것도 있겠지만 잘할 수 있는 것이 독서라는 생각을 일찍이 했다. 남들은 내가 책을 천성적으로 좋아하는 것으로 생각하지만 곰곰이 생각해보면 꼭 그렇지만은 않은 듯하다. 물론 천성이 어느 정도는 작용을 하겠지만 독서라는 게 게으름과 나태를 이겨내지 못하면 될 일이 아니기 때문이다. 독서는 우선 긴 시간 공을 들여야 하는 것이고, 사람 좋고 노는 것 좋아해서는 한 페이지도 읽어나갈 수 없다. 일전에 「사도」 영화를 보았고, 그 전에 혜경궁 홍씨의 『한중록』을 포함하여 정조 어록과 영조의 자료, 특히 사도세자를 분석한 것은 동대 도서관에서 관련 논문을 복사하여 읽기까지 하였다. 『한중록』은 『인현왕후전』, 『계축일기』와 더불어 조선의 삼대 궁중소설로 평가되는 전적이다. 문장이 얼마나 진지하고 아름답던지 독서 자체의 감동을 안겨주었다. 그리고는 생각했다. '글은 마음이 아파보지 않은 사람은 쓸 수 없는 것이구나!' 판소리를 하는 사람은 마음에 한이 있어야 소리에 그 한을 담아 토해낼 수 있다고 한다. 모든 예술이 그렇다. 노래를 부르고 만담을 하는 것도 자기 흥이 있어야 남을 즐겁게 하는 일이 가능하다.

한편으로는 남다른 솜씨가 있던 사람이 끝내 꿈을 펼쳐보지 못하고 사라지고 마는 경우도 허다하다. 왜 그럴까? 그 사람은 자신의 특기라는 화로에 노력이라는 숯을 더하지 않았기 때문이다. 노력 없는 결실이 가능하던가. 땀과 노력은 정직해야 한다. 동서고금의 선인과 현자들이 한결같이 권하는 것이 정당한 노력과 그 결과에 대한 의연한 기다림이다. 내가 좋아하는 내용이기도 하고, 아름답기도 한 『시경』「대아」편에 있는 글을 소개한다.

멱멱갈류莫莫葛藟　시우조매施于條枚
개제군자豈悌君子　구복불회求福不回

뒤엉켜 뻗어난 칡덩굴 줄기와 가지 뒤덮었는데,
훌륭하신 저 군자여, 복을 구하되 어긋난 짓은 아니 하네.

뒤엉킨 칡덩굴의 줄기와 가지는 인간세의 풍진 모습을 비유한 것이다. 인간세는 자꾸 꼬인다. 남의 속을 알기 어렵고 내 뜻도 남에게 건너가면 왜곡된다. 일일이 다 해명할 수도 없고 그렇다고 가만히 있으면 말을 바로잡을 기회를 놓치고 만다. 서야 할지 앉아야 할지 말마다 행동마다 걸린다. 앞서 가겠다고 꼼수를 부렸다가는 어느 순간 발각이 되어 일이 수포로 돌아가 버리기도 한다. 그래서 바르게 사는 것이 좋다. 군자는 복을 구하는 데 있어서 어긋나거나 왜곡된 방법으로 구하지 않는다는 것이다. 인간세의 처신을 말하자면 이만큼 멋들어진 말도 없다. '개제군자愷悌君子'라는 말을 더욱 인상 깊게 보게 된 것은, 조계종 사회복지재단 해외 연수를 3박 4일 일정으로 북경에 다녀올 기회가 있었는데, 그때 자금성 건청궁의 황제자리 뒤편으로 둘러쳐진 병풍에 새겨진 여러 글을 보게 된 일이 계기가 되었다.

큰 편액은 '정대광명正大光明'이라 하여 바른 것을 밝힌다는 뜻을 담았다. 공명정대와 같은 말이다. 이 글자는 순치황제의 친필이다. 그리고는 황제의 보좌 뒤편으로 다섯 폭의 병풍이 둘려 있다. 여기에는 강희제가 마음을 다잡기 위하여『서경書經』,『시경詩經』,『주역周易』에서 뽑아 경책의 뜻으로 새겨 넣은 글이 있다. 이 글의 내용이 좋기도 하고 훗날 어디서건 다시 얘기할 기회가 있지 싶어 기억해 두었는데 소개하면 다음과 같다. 먼저 맨 중앙에 서경의 다음 글이 새겨져 있다.

　유천총명惟天聰明: 하늘은 총명하시니

유성시헌惟聖時憲: 성군이 이를 본받으면

유신흠야惟臣欽若: 신하들은 공경하고 따르며

유민종예惟民從乂: 백성들은 자연히 다스려질 것이다.

그리고 중앙 쪽 좌우로는 『시경』과 『주역』의 글이다.

개제군자愷悌君子: 훌륭한 저 군자여

사방위칙四方爲則: 온 세상이 다 본받는다.

수출서물首出庶物: 성인이 만물에 으뜸으로 뛰어나니

만국함녕萬國咸寧: 온 나라가 모두 편안함을 누린다.

그리고 바깥쪽의 좌우에는 다시 『서경』과 『시경』의 글로 되어
있다.

지인칙철知人則哲: 사람을 알아보는 이는 지혜로우니

안민칙혜安民則惠: 백성들을 편안하게 해준다.

공숭유지功崇惟志: 공적이 높은 것은 의지 때문이요

업광유근業廣惟勤: 업적이 많은 것은 근면함 때문이다.

자금성에 들어간 날은 덥기도 했지만 인산인해를 이뤄서 한

적하게 둘러볼 상황이 아니었다. 궁의 내부를 보려면 사람 사이를 파고 들어가 고개를 빼곡히 내밀고 봐야 하는 실정이어서 자세히 보기는 더욱 어려웠다. 건청궁에서도 사실 그냥 지나칠 수 있었다. 그런데 글자를 유심히 보게 된 것은 무엇보다 '개제군자'라는 익숙한 문장의 글자가 눈에 들어왔기 때문이다. 젊어서 봤던 이 글을 여행 내내 곱씹으면서 내 자신의 삶의 자세를 되돌아보았다. 근면 검소하게, 그러면서 어긋난 방법으로 복을 구하는 일은 경계하며 살아가리라는 다짐을 하였다.

『잡아함경』의 많은 내용에서 비교적 쉬운 이 내용을 소개하는 이유는 부처님께서 지내셨던 소박한 일상을 알 수 있기 때문이다. 초기경전을 읽어야 하는 이유가 여기에 있다. 부처님께서 살아가신 모습을 보면서 출가본분에 어긋나지 않게 살아가기 위함이다. 다음의 경문을 보자.

"세존이시여, 저는 오늘 이른 아침에 가사를 입고 발우를 가지고 비사리성으로 걸식하러 들어가다가, 많은 리차족 아이들이 성에서 나와 정사 문 앞에서 문구멍을 맞추는 시합을 하는데 쏘는 화살마다 모두 문구멍으로 들어가는 것을 보았습니다. 저는 '참으로 기특하구나. 저 리차족 아이들은 저렇게 어려운 일을 잘도 해내는구나' 하고 생각하였습니다."

걸식의 광경과 함께 당시 아이들이 노는 모습을 알 수 있다. 화살을 쏘아 과녁 대신 문구멍에 넣는 시합을 하고 있었던가 보다. 아침 탁발을 나갔던 아난존자는 이 광경을 보고는 신기한 생각이 들었다. 사원으로 돌아온 아난존자는 부처님께 아침의 광경을 말씀드리면서 아이들의 솜씨가 놀라웠음을 얘기하였다. 그때 부처님은 "네 생각에는 어떠하냐? 리차족 아이들이 문구멍을 맞추는 시합을 하면서 쏘는 화살마다 다 들어가는 것이 어려우냐, 하나의 털을 쪼개어 백 개로 나누고 그 나눈 한 개의 털을 쏘아 화살마다 맞추는 것이 어려우냐?" 하시면서 더 놀라운 솜씨를 가진 경우를 예로 들어 그리 놀랄 일도 아님을 일깨우셨다. 그러고는 다시 사성제의 법을 설하셨다. 경문을 다시 보자.

"괴로움에 대한 성스러운 진리를 사실 그대로 아는 것만은 못하니라. 그와 같이 괴로움의 발생에 대한 성스러운 진리·괴로움의 소멸에 대한 성스러운 진리·괴로움의 소멸에 이르는 길에 대한 성스러운 진리를 사실 그대로 알고 보는 것, 그것은 참으로 어려운 일이니라."
그때 세존께서 게송으로 말씀하셨다.

하나의 털을 백으로 나누어서
그 하나를 맞추기는 참으로 어렵네.
하나하나의 괴로움을 관찰하여

나 아님을 아는 것도 또한 그러하네.

아이들의 활쏘기도 솜씨가 나쁘지 않지만, 터럭 하나를 백으로 나눠서 그 하나하나를 맞추는 것은 신기가 아니면 불가능하다. 그 솜씨의 뛰어남이야 이루 말할 수 없는 경지다. 하지만 그런 재주라 해도 사성제의 진리를 이해하고 깨닫는 것에 비하면 그리 대단할 것도 아니라는 말씀이다. 그러고는 게송으로 다시 말씀을 하셨다. 부처님의 설법 방식은 먼저 서술적으로 자세히 말씀하시고는 다시 게송으로 간략히 압축하여 강조하신다. 그리고 어떤 경우에도 수행 근본의 입장에서 한치도 어긋나지 않게 제자들을 가르치는 것을 알 수 있다. 예를 들어 요즘의 우리가 스포츠에 열광하거나 연예, 정치 등의 흥미로운 가십을 화제로 삼아 이야기에 몰두한다고 생각해보자. 이를 본 어른스님들께서 뭐라 하시겠는가. 내가 출가한 80년 초반의 송광사에는 텔레비전이 없었다. 일간신문은 종무소에서만 볼 수 있었고 라디오도 들을 수 없었다. 당시 구산 큰스님께서도 이런 가풍을 지키셨기 때문에 누구 하나 불편해 하지 않고 당연한 것으로 받아들이며 공부에 전념할 수 있었다. 보조국사의 「계초심학인문誡初心學人文」에도 이 같은 행위에 대하여 경계하신 말씀이 있다.

요사체(대중방)에 머물더라도 서로 양보하고 다투지 말며, 서로 붙들어 주고 보호하라.

승부를 겨루지 말며, 부질없이 쓸 데 없는 말을 삼가라.

남의 신발 신지 말며, 앉고 누울 때 순서를 넘지 말며,

집안의 추한 일은 다른 사람에게 들추어 내지 말고 절일을 찬탄하라.

고방에 가서 잡된 일들을 보고 듣고는 의혹을 내지 말라.

居衆寮하되 須相讓不爭하며 須互相扶護하라.

愼諍論勝負하며 愼聚頭閒話하라.

愼誤着他鞋하며 愼坐臥越次하며

對客言談에 不得揚於家醜하고 但讚院門佛事

不得詣庫房하야 見聞雜事하고 自生疑惑이어다.

취두한화聚頭閒話가 그것이다. 머리를 맞대고 잡다한 이야기에 몰두하는 모양을 그렇게 표현하셨다.「계초심학인문」은 본문이 900여 자에 지나지 않지만 한국불교의 '백장청규百丈淸規'라고 할 수 있다. 우리나라에서는 유난히 승가규율에 대한 전적을 찾아보기 어려운데 그 중 유일하게 전해지는 것이 바로 이 책이다. 본래는 1205년 동안거를 시작할 때에 수선사修禪寺 중창불사 회향을 기념으로 하여 발표된 수선사의 청규淸規적인 성격을 지닌다고 평가된다.

이 책은 불교전문강원의 초등 과정인 사미과沙彌科에서 최초

로 배우는 교재이기도 하다. 고려 중기에 보조국사께서 조계산에 수선사를 만들고 정혜결사라는 새로운 선풍禪風을 일으켰을 때, 처음 불문에 들어온 사람과 수선사의 기강을 위해서 이 책을 저술하였다. 이 책은 불교의 계율에 해당하는 내용 중 핵심이 되는 부분만을 추린 뒤 우리나라의 사원생활에 맞게 구성하였다. 내용은 크게 세 부분으로 구분된다.

첫째는 초심자를 경계한 것이다. 전체 중 비중을 가장 많이 둔 부분이다. 처음 불문에 들어온 사람은 나쁜 사람을 멀리하고 착한 친구만 가까이해야 하며, 오계와 십계 등을 받아서 지키되, 범하고 열고 막는 것을 잘 알아야 한다는 것 등 마음가짐, 몸가짐, 말하는 법, 어른 섬기는 법, 예불하고 참회하는 법, 심지어는 세수하고 공양하는 법에 이르기까지의 규범을 밝혔다.

둘째는 출가자를 경계한 것이다. 대화, 토론, 대인관계, 출행出行, 공양供養 때에 갖추어야 할 주의사항 등 흔히 저질러지고 있는 잘못들과 사원생활의 화합과 질서를 유지하는 데 필요한 몇 가지를 경계하였다.

셋째는 선방에서 수행하는 이들을 경계한 것이다. 교학, 수면, 청법請法, 정진, 발원發願 등 잘 지켜지지 않는 규율 몇 가지와 선을 닦는 사람이 경전이나 스승에 대해서 어떠한 마음가짐을 가져야 하는지를 밝히고 있나.

이 책은 1397년 상총尙聰이 태조의 명을 받아 전국 사원의 청규로 시행하게 됨에 따라 불교 교과목의 필수과목으로 채택되었으며, 승가는 물론 일반 신도까지 배워야 할 기본서가 되었다.

불교가 더욱 건강해지고 교단이 발전하기 위해서는 불교적 윤리를 어떻게 정립하고 후대에 계승해야 하는지에 대한 안목과 논의가 있어야 한다. 윤리가 무엇인가? 어떻게 행동할 것인가에 대한 지식의 체계이다. 따라서 선禪하는 사람, 교학하는 사람, 포교하고 행정하는 사람 각각이 어떤 가치관으로 살아야 하며 어떻게 행동해야 하는지 분명한 행위의 근거를 가져야 한다. 나는 한국불교의 체계를 갖추는 일, 이것이 가장 중차대한 일이 아닐까 생각해본다. 그런 면에서 부처님의 「공경」에서 취하시는 자세와 함께 보조국사의 말씀이 새삼 떠오른다. 우리가 어렸을 때는 「계초심학인문」을 외워야 했고, 새벽 도량석에 목청 높여 염불을 하며 신심을 기르곤 했었는데, 지금은 어찌 하는지 모르겠다.

맹구경

이와 같이 나는 들었다.

어느 때 부처님께서 미후 못가에 있는 2층 강당에 계셨다. 그때 세존께서 모든 비구들에게 말씀하셨다.

"비유하면 이 큰 대지가 모두 큰 바다로 변할 때 한량없는 겁을 살아온 어떤 눈 먼 거북이 있는데, 그 거북은 백 년에 한 번씩 머리를 바닷물 밖으로 내민다. 그런데 바다 가운데에 구멍이 하나뿐인 나무가 떠돌아다니고 있는데, 파도에 밀려 표류하고 바람을 따라 동서로 오락가락한다고 할 때, 저 눈 먼 거북이 백 년에 한 번씩 머리를 내밀면 그 구멍을 만날 수 있겠느냐?"

아난이 부처님께 아뢰었다.

"불가능합니다. 세존이시여, 왜냐하면 이 눈 먼 거북이 혹 바다 동쪽으로 가면 뜬 나무는 바람을 따라 바다 서쪽에 가 있을

것이고, 혹은 남쪽이나 북쪽, 4유를 두루 떠도는 것도 또한 그
와 같을 것이기 때문입니다. 반드시 서로 만나지는 못할 것입
니다.”

부처님께서는 아난에게 말씀하셨다.

“눈 먼 거북과 뜬 나무는 비록 서로 어긋나다가도 혹 서로
만나기도 할 것이다. 그러나 어리석고 미련한 범부가 5취에 표
류하다가 잠깐이나마 사람의 몸을 받는 것은 그것보다 더 어려
우니라. 왜냐하면 저 모든 중생들은 그 이치를 행하지 않고 법
을 행하지 않으며, 선을 행하지 않고 진실을 행하지 않으며, 서
로서로 죽이고 해치며, 강한 자는 약한 자를 업신여기며 한량
없는 악을 짓기 때문이니라.

그러므로 비구들아, 네 가지 성스러운 진리에 대하여 아직
빈틈없고 한결같지 못하다면 마땅히 힘써 방편을 쓰고 왕성한
의욕을 일으켜 빈틈없는 한결같음을 배워야 하느니라.”

부처님께서 이 경을 말씀하시자 모든 비구들은 부처님의 말
씀을 듣고 기뻐하며 받들어 행하였다.

| 잡아함경 제15권, 406

안선불필수산수安禪不必須山水
멸각심두화자량滅却心頭火自凉

선의 안정이 하필 산수에만 있겠는가?
마음의 불길만 꺼지면 절로 청량함을 얻으리라.

이 시는 당唐말기 시인인 두순학杜荀鶴의 것이다.

선에 대해 다시 한 번 알아보도록 하자. 선이라는 낱말은 산스크리트어의 디야나dhyāna를 중국 대륙에서 선나禪那로 음역하여 유래한 말로 이의 준말이다. 디야나는 대체로 정려(靜慮: 고요히 하는 생각)·내관(內觀: 마음의 관찰)·내성(內省: 안으로의 성찰)·침잠(沈潛: 내면으로 깊숙이 몰입함)의 뜻이 있다. 또는 선을 정定·정려靜慮·기악棄惡이나 사유수思惟修라고도 한다. 이처럼 선은 마음을 고요히 안정하고 관조하는 것이 가장 기본적인 정의라고 할 수 있다. 그리고 선의 여러 종류를 막론하고 공통의 근저에는 '기억'이라는 행위가 제시되고 있음을 상기할 필요가 있다. 고대 경전에서 말하는 명상은 '기억하라는 부름(calling to remember)'을 뜻하는 팔리어 바와나bhavana가 원래의 의미다. 기억하기는 마음챙김의 핵심으로 현재에 머무르는 자신의 의도를 기억하고 마음이 흐트러질 때마다 다시 시작하라는 뜻이다.

수행이라 하면 세상의 복잡하고 시끄러운 환경을 벗어나 고요하고 적막한 산사의 선방을 떠올리기 쉽다. 하지만 수행이 마음을 깨달아 중생을 제도함을 근본으로 한다는 것을 생각해보면 산속이나 시장 어디라도 걸리지 않아야 한다. 도는 무소부재無所不在라 했다. 없는 곳이 없고 어디에서든 얻어지고 행할 수 있는 것이 본래의 도다. 결코 산수 좋은 한적한 곳만을 지칭하지 않는다. 마음의 청정과 쾌활함은 번뇌의 소멸에서 온다. 들끓는 열탕에서 얼음물을 얻는 것 같은 청량감은 이런 과정을 통하여 얻어진다. 참고로 명상 수행(바와나, bhāvana)과 관련하여 부처님께서 설하신 내용 중에 자연을 비유로 하신 말씀이 참으로 인상 깊고 아름다워 소개해 드릴까 한다. 다음의 경문을 보자.〔라훌라를 교계한 긴 경(M62): 맛지마니까야 2권(대림 스님 역)〕

13. "라훌라여, 땅을 닮는 수행(bhāvana)을 닦아라. 라훌라여, 땅을 닮는 수행을 닦으면 마음에 드는 감각접촉(觸)과 마음에 들지 않는 감각접촉이 일어나더라도 그런 것이 마음을 사로잡지 못할 것이다.

라훌라여, 예를 들면 땅에 깨끗한 것을 던지기도 하고 더러운 것을 던지기도 하고, 똥을 누기도 하고 오줌을 누기도 하고, 침을 뱉기도 하고 고름을 짜서 버리기도 하고 피를 흘리기도 하지만, 땅은 그 때문에 놀라지도 않고 모욕을 당하지도 않고 넌더리치지도 않는다.

라훌라여, 그와 같이 땅을 닮는 수행을 닦으면 마음에 드는 감각접촉(觸)과 마음에 들지 않는 감각접촉이 일어나더라도 그런 것이 마음을 사로잡지 못할 것이다."

14. "라훌라여, 물을 닮는 수행을 닦아라. 라훌라야, 물을 닮는 수행을 닦으면 마음에 드는 감각접촉과 마음에 들지 않는 감각접촉이 일어나더라도 그런 것이 마음을 사로잡지 못할 것이다.

라훌라야, 예를 들면 물에 깨끗한 것을 씻기도 하고 더러운 것을 씻기도 하고, 똥을 씻기도 하고 오줌을 씻기도 하고, 침을 씻기도 하고 고름을 씻기도 하고 피를 씻기도 하지만, 물은 그 때문에 놀라지도 않고 모욕을 당하지도 않고 넌더리치지도 않는다.

라훌라야, 그와 같이 물을 닮는 수행을 닦아라. 라훌라야, 물을 닮는 수행을 닦으면 마음에 드는 감각접촉과 마음에 들지 않는 감각접촉이 일어나더라도 그런 것이 마음을 사로잡지 못할 것이다."

15. "라훌라여, 불을 닮는 수행을 닦아라. 라훌라여, 불을 닮는 수행을 닦으면 마음에 드는 감각접촉과 마음에 들지 않는 감각접촉이 일어나더라도 그런 것이 마음을 사로잡지 못할 것이다.

라훌라여, 예를 들면 불에 깨끗한 것을 태우기도 하고 더러운 것을 태우기도 하고, 똥을 태우기도 하고 오줌을 태우기도 하고, 침을 태우기도 하고 고름을 태우기도 하고 피를 태우기도 하지만, 불은 그 때문에 놀라지도 않고 모욕을 당하지도 않고 넌더리치지도 않는다.

라훌라여, 그와 같이 불을 닮는 수행을 닦으면 마음에 드는 감각접촉과 마음에 들지 않는 감각접촉이 일어나더라도 그런 것이 마음을 사로잡지 못할 것이다."

16. "라훌라여, 바람을 닮는 수행을 닦아라. 라훌라여, 바람을 닮는 수행을 닦으면 마음에 드는 감각접촉과 마음에 들지 않는 감각접촉이 일어나더라도 그런 것이 마음을 사로잡지 못할 것이다.

라훌라여, 예를 들면 바람이 깨끗한 것을 불어 날리기도 하고 더러운 것을 불어 날리기도 하고, 똥을 불어 날리기도 하고 오줌을 불어 날리기도 하고, 침을 불어 날리기도 하고 고름을 불어 날리기도 하고 피를 불어 날리기도 하지만, 바람은 그 때문에 놀라지도 않고 모욕을 당하지도 않고 넌더리치지도 않는다.

라훌라여, 그와 같이 바람을 닮는 수행을 닦으면 마음에 드는 감각접촉과 마음에 들지 않는 감각접촉이 일어나더라도 그런 것이 마음을 사로잡지 못할 것이다."

17. "라훌라여, 허공을 닮는 수행을 닦아라. 라훌라여, 허공을 닮는 수행을 닦으면 마음에 드는 감각접촉과 마음에 들지 않는 감각접촉이 일어나더라도 그런 것이 마음을 사로잡지 못할 것이다.

라훌라여, 예를 들면 허공이 어느 곳에도 머물지 않는 것처럼 그와 같이 허공을 닮는 수행을 닦아라. 라훌라여, 그와 같이 허공을 닮는 수행을 닦으면 마음에 드는 감각접촉과 마음에 들지 않는 감각접촉이 일어나더라도 그런 것이 마음을 사로잡지 못할 것이다."

경전에서 뜻밖에 땅, 물, 불, 바람, 허공을 비유로 하여 수행에 유념할 것을 말씀하신 내용을 보니 흥미로운 생각이 든다. 땅은 만물의 근원이다. 땅이 없으면 어디에 발을 붙일 것인가. 물은 하루라도 마시지 않으면 생명이 위태로워진다. 불기운이 아니면 만물이 익거나 숙성되지 못한다. 그리고 바람은 또 어떤가. 소원을 뜻하는 바람과 자연에 부는 바람이 말도 닮았지만 의미도 통한다. 세계 모든 문화권에서 각각의 언어들이 함의하는 '바람'의 의미가 똑같다는 사실이 무척 흥미로웠다. 문득 뇌리에 번뜩거리며 떠오른 시가 바로 나옹 스님의 「청산은 나를 보고(靑山兮 要我)」란 시다. 한국인이라면 종교를 막론하고 심성을 자극하는 자연에 대한 심리를 대변하는 듯한 이 시는 또 얼마나 좋은가.

청산혜요아이무어青山兮要我以無語
창공혜요아이무구蒼空兮要我以無垢
요무애이무증혜聊無愛而無憎兮
여수여풍이종아如水如風而終我

청산은 나를 보고 말없이 살라 하고
창공은 나를 보고 티 없이 살라 하네.
사랑도 벗어 놓고 미움도 벗어놓고
물같이 바람같이 살다가 가라 하네.

청산혜요아이무어青山兮要我以無語
창공혜요아이무구蒼空兮要我以無垢
요무노이무석혜聊無怒而無惜兮
여수여풍이종아如水如風而終我

청산은 나를 보고 말없이 살라 하고
창공은 나를 보고 티 없이 살라 하네.
성냄도 벗어 놓고 탐욕도 벗어 놓고
물같이 바람같이 살다가 가라 하네.

이 「맹구경」은 심해의 눈 먼 거북이를 비유로 하여 불법 만나기 어렵고 사람 몸 받기 어려운 인연을 상기시키면서 수행에 온 힘을 다할 것을 경계하는 내용이다. 여기서 생각해볼 것은 인간의 몸을 받을 확률이다. 현재도 세계 각국의 과학자들은 우주천체의 행성들을 탐사하는 중이지만, 지구와 같은 환경을 가진 행성을 아직 찾지 못하고 있다. 인간이 첨단장비를 사용하여 추적한 우주의 범위는 상상하기도 쉽지 않을 만큼 넓고 크다. 빛이 1초에 가는 속도로 몇 광년을 간다는 식이다. 그런데도 아직 물이 있거나 식물이 있어서 인간이 살아갈 수 있을 만큼의 환경을 가진 행성이 없다. 이 지구라는 환경과 인간이라는 존재가 얼마나 경이로운지 모른다. 이 사실을 생각하면 우린 좀 더 기품 있게 살아가야 하며 자연환경과 인간사회를 건강하게 만들어 가야 하는 의무가 있지 않겠는가! 부처님은 말씀하신다.

"비유하면 이 큰 대지가 모두 큰 바다로 변할 때 한량없는 겁을 살아온 어떤 눈 먼 거북이 있는데, 그 거북은 백 년에 한 번 씩 머리를 바닷물 밖으로 내민다. 그런데 바다 가운데에 구멍이 하나뿐인 나무가 떠돌아다니고 있는데, 파도에 밀려 표류하고 바람을 따라 동서로 오락가락한다고 할 때 저 눈 먼 거북이 백 년에 한 번씩 머리를 내밀면 그 구멍을 만날 수 있겠느냐?"

이 확률이 얼마나 될까? 어렵고 어려운 일이다. 우리는 이 희박한 확률을 가지고 지구에 태어났고, 지구는 이 어마어마한 확률로 물과 바람이 흐르는 환경을 지니고 있다. 그런데도 우리는 세상을 오직 쾌락만을 위해 몰두하고 살아간다. 즐겁고 행복하고 쾌감 넘치는 삶을 꿈꾼다. 더 많은 재물과 돈과 명예를 위해 불 속이라도 마다않고 뛰어든다. 인간의 본래 가치가 그 정도밖에 안 되는 것일까? 그런 생각을 하면 마음이 더할 수 없이 우울해진다. 노예는 주인이 시키는 대로 일을 한다. 가혹하게 매질을 당하면서 말이다. 고대의 노예들은 서로의 인사와 관심사가 '너의 주인은 때리지 않느냐?'라는 말이었다고 한다. 그처럼 우리는 돈과 명예에 집착하여 일생을 꿈꾸듯이 헛되이 흘려보내고 만다. 이것은 노예 같은 삶이다. 부처님의 꾸지람을 보자.

"눈 먼 거북과 뜬 나무는 비록 서로 어긋나다가도 혹 서로 만나기도 할 것이다. 그러나 어리석고 미련한 범부가 5취에 표류하다가 잠깐이나마 사람의 몸을 받는 것은 그것보다 더 어려우니라. 왜냐하면 저 모든 중생들은 그 이치를 행하지 않고 법을 행하지 않으며, 선을 행하지 않고 진실을 행하지 않으며, 서로서로 죽이고 해치며, 강한 자는 약한 자를 업신여기며 한량없는 악을 짓기 때문이니라.
그러므로 비구들아, 네 가지 성스러운 진리에 대하여 아직 빈틈없고 한결같지 못하다면 마땅히 힘써 방편을 쓰고 왕성한 의욕을 일으켜 빈틈없는 한결같음을 배워야 하느니라."

바다에 사는 이 거북이는 눈까지 멀어서 앞을 보지 못한다. 그리고 바다 위에는 거북이가 목을 넣을 만한 구멍이 뚫린 널빤지가 떠다니고 있다. 거북이가 가끔 숨을 쉬기 위해 바다 수면 위로 머리를 내미는데, 이 순간 머리와 널빤지가 딱 만나는 확률을 생각해보라. 어렵다. 참으로 어려운 일이다. 인간 몸을 받는 것이 그렇게 어렵다. 이렇게 어렵게 받은 몸인데도 선행을 하거나 이타행을 하지 않고 다툼과 투쟁, 반목의 일상을 살아가고 있다. 도무지 사람으로서 존재하는 보람이 없다. 부처님은 오직 사성제의 진리를 행하는 것만이 가장 가치 있는 일임을 설하신다. 경각에 달린 목숨을 소중히 여겨 정진에 나태하지 말 것을 경계하는 게송이 있다. 다음을 보자.

삼계유여급정륜三界猶如汲井輪
백천만겁역미진百千萬劫歷微塵
차신불향금생도此身不向今生度
갱대하생도차신更待何生度此身

삼계윤회 오르내림 우물 속의 두레박 같다.
백천만겁 지나도록 벗어나기 어려워라.
금생에 이 몸을 제도하지 못하면
어느 생을 기다려 이 몸 다시 제도하리.

산사에서는 새벽 3시가 되면 도량석을 하고 이어서 종성을 한다. 법당 안의 조그만 종을 치면서 염불을 하는데 후렴구가 "나~무~~아~미~~타~불~" 하는 것이어서 장엄염불이라고 한다. 장엄은 극락세계 아미타부처님의 극락정토를 찬탄하고 꾸미는 염불이라는 뜻이다. 이 염불은 아주 느리고 차분하면서도 목청을 높여서 하도록 되어 있다. 새벽종성은 15분 정도 되고, 저녁예불 전에 하는 종성은 몇 마디에 지나지 않는 짧은 염불이다. 불교텔레비전을 개국하고 염불이나 의식에 대한 오디오를 모으기 시작하여 새벽예불은 송광사의 염불, 그리고 저녁종성은 내 염불청으로 몇 년인가를 나갔던 적이 있다. 계를 받고 강원에 들어가 은사스님이 염불을 해보라 하여 새벽종성을 두어 구절 외웠더니 뜻밖에 "네가 어디서 염불을 배워왔느냐?" 하고 물으셔서 '아, 내가 선근이 있는 놈이구나' 하고 자긍심을 가졌던 기억이 아련히 떠오른다.

그 새벽종성의 한 게송이 바로 위의 것이다. "차신~불향~금생도, 갱대~하생~도차신, 나~무~~아~미~~타~불~" 하면서 외우면 참 행복하고 좋았다. 마음의 불이 꺼지면 마음의 청량함을 얻는 것이요, 달리 산수가 필요한 것은 아니라는 말씀처럼 마음을 깨달아 성품을 보면 그때가 눈 먼 거북이 널빤지에 머리를 맞추는 소식이리라. 이 어찌 기쁘지 않겠는가. 진리의 기쁨으로 살아가는 것이 행복한 일이다.

독일주경

獨
一
住
經

이와 같이 나는 들었다.

어느 때 부처님께서는 석씨 우라제나 탑이 있는 곳에 머물고
계셨다.

그때 세존께서는 수염과 머리를 새로 깎고, 새벽에 결가부좌
하고, 몸을 곧게 하시고서 뜻을 바르게 하여 생각을 앞에 매어
두고, 옷을 머리에 뒤집어쓰고 계셨다. 그때 우라제나 탑 곁에
어떤 천신이 머물고 있었는데, 그는 몸에서 광명을 놓아 정사
를 두루 비추면서 부처님께 여쭈었다.

"사문이여, 근심스러우십니까?"

부처님께서 천신에게 말씀하셨다.

"무엇을 잃었던가?"

천신이 다시 물었다.

"사문이여, 기쁘십니까?"

244

부처님께서 천신에게 말씀하셨다.

"무엇을 얻었던가?"

천신이 다시 물었다.

"사문이여, 근심스럽지도 않고 기쁘지도 않으십니까?"

부처님께서 천신에게 말씀하셨다.

"그렇다, 그렇다."

그때 천신이 곧 게송으로 말했다.

모든 번뇌를 여의셨습니까,
또한 기쁨도 없다고 하셨습니까?
어째서 홀로 계십니까?
무너짐이 즐겁지 않은 것은 아닙니까?

그때 세존께서 게송으로 대답하셨다.

나는 번뇌 없이 해탈하였고
또한 기쁨도 없어
즐거움도 없고 무너뜨릴 것도 없으니
그러므로 혼자 있는 것이다.

그때 천신이 다시 게송으로 말했다.

어째서 번뇌가 없으며
어째서 기쁨이 없습니까?
어째서 홀로 계십니까?
무너짐이 즐겁지 않은 것은 아닙니까?

그때 세존께서 다시 게송으로 말씀하셨다.

번뇌에서 기쁨이 생기고
기쁨에서 또한 번뇌가 생기나니
번뇌도 없고 기쁨도 없음을
천신아, 마땅히 보호해 지녀라.

그러자 천신이 다시 게송으로 말했다.

훌륭하십니다, 번뇌 없음이여.
훌륭하십니다, 기쁨 없음이여.
훌륭하십니다, 홀로 머무심이여.
함이 없어 기쁨도 무너짐도 없음이여.

오래전에 바라문을 보았는데
그 바라문은 반열반을 얻어
모든 원한에서 이미 벗어났고

세상 은애까지 영원히 벗어났네.

그때 그 천자는 부처님의 말씀을 듣고 함께 기뻐하면서 부처님의 발에 머리를 조아리고 이내 사라지더니 나타나지 않았다.

| 잡아함경 제22권, 585

고구상명인도상枯龜喪命因圖象
양사추풍누전견良駟追風累纏牽

말라 죽은 거북은 등의 도상 때문에 목숨을 잃은 것이요
바람을 일으키며 달리는 명마는 고삐에 매여 벗어나지 못하네.

이 게송은 『종용록』 제10칙 "오대산의 노파(臺山婆子)"에 나오는 것이다. 조주 스님이 오대산에 회상을 차리고 제자들을 제접하였는데, 산 어귀에 한 노파가 자리를 잡고 앉아 선사가 계시는 곳을 물으면 "똑바로 가시오"라고 한마디를 꼭 했다. 이 말이 묘한 말이어서 한눈을 팔지 말라는 것인지, 지금 이 자리에서 알아차려 보라는 말인지 간단치가 않았다. 대중들이 이 노파의 말을 두고 의견이 분분하였다. 이에 조주 스님께서 그 노파를 만나보겠다고 하고는 내려가서 다른 스님들과 마찬가지로 절

에 가는 길을 물었더니 노파는 마찬가지로 "똑바로 가시오" 하는 것이었다. 그러고는 돌아서 가는 조주 스님의 등에 대고 "멀쩡한 사람이 또 그렇게 간다"라고 했다. 스님은 아무 말 없이 절에 다다라서는 설법당에 올라 대중들에게 "내가 그대들을 위하여 노파를 간파해버렸다"라고 하셨다. 이 화두는 묻고 있다. 조주 스님은 뭘 간파하셨단 말인가. 이 공안에 송을 붙인 것이 위의 게송이다.

고대 중국에서는 큰 거북이의 등은 점을 치는 용도로 사용되었다. 말린 거북의 등껍질에 불에 달군 쇠막대를 세워서 손바닥으로 돌리면서 밀어 넣으면 어느 순간 균열이 가면서 등껍질이 갈라지게 된다. 그러면 갈라진 모양이 나타나게 되는데 이를 보고 길흉을 점쳤다. 그러니까 거북이가 목숨을 잃는 이유는 점을 치는 데 등껍질이 소용되었기 때문이다.

양사良駟는 원래 지위가 높은 사람이 타는 수레를 끄는 네 마리의 말을 가리키는데, 좋은 품종의 명마를 뜻하기도 한다. 이 명마는 바람을 쫓을 정도로 잘 달리기 때문에 '추풍'이라는 수식어가 붙는다. 그런데 이런 명마라 해도 일단 고삐가 채워지면 마음껏 달릴 수 있는 자유가 없다. 이 명마는 자신이 가지는 기품 때문에 사람의 손을 벗어나지 못한다. 마치 가죽의 무늬 때문에 사냥꾼으로부터 목숨을 부지하기 어려운 표범과 같다. 세상의 모든 이치는 이와 같아서 남 다른 풍모가 오히려 자신을 구속하는 것이다. 그래서 성인은 평범함 속에서 자신을 보존하는 지혜를 터득한다. 인도 속담에 "호랑이의 무늬는 밖에 있고, 사람의 무늬는 안에 있다"라는 말이 있다. 호랑이의 늠름한 가죽의 무늬는 눈에 보이는 것이고, 사람이 가지는 진귀한 것은 곧 마음이기 때문에 밖으로 드러나 보이지 않는다. 그러니 내공을 기르고 안으로 살찌우는 자세가 필요하다.

여기서 생각나는 것이 장자의 우화다.

장자가 산 속을 걷다가 큰 나무를 보았는데 가지와 잎이 매우 무성했다. 그 옆에 목수가 있는데도 베려 하지 않았다. 장자가 그 까닭을 물으니 "아무 짝에도 소용이 없기 때문이다"라고 하였다. 장자가 말했다.

"이 나무는 쓸모가 없기 때문에 타고난 수명을 다 누리는구나."

이 이야기가 주는 교훈은 쓸모없음이 오히려 사람의 손과 눈을 피할 수 있어 장구함을 누릴 수 있다는 것이다. 사람은 누구나 남보다 뛰어나려 하고 자기의 장점을 부각하여 앞서가려 하지만 이것이 스스로를 구속하고 생명의 본질을 해치는 방향으로 작용할 수 있음을 지적하고 있다. 장자 철학이 보여주는 역설의 교훈이 여기에 있다. 보통의 상식을 뛰어넘어 대 반전을 통하여 삶의 지혜를 보여준다. 이야기를 처음으로 돌려서, 만약 거북이가 멋진 등껍질이 아니었다면 점치는 도구로 쓰이지 않앗을 것이며, 말이라 하여 모두 천리마처럼 특출할 이유도 없지 않은가. 예리함을 감추고 기량을 드러내지 않는 처신의 묘가 예사롭지 않다.

이 「독일주경」에서 부처님은 참으로 남 다른 풍모를 보여주신다. 이 경은 천신이 부처님께 질문을 하고, 부처님은 질문에 맞춰 답을 하시는 내용으로 되어 있다. 내용을 보자.

"사문이여, 근심스러우십니까?"
부처님께서 천신에게 말씀하셨다.
"무엇을 잃었던가?"
천신이 다시 물었다.
"사문이여, 기쁘십니까?"
부처님께서 천신에게 말씀하셨다.
"무엇을 얻었던가?"
천신이 다시 물었다.
"사문이여, 근심스럽지도 않고 기쁘지도 않으십니까?"
부처님께서 천신에게 말씀하셨다.
"그렇다, 그렇다."

이른 아침 부처님께서 가사로 몸을 두르시고 가만히 선정에 들어 앉아 계시는 것을 본 천신은 의아한 생각이 들었다. 누가 저렇게 날이 밝아 오기도 전부터 홀로 고요히 앉아 있단 말인가. 무슨 근심이 있는 것일까, 아니면 반대로 기뻐서 잠이 오지 않아 일찍부터 앉아 있는 것일까. 그래서 천신은 부처님이 저렇게 선정에 들어 앉아 계시는 모습을 보고, 그 이유가 근심이든지 아니면 기쁨 때문이 아닐까 생각하여 질문을 드렸다. 여기서 의문을 가져볼 수 있는 것은 왜 천신이 선정에 든 부처님을 보고 두 가지 방향으로 생각했느냐는 것이다. 나는 경문의 이 부분이 몹시 흥미로웠다. 천신이 갖는 의문을 통해 부처님께서 설하고자 하신 핵심은 인간세는 근심 아니면 기쁨 이 두 가지로 점철된다는 것이 아닐까 하는 생각이 들었다. 이 부분을 이해하기 위해서는 『주역』의 내용을 상기할 필요가 있다. 여러 해 전 법련사 주지를 살면서 교계 신문에 오랫동안 연재를 해왔었다. 한번은 불교신문에 이런 내용을 쓴 적이 있다.

『주역』에서는 삶을 단정 지어 '길흉회린吉凶悔吝'으로 말한다. 길흉은 득실의 상象이다. 다분히 심리적인 현상이지만 이득은 길하고 손실은 흉하다고 여기기 때문에 근심이 일어나는 것이다. 이 근심을 '회린悔吝'이라 한다. 후회스럽고 곤란한 상황이니까 우수와 번뇌가 교차하는 것이다. 생각이 있으면 번뇌가 따르고, 득실이 있으면 기쁨과 고통이 따른다. 결국 세상살이란 항상 번거로움을 안고 살아야 하는 운명인지도 모른다.

좀 더 설명을 덧붙이도록 하겠다. 모든 사물과 현상이 그러하듯 길흉도 시간의 흐름으로 인하여 서로 바뀐다. 여기서 흉이 길로 바뀌고 길이 흉으로 바뀌는 변곡점이 '회'와 '린'이다. 회는 뉘우침이다. 자신의 잘못과 어리석음을 깊이 반성함으로써 다시는 반복하지 않겠다는 다짐이니 좋은 것이다. 반대로 린은 마음이 넓고 시원하지 못해 자신의 조그만 생각에 고착되어 인색한 것이다. 한 톨도 안 되는 자존심을 붙들고서 변화를 수용하지 않는 모습이다. 그러니 우선은 좋아도 궁극은 좋을 리가 없다. 즉 회는 흉에서 길로, 린은 길에서 흉으로 반전이 일어남을 말한다. 동서고금의 모든 가르침이 그렇기도 하지만『주역』은 스스로의 허물을 고치는 일에 인색하면 길이 흉으로 바뀌게 된다고 한다. 즉 사람이 린에 이르면 불행해지고, 역사가 린에 처하면 패망의 길로 간다. 그러므로 길흉회린吉凶悔吝은 흥망성쇠興亡盛衰에 다름 아니다. 『주역』「계사」의 내용을 보자.

이런 까닭에 길흉은 득실의 상이요, 회린은 근심의 상이며, 변화는 진퇴의 상이다.
회린은 작은 결함을 말한다. 결함이 없다는 것은 허물을 잘 보완하는 것이다.
회는 흉으로부터 길함으로 찾아 나아감이요, 린은 길함으로부터 흉함으로 향하여 나아가는 것이다.

시고길흉자是故吉凶者 실득지상야失得之象也. 회린자悔吝者 우
우지상야憂虞之象也. 변화자變化者 진퇴지상야進退之象也.

회린자悔吝者 언호기소자야言乎其小疵也. 무구자無咎者 선보과
야善補過也.

회悔 자흉이추길自凶而趨吉 린吝 자길이향흉야自吉而向凶也.

인간은 득실을 길흉으로 받아들인다. 길은 득이고 흉은 잃음
이다. 하지만 좀 더 깊은 안목으로 보면 우선의 득이 큰 흉이
될 수 있고, 반대로 당장의 흉이 오히려 전화위복이 되어 인생
의 큰 전기가 되기도 한다. 그 변화란 게 워낙 변화무쌍하여 가
늠하기가 쉽지 않다. 또 회린은 근심의 모양이라 했다. 스스로
탄식을 자아내는 안타까운 일이 거의 매일같이 일어난다. 결함
이란 문제의 발생을 뜻한다. 그 결함은 허물을 잘 보완함으로써
완전하게 만들어진다. 이럴 때 마음을 잘 써야 한다. 인간은 이
성을 발휘하는 지적인 존재이기 때문에 현명하게 판단하고 살
아갈 수 있어야 한다. 그리고 변화에 대한 원리가 나왔다. 변화
는 어떻게 일어나는가. 진퇴가 변화의 원인이다. 앞으로 나아갈
것인가, 아니면 뒤로 물러날 것인가에 따라 변화의 진폭이 달라
진다. 이것이 어렵다. 진퇴에 미혹하면 일을 그르친다. 이것이
참으로 어려운 경지다. 변화의 묘를 터득하면 인간사의 질곡과
풍파에 의연하게 대처할 수 있다. 『논어』「술이」편의 말씀이 지
당하다.

군자탄탕탕 소인장척척(君子坦蕩蕩 小人長戚戚).

군자의 마음은 넓고 호탕하나, 소인의 마음은 항상 근심하고
걱정스럽다.

넓고 호탕하다는 것은 다르게 말해 마음씀이 시원시원하다는
것이다. 불교에서 말하는 '무아론'이 무엇인가. 내가 없는 것이
다. 내가 없으니 불필요하게 신경전을 벌이거나 일을 꼬이게 할
필요가 없다. 일의 성격과 순리에 맞춰 풀어가면 된다. 그러나
소인은 항상 걱정스럽다. 근심이 떠나지 않고 문제가 없으면 없
는 것을 가지고 또 고민하는 식이다.

나는 천신의 질문에 대한 부처님의 말씀이 좋다. 근심스러운
지 묻는 말에 '무엇을 잃기라도 했단 말이냐?'고 하셨다. 왜냐하
면 보통의 사람들은 득실을 근심의 근원으로 생각하기 때문이
다. 그렇다면 반대로 기뻐서 앉아 계시냐는 천신의 질문에 '무엇
을 얻기라도 했단 말이냐?'고 하셨다. 부처님은 득실로 살아가
는 분이 아니니까 득실로 인한 감정의 변화도 있을 리가 없다.

부처님:
나는 번뇌 없이 해탈하였고
또한 기쁨도 없어

254

즐거움도 없고 무너뜨릴 것도 없으니
그러므로 혼자 있는 것이다.

번뇌에서 기쁨이 생기고
기쁨에서 또한 번뇌가 생기나니
번뇌도 없고 기쁨도 없음을
천신아, 마땅히 보호해 지녀라.

천신:

훌륭하십니다, 번뇌 없음이여.
훌륭하십니다, 기쁨 없음이여.
훌륭하십니다, 홀로 머무심이여.
함이 없어 기쁨도 무너짐도 없음이여.

오래전에 바라문을 보았는데
그 바라문은 반열반을 얻어
모든 원한에서 이미 벗어났고
세상 은애까지 영원히 벗어났네.

부처님은 무너지거나 자극받지 않는다. 보통의 사람들처럼 득
실로 인한 근심과 기쁨이 아닌 법의 즐거움으로 살아가신다. 이
흔들리지 않는 부동의 마음이 선정의 힘이고 지혜를 비춰내는

원동력이다. 이것을 깨달은 천신이 부처님을 찬탄한다. 번뇌 없음, 기쁨 없음, 홀로 머무심, 그리고 기쁨도 무너짐도 없는 분이라는 찬탄이다. 뿌리 깊은 나무가 바람에 흔들리지 않듯이 마음의 부동심을 얻은 사람은 마음이 쉽게 흔들리거나 미혹되지 않는다. 이것이 진정한 기쁨이다. 이 기쁨은 안에서 찾아야지 밖에서 찾을 수 없다. 하루하루 살아가는 우리의 일상 속에서 행복과 평안을 얻어야 한다. 이런 원리 때문에 선종에서는 기특한 것을 바라지 말라고 한다. 이런 이야기가 있다.

제나라 왕을 위하여 그림을 그리는 나그네가 있었는데 제왕이 이렇게 물었다.

"어떤 것이 가장 그리기 어려운가?"

나그네가 대답했다.

"개나 말이 가장 어렵습니다."

왕이 다시 물었다.

"그러면 무엇이 가장 그리기 쉬운가?"

나그네가 대답했다.

"귀신을 그리기가 가장 쉽습니다. 개나 말 따위는 누구나 아침저녁으로 보고 있는 짐승이기 때문에 누구나 잘 알고 있는 것이어서 꼭 그대로 그리지 않으면 안 됩니다. 그러나 귀신은 형체가 눈에 뜨이지 않으므로 아무렇게나 그려도 되니 아주 쉽습니다."

언뜻 생각하면 개나 말은 항상 보는 것이어서 그리기 쉽고 귀신은 보기가 어렵기 때문에 그리기 어려울 것 같다. 그러나 여기에는 역설이 있다. 뭐냐면, 개나 말은 누구나 보고 알기 때문에 그림으로 그리면 누구나 촌평을 할 수 있다. 그렇지만 귀신은 본 사람이 거의 없기 때문에 어떻게 그리든 상관이 없다. 그저 상상으로 그리면 되고 또 누구나 그렇게 받아들이기 때문에 시비가 붙지 않는다. 이것이 일상의 작은 것에서 도를 행하기가 어려운 까닭이기도 하다.

제류경

이와 같이 나는 들었다.

어느 때 부처님께서는 사위국 기수급고독원에 계셨다.

그때 얼굴이 아주 잘생긴 어떤 천자가 새벽에 부처님께서 계신 곳으로 찾아와 부처님의 발에 머리를 조아리고서 한쪽에 물러앉아 있었는데, 그의 온몸에서 나오는 광명은 기수급고독원을 두루 비추었다.

그때 그 천자가 게송으로 부처님께 아뢰었다.

어떻게 해야 모든 흐름 건너고
어떻게 해야 큰 바다를 건너며
어떻게 해야 괴로움을 없애고
어떻게 해야 맑고 깨끗해집니까?

그때 세존께서 곧 게송으로 말씀하셨다.

　　믿음으로 능히 모든 흐름 건너고
　　방일하지 않음으로 바다를 건너며
　　정진으로 능히 괴로움을 없애고
　　지혜로 맑고 깨끗하게 되느니라.

그때 그 천자가 다시 게송으로 말했다.

　　오래전에 바라문을 보았는데
　　그 바라문은 반열반을 얻어
　　모든 두려움에서 이미 벗어났고
　　세상 은애까지 영원히 벗어났네.

　　그때 그 천자는 부처님의 말씀을 듣고 기뻐하면서 부처님의
발에 머리를 조아리고서 이내 사라지더니 나타나지 않았다.

| 잡아함경 제22권, 603

이 「제류경」을 보면서 떠오르는 것은 선종 오종가풍 중에서도
운문종雲門宗의 가풍이다. 흔히 운문종의 가풍을 운문의 삼구라

하여 다음의 세 가지를 말한다.

제1구 함개건곤函蓋乾坤: 하늘과 땅을 덮어 포용한다.
제2구 절단중류截斷衆流: 모든 흐름을 끊어버린다.
제3구 수파축랑隨波逐浪: 파도를 따라 흐름을 같이한다.

운문종의 개조는 운문문언이지만 위의 삼구는 운문 스님의 제자 덕산연밀이 운문종에서 수행자를 지도하는 방법을 세 가지로 정의한 것이다. 제1구의 '함개건곤'은 하늘과 땅을 덮어 포용한다는 것으로 법의 활용이 광대함을 말한다. 제2구의 '절단중류'는 모든 흐름을 끊어버린다는 뜻으로 번뇌·망상과 무명의 근원을 명쾌하게 끊어버린다는 뜻이다. 제3구의 '수파축랑'은 파도를 따라 흐름을 같이한다는 뜻으로 곧 수행자의 소질이나 능력에 따라 자유자재로 지도한다는 의미다. 물과 파도는 근원이 동일하다. 파도가 일고 물결이 따라가면서 변화가 쉼 없이 일어나지만 결국은 분리될 수 없는 한 몸이다. 그런데 변화가 일어나면 우리는 착시현상을 일으키면서 본래부터 다른 것처럼 느낀다. 다시 정리하면, 운문종은 법을 쓰는 데 있어서 세 가지로 활용을 한다. 때로는 하늘과 땅을 덮듯이 포용하며, 때로는 생각의 흐름을 단번에 끊어버리며, 때로는 변화에 순응하며 활용의 묘를 보인다.

「제류경」에서는 천자가 부처님께 여쭈고 있다. 경전을 보면 가끔 인간이 아닌 천신이 부처님께 설법을 청하거나 질문을 하는 경우를 볼 수 있다. 이것은 그만큼 불법의 세계가 광대하며 자유자재함을 말한다. 그리고 인간뿐만이 아니고 천신들도 해결해야 할 괴로움이 있다는 것이다. 이 천자는 인간이 가질 만한 질문을 똑같이 보여주고 있다. 경문을 보자.

"어떻게 해야 모든 흐름 건너고
어떻게 해야 큰 바다를 건너며
어떻게 해야 괴로움을 없애고
어떻게 해야 맑고 깨끗해집니까?"

이 경문을 읽으면서 생각나는 경전의 비유가 있다. 『우바새계경優婆塞戒經』 「삼종보리품三種菩提品」에는 다음과 같은 비유설법이 나온다.

갠지스 강으로 간 세 동물이 함께 강을 건너니, 토끼·말·코끼리였다. 토끼는 물 위에 둥둥 떠서 건넜다. 말은 바닥에 닿기도 하고 뜨기도 한 채 건넜으며, 코끼리는 완전히 바닥을 디디고 건넜다.

이로부터 향상절류香象絶流나 향상도하香象渡河는 대승보살의 깨달음을 설명하면서 토끼와 말과 코끼리가 강을 건너는 상황에 비유한 것이다. 이들이 강을 건널 때는 물길을 가로질러 가는 것이라서 일시적으로 물길이 갈라지게 된다. 세 동물은 덩치도 다르고 발의 길이도 차이가 있다. 따라서 물길이 갈라지는 깊이의 차이도 있게 된다. 토끼는 발 자체가 바닥에 닿지 않으니 둥둥 떠가는 정도에 그치고 만다. 말은 닿기도 하고 닿지 않기도 하기 때문에 토끼보다는 물살을 더 많이 가를 수 있다. 마지막으로 코끼리는 덩치가 크기 때문에 딛는 발마다 바닥에 닿게 된다. 그리고 큰 덩치로 인하여 물길을 제법 크게 가를 수 있다. 이 세 동물이 강을 가로질러 건너면서 만들어내는 물길의 차이가 수행의 깊이와 같다. 수행이 짧으면 토끼처럼 둥둥 떠가고, 어느 정도 깊으면 말처럼 중간 정도의 흐름을 끊을 수 있고, 아주 깊으면 코끼리처럼 완전한 단절이 이뤄진다. 천인의 질문에 대한 부처님의 말씀을 보자.

"믿음으로 능히 모든 흐름 건너고
방일하지 않음으로 바다를 건너며
정진으로 능히 괴로움을 없애고
지혜로 맑고 깨끗하게 되느니라."

앞서 있었던 천자의 질문은 인간이 겪는 모든 문제를 여실하게 보여준다. 호흡법이나 명상, 관법, 좌선의 기본 원리는 생각

의 흐름을 쉬게 한다. 생각이 쉬게 되면 어떻게 될까? 우리의
생각은 파도와 같다. 먼 바다로부터 물결이 일어 해변에 다다르
면 육지의 기압과 맞물리면서 높은 파도를 만들어낸다. 그 파
도는 어느 순간에 생성된 게 아니고 끊임없는 바다의 움직임으
로 인하여 연쇄적으로 일어나기 때문에 시작과 종결을 구분하
는 것이 불가능하다. 거대한 하나의 흐름 속에서 존재하기 때문
이다. 그런데 호흡을 평소보다 깊게 하면서 의식을 집중하면 어
느 순간 생각의 단절이 일어나면서 마음의 고요와 평안을 알게
된다. 이 멈춤의 순간이 내 자신이 세상의 주인이 되어 살아갈
수 있는 지점이다. 비로소 자신의 존재에 대해 눈을 뜨기 시작
하는 귀중한 인식의 전환이다. 아무런 자각 없이 습관적으로 하
루하루를 살아가는 우리의 일상을 반추해보고 주인으로서의 삶
을 시작해야 한다. 그 첫 단계가 흐름을 끊고 의식의 저편으로
건너는 것이다. 마치 코끼리가 강을 완전하게 건너는 것과 같다.
나고 죽는 윤회의 흐름을 건너는 것은 믿음의 힘이 없으면 불가
능하다. 반드시 주인으로서의 삶을 살겠다는 굳건한 의지와 믿
음이 필요하다. 이 믿음만이 번뇌의 흐름을 끊고 의식의 저 너
머로 나를 인도한다.

그 다음은 생사윤회의 바다를 건너는 것에 대한 질문과 그에
대한 답이다. 어떻게 하여 망망대해를 건널 것인가.『명심보감明
心寶鑑』에 이런 말이 있다.

노요지마력路遙知馬力
일구견인심日久見人心

길이 멀어야 말의 힘을 알 수 있고,
오랜 시간 지나봐야 사람의 마음을 알 수 있다.

말의 힘은 실제 등짐을 지우고 먼 길을 나서보면 알 수 있다. 그냥 생김새로는 알기 어렵다. 사람의 마음도 마찬가지로 오랜 시간 겪어 봐야 진면목을 알 수 있다. 노를 저어 바다를 건넌다고 생각해보자. 노를 젓는 힘이 약하면 바다의 파도에 휩쓸려 의도하지 않는 곳으로 떠밀려갈 수밖에 없다. 그러니 부지런히 노를 저어야 한다. 그 노는 게으르지 않는 근면의 노다. 방일하지 않는 것은 부처님께서 마지막의 유훈으로도 강조하셨다. 오직 불방일의 근면으로써 생사고해의 바다를 건널 수 있다는 말씀이다.

다음은 괴로움을 없애는 것에 대한 질문과 그에 대한 답이다. 삶이 고 아닌 게 없다. 어떤 행복과 즐거움이라도 그 궁극은 무상하고 공허하다. 무상이라는 거대한 블랙홀이 우리의 존재를 공으로 돌려놓기 때문에 삶은 한 순간도 정지되어 있지 않고 흐르고 변하며 소멸되어 간다. 이것이 괴로움의 근원이다. 괴로움을 어떻게 극복할 것인가. 부처님은 정진의 힘으로써 극복하라

하셨다. 구산 스님께서도 무슨 법문인가를 말씀하시면서 "공부의 힘이 있으면 괜찮다"라고 하신 것을 들은 적이 있다. 옛 스님들께서는 항상 '공부'를 말씀하셨다. 공부가 곧 정진이고 수행이다. 부처님의 제자는 정진의 힘이 있으면 무엇이든 극복할 수 있다. 이 말씀이 참 아름답고 고결하신 법문이다. 유혹에 쉽게 무너지거나 타협하려 드는 것은 정진의 힘이 약하기 때문이다. 정진의 힘이 있는 사람은 자기 자신과도 타협하지 않는다.

마지막으로 맑고 깨끗해질 수 있느냐는 질문에 대한 부처님의 말씀은 지혜로서 가능하다는 것이었다. 어떻게 세상을 활용하며 살아갈 수 있느냐에 따라 삶이 달라진다.『도덕경』제45장의 "청정위천하정淸靜爲天下正", 즉 '맑고 고요한 것이 세상의 올바름이다'라는 말이 여기에 잘 어울린다. 그 내용을 보자.

대성약결大成若缺 : 크게 이루어진 것은 모자란 듯하나
기용불폐其用不弊 : 그 쓰임에는 다함이 없다.

대영약충大盈若沖 : 완전히 가득 찬 것은 빈 듯하나
기용불궁其用不窮 : 그 쓰임에는 끝이 없다.

대직약굴大直若屈 : 완전히 곧은 것도 굽은 듯하고
대교약졸大巧若拙 : 완전한 솜씨도 서툴게 보이며

대변약눌大辯若訥 : 온전한 말솜씨도 어눌한 듯하다.

조승한躁勝寒 : 자주 움직임으로써 차가움을 이기고
정승열靜勝熱 : 고요히 있음으로써 더위를 이긴다.

청정위천하정淸靜爲天下正 : 청정하고 고요한 것이 세상의 올
바름이다.

이것은 인간의 눈과 안목이 아니라 우주적인 큰 눈으로 볼 때
이해될 수 있다. 크게 이루는 것도 사람이 보기에는 어딘지 결
함이 있고 모자라 보인다. 완전히 찬 것은 빈 것처럼 보인다는
말인데, 『장자』에 나오는 "부어도 차지 않고 떠내어도 마르지
않다"는 말을 떠올리면 쉽게 이해가 된다. 마치 바다의 물을 아
무리 떠내도 다함이 없고 줄어들지 않는 것과 같다. 너무 완강
하면 그것도 치우친 것이라 굽어보인다는 뜻이다. 사람과 대화
를 해보면 자기 주장을 지나치게 강조하여 더 이상 타협이 안
되는 경우가 없지 않다. 바로 이런 경우가 여기에 해당한다. 몸
을 자꾸 움직이면 열이 나니까 추위는 극복할 수 있고, 반대로
더울 때는 움직임을 적게 하여 열을 가라앉히는 것이 좋다.

마지막 문장인 '청정하고 고요한 것이 세상의 올바름'이라는
말이 참 좋다. 청정하다는 것은 순수하고 거짓이나 꾸밈, 억지

가 없는 자연본성을 말한다. 더하고 덜함도 없는 경지다. 세상
이 바르고 온전하게 작동되려면 이런 상태에 있어야 한다. 나는
이 말을 좋아하여 복지재단에서 대중 앞에 이야기할 기회가 있
으면 자주 인용한다. 회계나 기타 직무에서 복지 본연의 임무에
충실할 것과 어떤 부정에 대한 유혹에도 흔들림 없는 부동심을
가질 것을 강조할 때 잘 어울리는 말이기 때문이다. 불교에서
세상을 살아가는 자세로써 강조하는 중요한 두 가지는 지혜와
청정심이다. 지혜는 깨달음에서 오고 청정심은 부동심에서 온
다. 사람과 일에서 청정심을 가진다면 타인에 대한 공경심과 자
비심을 동시에 구현할 수 있다. 불제자로서 세상을 바르고 행복
하게 살아가는 자세는 바로 이런 것이 아닐까 한다.

원후경

이와 같이 나는 들었다.

어느 때 부처님께서는 왕사성 가란다죽원에 계셨다.

그때 세존께서 여러 비구들에게 말씀하셨다.

"큰 설산 속, 차가운 얼음이 있는 험준한 곳에는 원숭이조차
없는데 어떻게 사람이 있겠는가? 혹 어떤 산에는 원숭이는 살
지만 사람은 없고, 혹 어떤 산에는 짐승과 사람이 함께 산다.
그런 산에다 사냥꾼은 원숭이들이 다니는 곳에 밀떡 아교를 풀
에 발라둔다. 그러면 영리한 원숭이는 그것을 멀리 피해가지
만, 어리석은 원숭이는 그것을 멀리 피하지 않고 손으로 건드
리다가 그만 손이 붙어버리고, 다시 두 손으로 그것을 떼려 하
다가 곧 두 손이 다 붙어버리며, 발로 떼려 하다가 다시 발이
붙어버리고, 입으로 풀을 물어뜯다가 곧 입도 붙어버린다. 그
렇게 다섯 부위가 함께 붙어 땅에 쓰러져 누워 있으면 사냥꾼

이 와서 막대기로 꿰어 짊어지고 갔다.

비구들아, 알아야 한다. 어리석은 그 원숭이는 자기의 경계와 부모가 사는 영역을 버리고 다른 경계에서 놀다가 그런 고통을 당한 것이다. 그와 같이 비구들아, 어리석은 범부는 촌락을 의지해 살면서, 이른 아침에 가사를 입고 발우를 가지고 마을에 들어가 걸식할 때, 그 몸을 잘 단속하지 않고 감관을 지키지 않아서 눈으로 빛깔을 보고는 곧 집착을 일으키고 귀는 소리에, 코는 냄새에, 혀는 맛에. 몸은 감촉에 모두 집착하나니, 어리석은 비구는 안의 감관과 바깥의 다섯 대상에 묶여 악마의 욕망대로 따르게 된다. 그러므로 비구들아, 마땅히 이렇게 배워 자신이 다닐 곳, 부모의 경계에 의지해 살고 다른 영역, 다른 경계는 다니지 말아야 한다. 비구들아, 어떤 것이 자신이 다닐 곳, 부모의 경계인가?

이른바 사념처이니, 몸을 몸 그대로 관찰하는 생각에 머물고, 느낌·마음도 마찬가지며, 법을 법 그대로 관찰하는 생각에 머무는 것이니라."

부처님께서 이 경을 말씀하시자 모든 비구들은 듣고 기뻐하며 받들어 행하였다.

| 잡아함경 제24권, 620

풍송단운귀령거風送斷雲歸嶺去
월화류수과교래月和流水過橋來

바람은 구름을 몰아 산마루로 넘어가고
달은 흐르는 물을 따라 다리를 지나오네.

　이것은 서산대사가 지은 『선가귀감禪家龜鑑』에 나오는 것으로
선종 오종가풍을 설명하면서 법안종法眼宗에 대하여 말씀하신
것이다. 법안종에 대하여 먼저 알아보도록 하자. 법안종은 선종
오가의 한 종파다. 10세기 당나라 때 법안문익이 만들었다. 선
종은 일반적으로 "불립문자 교외별전 직지인심 견성성불不立文
字 敎外別傳 直指人心 見性成佛"을 이념으로 한다. 문자에 의존하
지 않고 교 밖에 별도로 전하며 사람의 마음을 바로 직시하여
성품을 보아 성불한다는 의미다. 이 정의의 핵심은 교종과의 차
별성을 부각시켜 선종의 우월감을 주장하기 위함이었다. 이 세
상의 모든 가르침은 결국 언어문자의 틀 속에 들어가지 않을 수
없다. 그렇다면 언어문자가 포괄하지 못하는 세계, 언어문자를
초월하여 직관적으로 통찰하고 깨달음을 얻는 세계는 어떻게
표현되며 어떻게 주고받을 것인가. 선종은 바로 이 지점에 존립
한다. 따라서 선종의 어록이나 공안집 같은 모든 전적은 언어문

자이지만, 언어문자 너머의 안목으로 볼 줄 알아야 한다. 그렇기 때문에 불립문자요 교외별전이라고 한다.

그런데 선종에서 선교분리를 반대하고 선교일치를 주장한 종파가 하나 있었으니 바로 법안종의 가풍이 그렇다. 법안종은 법안문익 스님이 창시하여 천태덕소, 영명연수(永明延壽, 904~975)에게 법이 전해졌다. 고려 건국 초기, 왕건의 셋째 아들이자 4대 왕인 고려 광종이 법안종 3대 조사인 영명연수 스님을 사모하여 학승 36명을 중국에 유학시켰다. 그 중 원공국사 지종이 영명연수로부터 법을 받아 고려에 전했다. 중국에서는 법안종이 쇠퇴하여 임제종에 흡수되었으나, 고려에서는 번창했다. 당시 법안종 스님으로서 중국에 유학하고 돌아온 인물로는 혜거국사 도봉, 적연국사 영준, 진관국사 석초 등이 있다. 법안종과 관련하여 반드시 알아야 할 분이 영명연수 스님이고 스님의 저작인 『종경록宗鏡錄』이다. 스님은 오대五代로부터 북송北宋에 걸친 선승이고, 『종경록』은 스님의 저작으로 총 100권으로 되어 있다. 법안종 초기의 중요 인물이기도 한 스님은 천태·화엄·법상 등의 교종과 선종을 융화회통하는 교선일치를 주장하였다. 『종경록』은 이러한 입장에서 이심전심을 역설한다. 전체적으로 경經·론論·장章·소疏의 폭넓은 인용이 백과사전적인 역할을 하고 있으며, 오늘날 산실되어 찾아볼 수 없는 일서逸書·일문逸文의 인용이 들어 있었다고 한다. 당나라와 송나라 시대의 불교 연구에

귀중한 자료를 제공해주고 있다.

일본의 선종 관련 종파에서는 『종경록』을 반드시 숙지해야 할 전적으로 인식하였다. 돌아가신 백양사 방장 서옹 큰스님께서 일본 유학시절에 임제종파의 선원에서 선원장을 역임하셨는데, 『종경록』에 대한 이해가 없으면 그런 소임은 불가하였다. 『종경 촬요宗鏡撮要』라 하여 종경록 요약본이 있고, 『종경록』의 요해본이라 할 『주심부註心賦』도 있어서 대충은 읽었는데, 아직 『종경록』 전체를 완독하지는 못하였다. 2015년 봄 학기에 내 수업을 들은 불국사의 한 학인 스님으로부터 동국역경원에서 발간한 한글대장경판 『종경록』 4권짜리 전권을 선물 받은 적이 있다. 아무리 구하려고 해도 좀처럼 손에 넣을 수가 없었는데 수업시간에 『종경록』에 대한 이야기를 한 것이 계기가 되어 학교 앞에서 영인본으로 세 질을 만들어 가지고 있다. 반드시 완독할 전적 중의 하나로 생각하고 보려고 하는데도 아직 시작을 못하고 있다.

날이 흐렸다가도 개이기 시작하면 구름이 산 위로 올라가듯이 높아진다. 그러다 어느 순간 하늘로 날아올라 흩어진다. 한여름의 산중에서는 이런 광경을 자주 볼 수 있다. 특히 장마철 같으면 구름은 거의 매일 산을 오르락내리락한다. 구름은 스스로 움직일 수 있는 게 아니어서 바람에 올라타야 한다. 그래서 양떼를 몰듯이 바람의 기류가 이리저리 구름을 몰고 다니는 듯하고, 가끔은 산 너머로 구름을 몰아 사라지기도 한다. 이런 광경이 산에 사는 사람의 부귀다. 이것을 자신의 살림살이로 삼지 못하면 산에서 살아갈 수 없다. 달은 흐르는 물을 따라 다리를 지나온다고 했다. 물이 있으면 달이 물에 비친다. 물을 따라 걸으면 달도 자기를 따라오는 것 같다. 어렸을 때 밤길을 걸으면서 달을 쳐다보면 달이 나를 따라오는 것 같은 생각이 들곤 하였다. 수운 최제우 선생의 말씀을 모아 놓은 『동경대전東經大全』속에는 「영소詠宵」라는 장문의 시가 있는데 그 중에 다음의 구절이 있다.

풍래유적거무적風來有迹去無迹
월전고후매시전月前顧後每是前

바람은 올 때엔 자취가 있더니 가는 자취 없고
달 앞에선 뒤를 돌아보아도 언제나 앞이로다.

이 시가 참 좋다. 바람이 올 때는 누구나 그 조짐을 알고 느낄 수 있다. 그렇지만 언제 멈춘다는 기약은 없는 것이라서 사방이 고요하면 바람이 잦아졌다고 여긴다. 그리고 달을 보면서 싫다 하여 고개를 돌린다 해도 여전히 달은 앞에 있다. 사소한 것은 득실이 있고 상황의 변화가 있지만 큰 작용은 거래상이 없다. 마치 전혀 힘을 쓰지 않는 것처럼 느껴진다. 서두의 게송에서 달이 흐르는 물을 따라 다리를 지나온다는 것은 물에 비친 달을 보며 걷고 있는 입장에서 표현한 것이다. 만물의 작용에 일체의 인위적인 조작 없이 바라보고 감흥하는 시상이 참으로 좋다.

부처님은 이 「원후경」에서 원숭이의 습성을 비유로 하여 마음의 집착을 설명하신다. 경문을 보자.

"큰 설산 속, 차가운 얼음이 있는 험준한 곳에는 원숭이조차 없는데 어떻게 사람이 있겠는가? 혹 어떤 산에는 원숭이는 살지만 사람은 없고, 혹 어떤 산에는 짐승과 사람이 함께 산다. 그런 산에다 사냥꾼은 원숭이들이 다니는 곳에 밀떡 아교를 풀에 발라둔다. 그러면 영리한 원숭이는 그것을 멀리 피해가지만, 어리석은 원숭이는 그것을 멀리 피하지 않고 손으로 건드리다가 그만 손이 붙어버리고, 다시 두 손으로 그것을 떼려 하다가 곧 두 손이 다 붙어버리며, 발로 떼려 하다가 다시 발이 붙어버리고, 입으로 풀을 물어뜯다가 곧 입도 붙어버린다. 그렇게 다섯 부위가 함께 붙어 땅에 쓰러져 누워 있으면 사냥꾼이 와서 막대기로 꿰어 짊어지고 갔다."

이런 사냥법이 고대 인도에 있었던가 보다. 이는 미끼를 놓아 스스로 걸려들게 하는 방법이다. 미끼는 유혹과 같아서 걸려들면 안 된다는 것을 알면서도 마침내 걸려들고 만다. 한편 생각해보면 미끼는 남이 생각하는 나의 약점이기도 하다. 그리고 가끔은 내가 생각하는 나의 장점과 특기가 오히려 구속이 되기도 하고 그로 인해 함정에 빠져들기도 한다. 약점은 경계하기 쉽지만 강점이 도리어 나를 위험에 빠트릴 수 있다. 이것은 정말로 알아차리기가 어렵다. 예를 들어 "여우는 많은 꾀를 알고 있지만 고슴도치는 큰 것 하나를 알고 있다"라는 이야기가 있다. 여우는 다양하고 기상천외한 방법으로 사냥꾼을 속이지만 마침내 붙잡히곤 한다. 하지만 고슴도치는 오로지 한 가지 방법만으로 사냥개의 날카로운 이빨을 피한다. 몸을 둘둘 말아 가시 바늘을 세우면 누가 고슴도치를 잡을 수 있겠는가.

바다에 사는 섬게도 영리함이 남다르다. 바다가 거칠어질 것을 예감한 섬게는 돌을 모아 자신을 돌 아래에 두어 돌의 무게를 이용하여 물에 밀려가는 것을 막는다. 섬게의 가시는 아무리 굴러도 닳아 없어지지 않는다. 뱃사람들은 섬게가 이런 행동을 하는 것을 보면 우선 닻을 내려 배를 단단히 고정한다고 한다. 왜냐하면 곧 폭풍우가 불어 닥칠 것이니까. 한편 여우의 영리함에 대한 이야기가 우화집에는 많이 나온다.

한 번은 표범이 여우의 가죽을 깔보며 제 가죽을 추켜세워 화려한 문양과 윤기 흐르는 털을 자랑하였다. 여우는 대답하여 말하기를, 표범의 아리따운 장식은 겉가죽에 있지만 자신의 그것은 마음속에 새겨져 있다고 했다. 반대로 여우가 당한 이야기도 그에 못지않게 많다. 여우가 고양이에게 말하길, 자신은 사람들이 꾀주머니라고 부를 만큼 많은 꾀를 가지고 있다고 자랑했다. 그러자 고양이는 말하길, 자신은 위험에 대처하는 단 하나의 재주밖에 없다고 대답했다. 이렇게 이야기를 나누고 있는 사이 사냥개들이 들이닥치는 소리가 났다. 고양이는 즉시 높은 나무로 뛰어 올라갔다. 그 사이 여우는 사냥개들에게 포위되어 잡히고 말았다. 어떤 일을 성취하는 데 그렇게 많은 꾀가 필요한 것만은 아니다. 단 한 가지라도 효과적인 방책이면 충분하다.

위의 경문에 나오는 원숭이는 호기심이 많기도 하지만 성급하여 일을 더 그르치고 마는 경우의 예다. 일은 해결의 실마리를 궁구하는 것이 중요하다. 과일도 잘 익으면 맛이 있듯이 시간을 잘 익히면 일이 저절로 풀어지기도 한다. 내가 좋아하는 말 중에 하나로 '시숙時熟'이라는 것이 있다. 시간을 잘 익힌다, 숙성한다는 뜻이다. 시간을 잘 숙성하는 사람은 삶이 지루하지도 않고 무료하지도 않다. 그렇다고 서두르지도 않는다. 시간을 잘 활용하여 완급을 조절할 수만 있다면 주인으로서의 삶을 살아갈 수 있다. 하지만 무엇인가 외부의 사물이 마음을 자극하면 집착과 욕망이 일기 시작한다. 이 순간부터 우리는 자유를 잃어버린다. 경문을 보자.

"어리석은 그 원숭이는 자기의 경계와 부모가 사는 영역을 버리고 다른 경계에서 놀다가 그런 고통을 당한 것이다. 그와 같이 비구들아, 어리석은 범부는 촌락을 의지해 살면서, 이른 아침에 가사를 입고 발우를 가지고 마을에 들어가 걸식할 때, 그 몸을 잘 단속하지 않고 감관을 지키지 않아서 눈으로 빛깔을 보고는 곧 집착을 일으키고 귀는 소리에, 코는 냄새에, 혀는 맛에. 몸은 감촉에 모두 집착하나니, 어리석은 비구는 안의 감관과 바깥의 다섯 대상에 묶여 악마의 욕망대로 따르게 된다. 그러므로 비구들아, 마땅히 이렇게 배워 자신이 다닐 곳, 부모의 경계에 의지해 살고 다른 영역, 다른 경계는 다니지 말아야 한다. 비구들아, 어떤 것이 자신이 다닐 곳, 부모의 경계인가? 이른바 사념처이니, 몸을 몸 그대로 관찰하는 생각에 머물고, 느낌·마음도 마찬가지며, 법을 법 그대로 관찰하는 생각에 머무는 것이니라."

부처님께서는 원숭이가 공경에 처한 이유는 자신을 보호해 줄 무리에서 벗어나 홀로 노닐다가 함정에 빠져들었음을 비유로 들면서, 비구들이 마을에 들어가 걸식을 할 때 감관을 잘 단속하지 않으면 원숭이와 같은 위험에 빠지게 된다고 설하신다. 그 이유는 '눈으로 빛깔을 보고는 곧 집착을 일으키고, 귀는 소리에, 코는 냄새에, 혀는 맛에. 몸은 감촉에 모두 집착하여' 고통을 받는 일이 일어나기 때문이다. 따라서 어리석은 비구는 안의 감관과 바깥의 다섯 대상에 묶여 악마의 꾐에 따르게 된다. 그렇기 때문에 부처님은 '마땅히 이렇게 배워 자신이 다닐 곳, 부모의 경계에 의지해 살고 다른 영역, 다른 경계는 다니지 말아야 한다'라고 설하신다. 그 경계가 무엇인가. 바로 사념처 법이다. 지금까지 초기불교의 여러 교설이 나왔는데, 사념처에 대한 교설은 처음 나왔기 때문에 이에 대한 설명을 하고자 한다.

사념처는 남방의 상좌부불교에서 계승되는 전통적인 명상법으로 흔히 "위빠사나vipassanā"라고 한다. 사념처의 위빠사나는 마음지킴(sati)과 알아차림(sampajañña)이라는 두 가지 내면의 관찰을 말한다. 마음지킴이란 성성하게 깨어 있는 상태를 유지하는 것이고, 알아차림이란 그러한 상태를 지속하면서 내면의 움직임들을 그때그때 명확하게 아는 것이다. 즉 의식을 집중함으로써 실상을 관찰하여 진리에 눈을 떠가는 과정이 사념처 수행법이다. 여기에는 통찰을 의미하는 위빠사나의 측면과 내면의 고요함을 뜻하는 사마타samatha의 측면이 함께 포함된다. 좀 더 전문적으로 말하면, 사념처 법은 '삼십칠도품三十七道品'의 최초의 수행법이다. 신身·수受·심心·법法의 넷에 대하여 깊이 관찰함으로써 깨닫게 되는 것으로, 다음과 같이 정리할 수 있다.

| 신념처身念處: 몸을 부정한 것으로 아는 법
| 수념처受念處: 감수感受하는 모든 것이 괴로움인 것을 아는 법

| 심념처心念處: 마음이 무상한 것임을 아는 법

| 법념처法念處: 무아인 것을 아는 법

이 수행은 중생들의 마음을 정화하여 번민을 극복하게 하고 고통을 소멸시켜 팔정도의 수행으로 이끌어가며, 마침내 열반에 이르게 하는 '유일한 길'이라는 의미를 담고 있는 네 가지 사티파타나(satipaṭṭhāna, 念處) 수행이다. 사티(sati, 念)는 현재의 순간에 대한 분명한 알아차림, 충분히 깨어 있음, 그리고 주의집중을 뜻한다. 그리고 파타나(paṭṭhāna, 處)는 긴밀하고 확고하며 흔들리지 않는 확립을 뜻한다. 수행의 대상에 대해 밀착해서 끊어짐 없이 확고하게 알아차림을 확립하고 있다는 의미다. 사티파타나는 인간이 습관과 타성, 무감각으로 둔화되어 있는 마음을 훈련하여 주의력과 자각력을 일깨우고, 이 일깨워진 자각력을 통해서 자신의 마음을 바로 보기 위해 실천해야 할 수행법이다.

이 넷은 각 신체조직을 통해 신체를 관찰하며 사는 것과 감각을 통해 감각을 관찰하는 것, 그리고 마음을 통해 마음을 관찰하는 것, 마지막으로 법(dhamma)을 통해 법을 관찰하는 것이다. 치열하게 관찰하고 정확하면서도 빈틈없고 면밀하게 각 대상에 주의를 집중하여 관찰한다. 이런 까닭에 이 수행은 탐욕과 모든 번뇌를 제거한다. 번뇌의 제거에는 순간적인(momentary) 제거, 일시적인(temporal) 제거, 완전한(total) 제거가 있다. 순간적인 제거는 초보적인 단계에서 이뤄진다. 마음의 집중과 산란이 되풀이되면서 집중이 이루어지는 순간의 번뇌의 사라짐을 말한다. 순간적인 제거의 다음 단계는 일시적인 제거가 이뤄지는 경우다. 마음의 집중 상태가 오래 지속되고 깊어지면 어느 때는 한동안 번뇌가 일어나지 않기도 하는데, 이런 경우는 설사 명상을 하지 않더라도 체험할 수 있다. 만약 주의집중과 관찰을 등한시하면 번뇌는 다시 일어난다. 완전한 번뇌의 소멸이 이뤄진 것은 아니기 때문이다. 완전한 제거의 단계가 열반의 단계다. 열반에 이르면 번뇌는 완전히 제거되고 다시 일어나지 않는다.

깨어 있다는 것, 알아차린다는 것은 일상에서 마음을 다스리고 균형을 유지하는 중요한 법이다. 우리는 몸과 마음의 두 가지로 자극을 받고 반응을 한다. 흔히 마음을 잘 다스리면 모든 것이 해결될 것으로 생각하지만, 불교적인 수행의 관점에서는 몸 자체에 대한 관찰을 대단히 중요한 것으로 생각한다. 왜냐하면 우리의 정신적인 영역에도 습관이 작용하지만, 신체에도 각자의 업으로 형성된 특질이 있기 때문에 생각만으로는 제어되기 어려운 깊은 타성이 있다. 병원에 가면 신경계통이나 암 같은 종류의 병일수록 가족력을 물어본다고 한다. 그리고 평소의 식생활을 조사해보면 이 정도만으로도 환자의 대략적인 질병의 정도가 드러난다. 어떻게 생각하면 마음은 다스리기 쉬워도 몸을 바꾸기는 정말로 어렵다. 스님들이 출가하여 겪는 어려움 중의 하나가 몸을 조복 받는 것이다. 세속의 몸에서 수행의 몸으로 바꿔야 하기 때문이다. 겪어보지 않은 사람은 알지 못한다.

 우리는 필요 이상으로 자신의 감정을 과장하기도 한다. 별로 기분 나쁜 상태가 아니면서도 심각한 척하기도 하고, 별것도 아닌 것을 큰 문제라도 되는 것처럼 과장하기도 한다. 나는 일찍 출가했기 때문에 직장인들의 생활을 잘 알지 못하는데, 복지재단에서 지내면서 직장인들을 자세히 살펴볼 수 있었다. 재단의 직원들뿐만 아니라 조계사 근처의 직장인들을 보면서 많은 생각을 하게 된다. 이곳이 도심 한복판이기도 하고 인사동이 있어서 직장인이나 내국인도 많고 외국인들도 많다. 그들을 위한 식당과 찻집, 고급 식당부터 테이크아웃을 전문으로 하는 곳까지 수많은 행태의 먹고 마시는 점포들이 성황을 이룬다. 그런 곳을 지날 때마다 '인간의 삶이란 게 결국 먹고 마시고 놀고 자극적인 것을 찾는 이 정도에 그치고 마는 것일까' 하는 생각이 들곤 한다. 정말 그렇다면 우리의 존재 의의와 가치는 어디에서 찾아야 하는 것일까? 『아함경』을 해설하면서 초기불교의 교설들이 오늘날에도 얼마나 유용하며 인간사회의 많은 문제들을 얼마나 많이 해결할 수 있는 것인지 새삼 탄복하면서 글을 쓰게 된다.

혜근경^①

이와 같이 나는 들었다.

어느 때 부처님께서 사위국 기수급고독원에 계셨다.

그때 세존께서는 모든 비구들에게 말씀하셨다.

"다섯 가지 능력이 있다. 어떤 것이 그 다섯 가지 능력인가?
이른바 신근·정진근·염근·정근·혜근이니라. 그러나 이 다섯
가지 능력은 모두 다 혜근에 소속되어 있느니라. 비유하면 집
의 여러 목재는 용마루를 제일 우두머리로 삼는 것과 같나니,
나머지는 모두 용마루에 의지해 붙여져서 유지되기 때문이니
라. 이와 같이 다섯 가지 능력은 혜근을 우두머리로 삼나니, 그
것들을 다 포함하고 있기 때문이니라."

부처님께서 이 경을 말씀하시자 모든 비구들은 부처님의 말
씀을 듣고 기뻐하며 받들어 행하였다.

| 잡아함경 제26권, 654

이력경 [1]

이와 같이 나는 들었다.

어느 때 부처님께서 사위국 기수급고독원에 계셨다.

그때 세존께서 모든 비구들에게 말씀하셨다.

"두 가지 힘이 있다. 어떤 것이 그 두 가지 힘인가? 이른바 생각하는 힘과 닦는 힘이다. 어떤 것을 생각하는 힘이라고 하는가? 거룩한 제자가 쓸쓸하고 고요한 숲속이나 나무 밑에서 이렇게 사색하는 것을 말한다.

'몸으로 현세에 나쁜 짓을 하면 후세에 나쁜 과보를 받나니, 내가 만일 몸으로 나쁜 짓을 행하면 내 자신도 뉘우치고 남도 또한 뉘우치게 할 것이며, 내 스승도 뉘우치고 우리 대덕 범행자들도 뉘우치게 할 것이다. 그리고 나는 법으로써 나를 꾸짖을 것이니, 〈나쁜 이름이 퍼지고 몸이 무너지고 목숨이 끝난 뒤에는 지옥에 태어날 것이다〉라고 하리라.'

이와 같이 현세에도 후세에도 과보가 있나니, 몸으로 나쁜 행을 끊고 몸으로 착한 행을 닦아야 한다. 이와 같이 몸으로 짓는 나쁜 행과 입과 뜻으로 짓는 나쁜 행도 그와 같다고 말하리니, 이것을 생각하는 힘이라고 하느니라.

어떤 것을 닦는 힘이라고 하는가? 만일 비구가 생각하는 힘을 배우고 거룩한 제자로서 생각하는 힘을 성취하면 그것을 따라 닦는 힘을 얻을 것이요, 닦는 힘을 얻고 나면 닦는 힘을 원만하게 갖추게 될 것이니라."

부처님께서 이 경을 말씀하시자 모든 비구들은 부처님의 말씀을 듣고 기뻐하며 받들어 행하였다.

| 잡아함경 제26권, 661

삼력경

이와 같이 나는 들었다.

어느 때 부처님께서 사위국 기수급고독원에 계셨다.

그때 세존께서 모든 비구들에게 말씀하셨다.

"세 가지 힘이 있다. 어떤 것이 그 세 가지 힘인가? 믿음의
힘·정진의 힘·지혜의 힘을 말한다. 또 세 가지 힘이 있다. 어
떤 것이 그 세 가지 힘인가? 믿음의 힘·생각의 힘·지혜의 힘
을 말한다. 또 세 가지 힘이 있다. 어떤 것이 그 세 가지 힘인
가? 믿음의 힘·선정의 힘·지혜의 힘을 말하느니라."

부처님께서 이 경을 말씀하시자 모든 비구들은 부처님의 말
씀을 듣고 기뻐하며 받들어 행하였다.

| 잡아함경 제26권. 664

대지한한大知閑閑　소지간간小知閒閒
대언염염大言炎炎　소언첨첨小言詹詹

큰 앎은 툭 트여 여유롭고

작은 앎은 사소한 것에 얽매이며 따진다.
큰 말은 힘과 기세가 있으나
잗다란 말은 공연히 수다스럽기만 하다.

이는 『장자莊子』 「제물론齊物論」에 나오는 말이다.

큰 앎을 가진 사람이 한가롭고 여유로울 수 있는 이유는 조급함이 없기 때문이다. 왜 조급함이 없을까? 알면 그렇게 된다. 안다는 것은 수행의 깨달음 측면에서 봐도 그렇고, 이성적인 사고의 능력 면에서 봐도 탁월한 능력이다. 그리스를 시원으로 하는 서양철학과 서양사상의 핵심은 '안다는 것'에 대한 논제다. 불교의 앎은 통찰의 차원까지 올라가기 때문에 그 깊이를 말로 설명하기가 어렵다. 그렇지만 깨달음도 결국은 앎이라는 보편적인 인식의 확장이라고 말할 수 있다. 그런데 작은 앎은 사소한 것에 국집하여 따지기를 좋아한다. 대화는 모르는 것을 알아가는 과정에 있을 때 가치가 있다. 그런데 상대에게 지기 싫어서 우격다짐으로 이기려 드는 경우가 없지 않다. 원문의 '閒'이란 글자는 '간', '한'의 두 가지 음이 있다. 같은 뜻을 가진 글자는 '間' '閇' '閑' 등이 있다. 모두 '빈 틈'이라는 듯이다. 작은 앎은 남의 말 틈새를 엿보아 파고드는 것이니까 좋은 습관은 아니다.

큰 말은 위엄이 있고 기세가 있어서 함부로 거역하지 못한다. 불꽃이 타오르는 광경을 보면 그 기세를 느낄 수 있는데, 말도 마찬가지로 곧고 바르면 기세가 있다는 뜻이다. 하지만 잗다란 말은 수다스럽기만 하다. 의미 없는 말들, 돌아서면 피곤하고 괜한 말을 늘어놓았다는 자괴감에 빠지기도 한다. "싸우기를 좋아하는 개는 절룩거리며 돌아온다"라는 스코틀랜드의 속담이 있다. 작은 틈을 노려 말을 시작하면 결국에는 자신이 상처를 받는다. 이런 함정에 빠지지 않으려면 침묵을 사랑하고 독서를 통해 지적인 소양을 갖추는 것이 좋다.

위의 경문은 세 가지다. 「혜근경」·「이력경」·「삼력경」인데, 무엇이 진정한 힘이 되는지 설하신 것이다. 먼저 「혜근경」부터 알아보도록 하자.

"다섯 가지 능력이 있다. 어떤 것이 그 다섯 가지 능력인가? 이른바 신근·정진근·염근·정근·혜근이니라. 그러나 이 다섯 가지 능력은 모두 다 혜근에 소속되어 있느니라. 비유하면 집의 여러 목재는 용마루를 제일 우두머리로 삼는 것과 같나니, 나머지는 모두 용마루에 의지해 붙여져서 유지되기 때문이니라. 이와 같이 다섯 가지 능력은 혜근을 우두머리로 삼나니, 그것들을 다 포함하고 있기 때문이니라."

신근은 육신의 뿌리, 정진근은 정진력의 뿌리, 염근은 생각의 뿌리, 정근은 고요한 마음의 뿌리, 그리고 혜근은 지혜의 뿌리이다. 이 다섯 가지가 마치 목재로 지은 집의 서까래와 같고, 이 다섯의 서까래가 하나의 용마루를 지탱해준다. 이 용마루가 지혜라고 하는 큰 기둥이다. 즉 이 다섯 가지는 지혜라고 하는 범위에 포함된다. 지혜를 잘 발휘하면 몸의 뿌리, 정진의 뿌리, 생각의 뿌리, 선정의 뿌리, 지혜의 뿌리가 잘 뻗어나가 무럭무럭 자란다. 혜근의 공덕이 이와 같다.

다음은 「이력경」이다. 이 경은 생각하는 것과 닦는 것의 두 가지 힘에 대한 설법이다. 경문을 보자.

"몸으로 현세에 나쁜 짓을 하면 후세에 나쁜 과보를 받나니, 내가 만일 몸으로 나쁜 짓을 행하면 내 자신도 뉘우치고 남도 또한 뉘우치게 할 것이며, 내 스승도 뉘우치고 우리 대덕 범행자들도 뉘우치게 할 것이다. ……(중략)…… 이와 같이 현세에도 후세에도 과보가 있나니, 몸으로 나쁜 행을 끊고 몸으로 착한 행을 닦아야 한다. 이와 같이 몸으로 짓는 나쁜 행과 입과 뜻으로 짓는 나쁜 행도 그와 같다고 말하리니, 이것을 생각하는 힘이라고 하느니라. 어떤 것을 닦는 힘이라고 하는가? 만일 비구가 생각하는 힘을 배우고 거룩한 제자로서 생각하는 힘을 성취하면 그것을 따라 닦는 힘을 얻을 것이요, 닦는 힘을 얻고 나면 닦는 힘을 원만하게 갖추게 될 것이니라."

마음을 고르고 생각의 힘을 기르는 이유는 자신의 행동이 가져올 과보가 있기 때문이다. 인과응보라 하여 불교에서는 자신의 행위에는 반드시 과보를 받는다고 한다. 행위는 구체적으로 몸과 입과 마음이다. 복지재단에서 직원들이나 산하시설 종사자들, 봉사단, 그 외 사찰의 단순한 법회까지 대중 앞에서 강연할 때면 나는 항상 삼업 수행을 강조하여 말한다. 그래서 구호처럼 따라하도록 한다.

몸으로는 좋은 일을 한다(Do Good Deeds).
입으로는 좋은 말을 한다(Say Good Words).
마음으로는 좋은 생각을 한다(Think Good Thoughts).

그리고 하지 말아야 할 세 가지는 불교의 탐진치 삼독에 비유하여 강조한다.

욕심을 멀리하라.
노여움을 멀리하라.
무지를 멀리하라.

욕심을 멀리하라는 것은 탐욕의 마음을 극복하라는 뜻이다. 가정에서나 직장에서나 탐심을 다스리는 것은 중요하다. 다음은 노여움을 멀리하라고 한다. 분노를 다스리지 못하면 불필요한 일에 에너지를 소모하며 상대의 보복을 초래하는 결과를 낳는다. 그리고 마음의 균형을 잃게 되어 잘못된 판단을 함으로써 일을 크게 그르치기도 한다. 그리고 무지를 멀리하여 지적으로 성숙된 삶을 살도록 해야 한다. 어쩌면 세상의 모든 일이 무지에서 비롯된다고 볼 수 있다. 우리가 세상에서 지식을 연마하고 좋은 습관을 들이는 것은 인간의 탁월한 가치를 발휘하기 위함이다. 삼업으로 좋은 삶을 영위하고, 삼독을 멀리하여 괴로움 없는 안락한 하루하루를 살아가야 한다.

생각의 힘으로는 나쁜 과보를 가져오는 것들을 멀리하고 바른 선업을 쌓으면서 힘을 키워야 한다. 그 다음은 생각의 힘을 몸으로 체득하면서 실천에 옮기면 모든 행이 원만해지며, 이것을 닦는 힘이 완성된 것이라고 한다. 따라서 초기교설인 삼업과 삼독의 바른 이해와 실천이 얼마나 중요한 가르침인지 새삼 깨닫게 된다.

다음은 「삼력경」에 대한 가르침이다. 부처님께서는 설법을 하시면서 대중들의 이해를 돕기 위해 명확한 관점을 제시하신다. 성격에 따라 몇 가지로 나눠서 설하시는 것을 볼 수 있는데 이번 경문이 특히 그렇다. 「삼력경」은 세 가지 힘을 비유적으로 설하신 경이다. 그 세 가지는 무엇인가. 다음의 경문을 보자.

"세 가지 힘이 있다. 어떤 것이 그 세 가지 힘인가? 믿음의 힘·정진의 힘·지혜의 힘을 말한다. 또 세 가지 힘이 있다. 어떤 것이 그 세 가지 힘인가? 믿음의 힘·생각의 힘·지혜의 힘을 말한다. 또 세 가지 힘이 있다. 어떤 것이 그 세 가지 힘인가? 믿음의 힘·선정의 힘·지혜의 힘을 말하느니라."

삼력은 다음과 같이 묶을 수 있다.

| 믿음-정진-지혜
| 믿음-생각-지혜
| 믿음-선정-지혜

삼력에서 믿음과 지혜는 공통적으로 포함되고 있다. 그 가운데 정진/생각/지혜가 각각 들어가 삼력을 이뤘다. 믿음은 종교에서 가장 근본이면서 절대적인 덕목이다. 종교의 시작이자 끝이라고 할 수 있다. 그런데 불교에서는 바른 믿음 못지않게 지혜를 중요한 덕목으로 본다. 믿음과 수행의 지향하는 바가 바로 깨달음이다. 깨달으면 깨닫기 전과는 전혀 다른 안목으로 세상을 보게 된다. 그래서 믿음과 지혜에는 정진이 있어야 하고, 바른 생각의 힘이 있어야 하고, 선정이라는 부동의 힘이 있어야 한다. 정진은 게으르고 나태한 마음을 이겨내는 힘이다. 게으른 사람은 세상에서도 성공하기 어려운데 하물며 수행자로서의 길을 갈 수 있겠는가. 생각의 힘은 선업에 대한 굳건한 생각이라

고 앞에서 설명하였다. 마지막으로 선정은 부동의 상태라고 할 수 있다. 미혹될 바가 없기 때문에 마음은 항상 평화롭고 즐거운 상태에 머물게 된다. 이상이 여러 가지 힘으로 비유한 경문의 내용이었다.

유모경

이와 같이 나는 들었다.

　어느 때 부처님께서 사위국 기수급고독원에 계셨다.

　그때 세존께서 모든 비구들에게 말씀하셨다.

　"부모가 아이를 낳아 유모에게 맡기면 수시로 어루만지고 목욕시키며, 수시로 젖먹이고, 수시로 동정을 보살핀다. 만일 유모가 삼가고 조심하지 못해서 아이가 혹 풀이나 흙 같은 온갖 더러운 물건을 입에 넣을 경우 유모가 곧 뱉게 하면 즉시 잘 뱉어내겠지만, 만일 아이가 제 스스로 뱉지 않을 경우 유모는 왼손으로 아이의 머리를 잡고 오른손가락으로 그 아이의 목에 걸린 것을 꺼낸다. 어린아이가 그때는 괴로워하더라도 유모가 기어이 그 걸린 것을 꺼내는 것은 그 자식으로 하여금 오랫동안 편안하도록 하기 위해서이니라."

　부처님께서 모든 비구들에게 말씀하셨다.

"만일 어린아이가 자라나서 지각이 생기게 되면, 그때도 또 풀이나 흙의 더러운 물건을 입에 넣겠느냐?"

비구가 부처님께 아뢰었다.

"아닙니다. 세존이시여, 어린아이가 자라나서 지각이 생기게 되면 오히려 발로도 더러운 물건을 밟지 않겠거늘, 하물며 입에 넣겠습니까?"

부처님께서 비구들에게 말씀하셨다.

"어린아이가 어릴 때에는 때를 따라 밥을 먹이고 동정을 보살피지만, 아이가 자라나서 지혜가 생기면 유모는 그냥 내버려 두고서 동정을 보살피지 않는다. 그것은 아이가 자라나서 멋대로 함부로 놀지 않기 때문이다. 이와 같이 비구들아, 만일 성문들이 막 배우기 시작해 지혜를 아직 성취하지 못했을 경우엔 여래는 법으로써 새로 가르치고 동정을 보살피지만, 만일 학문에 들어가 지혜가 깊어지고 견고해지면 여래는 그냥 내버려둔 채 수시로 간곡하게 가르치지는 않는다. 그것은 지혜를 성취하여 함부로 놀지 않기 때문이다.

그러므로 성문은 다섯 가지 배움의 힘을, 여래는 열 가지 지혜의 힘을 성취하느니라. …… 이 사이의 자세한 내용은 앞 경에서 설한 것과 같다."

부처님께서 이 경을 말씀하시자 모든 비구들은 부처님의 말씀을 듣고 기뻐하며 받들어 행하였다.

| 잡아함경 제26권, 685

294

구일신苟日新   일일신日日新   우일신又日新

진실로 하루가 새로워져야 나날이 새로워지고 또 하루가 새
로워진다.

이 말의 출처는 은나라 탕왕의 반명盤銘이다. 절에서도 어른
스님들 처소에는 세숫대야에 물을 담아 처마 아래에 놓아둔다.
그러면 출입할 때 손을 씻기가 좋고 이른 아침이라면 간단히 얼
굴에 물을 적시기도 한다. 탕왕 때는 다리가 달린 대형 솥이었
겠지만, 이 바닥에 글을 새겨 놓아 고개를 숙이고 얼굴을 닦을
때마다 그 글을 반추함으로써 바른 정치를 펼 수 있도록 하였
다. 삶은 어제도 아니고 내일도 아니고 지금 당장의 이 순간에
있다. 티벳의 속담처럼 '내일이 먼저 올지 죽음이 먼저 올지 알
수 없는 일'이어서 오늘을 살아가는 마음이 중요하다. 오늘 하
루가 진실했다면 내일도 탄력을 받아 진실해질 수 있고, 모레도
그렇고, 매일 매일이 새로운 날이 되지 않겠는가. 선종에서는 이
와 비슷한 법문으로 "향상일로向上一路"라는 말이 있다. 위로 향
하는 한 길이다. 위로 한 길 다시 솟아나기가 어렵다. 사람으로
애기하면 자기 극복의 한 길이다. 이 길이 얼마나 어려운지 여
러 법문들이 있는데, 한 가지만 소개해보자.

반산盤山은 상당하여 말했다.

"향상일로向上一路는 천성부전千聖不傳이다."

반산보적 선사는 향상일로의 어려움을 '천 분의 성인이라도 전하지 못하는 것'이라고 하였다. 자기 향상을 위해 노력하면 매일이 새로울 것이다. 이런 삶은 신선하고 탄력이 있다. 향상일로의 반대는 하향일로에 있는 사람이다. 퇴보하고 갈수록 더 못해지는 사람이 없지 않다. 왜 그럴까? 자기개발의 노력을 하지 않는 사람, 탐구열이 없는 사람은 발전이 없다. 일을 시켜보면 창의적으로 하는 사람도 있고, 과거에 해오던 방식을 벗어나지 못하는 사람이 있다. 그리고 가장 안 좋은 것은 아무런 고민 없이 시키는 것만 하는 경우다. 그런데 그 중에는 당장의 일의 숙련도는 낮을지라도 열정이 남다른 사람이 있다. 직장에서 제일 고마운 사람이 이런 사람이다. 그러면서 정직하면 믿고 맡길 수 있으니 금상첨화다.

이 「유모경」은 이해하기 쉬운 비유를 들어 설해졌다. 경 제목에서도 드러나지만 유모가 아이를 돌보며 키우는 경우를 수행과 비교하여 말씀하셨다. 이 경의 내용으로 유추해보면, 부처님 당시에도 부유한 가정에서는 유모를 두어 보육하였음을 알 수 있다. 이 경은 세 가지로 요약할 수 있다. 유모에 의해 안전하게 길러지는 상태, 훈육이 되면 좋은 습관이 배어 위험한 행동을 하지 않는 단계, 그리고 수행이 원숙해지면 스스로의 힘으로 깨달음에 오를 수 있다는 결론의 말씀이다. 경문을 보자.

"부모가 아이를 낳아 유모에게 맡기면 수시로 어루만지고 목욕시키며, 수시로 젖먹이고, 수시로 동정을 보살핀다. 만일 유모가 삼가고 조심하지 못해서 아이가 혹 풀이나 흙 같은 온갖 더러운 물건을 입에 넣을 경우 유모가 곧 뱉게 하면 즉시 잘 뱉어내겠지만, 만일 아이가 제 스스로 뱉지 않을 경우 유모는 왼손으로 아이의 머리를 잡고 오른손가락으로 그 아이의 목에 걸린 것을 꺼낸다. 어린아이가 그때는 괴로워하더라도 유모가 기어이 그 걸린 것을 꺼내는 것은 그 자식으로 하여금 오랫동안 편안하도록 하기 위해서이니라."

아이를 키워보면 위험한 경우가 적지 않을 것이다. 조계종사회복지재단만 해도 (2016년 7월 현재) 전국에 50여 곳이 넘는 어린이집과 유치원이 있다. 그런데 심심찮게 문제들이 일어나곤 해서 항상 신경이 쓰인다. 특히 민원의 발생은 보육교사나 시설에 대한 것이 대부분이다. 가끔 시설 방문을 해보면 생후 몇 개월 밖에 지나지 않은 갓난아이 수준의 영아들부터 유치원생까지 돌보는 일이 만만치 않아 보였다. 점심 후에는 아이들의 낮잠 시간이어서 조명을 어둡게 하고 조그만 이불에 아이들이 나란히 누워서 자고 있는 모습들이 귀여워 보이기도 하지만, 어두운 한쪽에서 다음 시간을 준비하고 있는 선생님들을 보면 안쓰

럽기도 했다. 그래서 시설 방문 시는 가능하면 손도 잡아주고 격려를 아끼지 않으려고 한다. 아이를 키우는 모습을 자세히 설명하시는 모습이 이채롭게 느껴진다. 이제 보육의 다음 단계에 대한 말씀이다.

부처님께서 모든 비구들에게 말씀하셨다.
"만일 어린아이가 자라나서 지각이 생기게 되면, 그때도 또 풀이나 흙의 더러운 물건을 입에 넣겠느냐?"
비구가 부처님께 아뢰었다.
"아닙니다. 세존이시여, 어린아이가 자라나서 지각이 생기게 되면 오히려 발로도 더러운 물건을 밟지 않겠거늘, 하물며 입에 넣겠습니까?"

부모와 유모로부터 잘 길러진 아이의 경우는 사물을 잘 분간하여 위험한 일이나 깨끗하지 않는 것을 어렵지 않게 경계할 수 있다. 사물을 인식하고 지각하는 능력도 성장의 단계에 따라 달라진다. 더럽거나 위험한 것을 피하는 것은 제2의 본능으로 학습되기 때문에 이런 능력은 퇴보하지는 않는다. 더욱 잘 구분하고 나아가 예방하고 추론하는 능력까지 갖추게 된다. 다시 부처님은 수행과 연관하여 어떻게 단계를 주어 제자들을 가르치는지 설하신다. 경문을 보자.

"어린아이가 어릴 때에는 때를 따라 밥을 먹이고 동정을 보살피지만, 아이가 자라나서 지혜가 생기면 유모는 그냥 내버려두고서 동정을 보살피지 않는다. 그것은 아이가 자라나서 멋대로 함부로 놀지 않기 때문이다. 이와 같이 비구들아, 만일 성문들이 막 배우기 시작해 지혜를 아직 성취하지 못했을 경우엔 여래는 법으로써 새로 가르치고 동정을 보살피지만, 만일 학문에 들어가 지혜가 깊어지고 견고해지면 여래는 그냥 내버려둔 채 수시로 간곡하게 가르치지는 않는다. 그것은 지혜를 성취하여 함부로 놀지 않기 때문이다.

그러므로 성문은 다섯 가지 배움의 힘을, 여래는 열 가지 지혜의 힘을 성취하느니라."

우리가 경전을 볼 때 어려울 것이라는 선입견을 가지고 대하기 때문에 대충 보는 경향이 있다. 하지만 위의 경문처럼 차근차근 읽어보면 어렵지 않게 이해할 수 있고 부처님 당시의 사회 상황도 살펴볼 수 있다. 아이가 태어나 유모에 의해 보살핌을 받다가, 점점 자라면서 지각의 힘이 생기면서 혼자의 힘으로 위험을 피하고 필요한 것을 스스로 해결하게 된다. 그리고 정도의 차이는 있지만 학습의 욕구가 생기면서 더 많은 것을 알기 위해 노력한다. 또 뛰어난 아이는 그만하라고 해도 책을 손에서 놓지 않거나 탐구의 열의를 보이기도 한다. 부처님의 제자들도 마찬가지다. 지혜가 성숙되지 않았을 때는 부처님의 가르침을 받지만 수행력이 깊어지고 지혜가 견고해지면 더 이상 부처님의 자세한 가르침은 받지 않아도 된다. 왜냐하면 부처님은 수행자가 잘못된 길로 들어가지 않는다는 것을 아시기 때문이다. 세속의 학문도 그렇고 출세간의 수행도 그렇다. 공부인 스스로가 자신을 다스릴 줄 안다면 결코 방일하지 않고 본분사에 전념하지 않겠는가.

지금까지 「유모경」을 보면 아이의 성장 과정에 따라 지적인 능력의 커지면서 스스로 일을 판단하여 살아갈 수 있듯이 수행자도 처음에는 부처님의 가르침을 받지만 점점 수행이 깊어지면 믿고 맡기게 되는 과정이 설해졌다. 위에서 살펴보는 바로는 부처님께서는 학문의 성취를 절대 간과하지 않으시고 오히려 견고한 학문의 힘이 지각능력을 깊게 한다고 설하신다. 학문은 이지적인 것이라서 수행에는 때로 방해가 되기도 하지만 보편적인 인간 소양의 함양이라는 측면에서는 권장될 수밖에 없다. 그렇다면 학문과 수행, 학문과 도에는 어떤 차이가 있는 것인지 생각해 보자.

위학자일익爲學者日益　문도자일손聞道者日損

학문을 하는 자는 날마다 더하고, 도를 들은 사람은 날마다 덜어낸다.

이것은 노자 『도덕경』 제48장에 나오는 말이다. 학문은 탐구하면 할수록 지식이 쌓인다. 증장하고 증익한다. 기존의 지식은 더욱 심화되고 새로운 지식은 폭넓게 수용된다. 절차탁마의 과정을 거치며 앎은 더욱 정교해지고 생각의 힘은 견고해진다. 따라서 이성에 기반한 합리적인 삶의 방식은 불합리한 조건들을 극복하고 법칙에 따른 삶이 가능해진다. 이것이 이성적이며 합리적인 서양사상의 원리라면 동양적인 사유 방식은 이성적인 추론의 한계를 벗어난 초월적인 세계를 열어 보인다. 이를 극명하게 보여주는 것이 앞에 나온 『도덕경』의 내용이다. 학문은 나날이 증장되지만 도는 날마다 덜어낸다는 것이다. '익'과 '손'이 학문과 도가 갈라지는 지점이다. 더한다는 것은 알기 쉬운데 덜어낸다는 것은 무엇을 뜻할까? 더한다는 것은 바로 '유위'의 세계다. 의도하는 바가 있는 것, 인위적이고 작위적인 것이다. 이와 반대의 세계는 '무위'의 세계다. 의도하지 않고 인위적이지 않으며 작위하지 않는다. 자연 그대로의 본성을 지각하고 따른다. 불교적으로는 '무아'적인 것이다. 나라고 주장할 만한 것이 없다. 물질의 근원인 색과 공의 조화를 모색할 뿐 나를 본위로 하는 이기심이 작동하지 않는다.

대 역경가인 구마라집鳩摩羅什은 이에 대하여 "덜어내는 것은 우선 거친 것을 버리지 않음이 없다는 것이니 그 버림은 악을 잊는 데까지 이른다. 그 후에는 미세한 것을 물리치지 않음이 없다는 것이니 그 물리침은 선을 잊는 데까지 이른다. 악은 그른 것이고, 선은 옳은 것이다. 이미 그른 것을 버렸고, 또 옳은 것까지 버려서 덜어내고 또 덜어낸다고 한다. 시비를 모두 잊고 정욕이 이미 단절되었으니 덕과 도가 합해져 무위에 이른다"라고 하였다. 또 명나라의 4대 고승 중 한 분으로 추앙 받는 감산 덕청 스님은 "처음에는 지혜로써 감정을 제거하니 덜어낸다고 할 수 있다. 감정을 잊으면 지혜도 사라진다. 그러므로 또 덜어내는 것이다. 이렇게 하면 마음(주관)과 대상(객관)을 모두 잊게 되고 사욕이 사라진다"라고 하셨다.

번뇌는 거칠다. 번뇌는 모든 악의 추동력이 되기 때문에 경과 논에서는 거칠다고 표현한다. 악이라는 거친 생각이 소멸되고 나면 다음은 선이라는 미세한 영역으로 들어간다. 흔히 선은 증장하고 악은 멀리 한다지만 이 또한 선악의 굴레를 벗어나지 못한 상태다. 진정한 자유는 악과 선을 함께 초극함으로써 얻어진다. 이런 경지는 가늠하기가 쉽지 않다. 물을 마신 사람은 갈증을 느끼지 않으며 배가 부른 사람은 자신이 배가 부른지 묻지 않는다. 선악을 초월한 사람은 선악의 긴장관계에 상관하지 않는다. 감산 스님의 말씀처럼 주관과 객관을 함께 잊게 되는 경지라서 더 이상 사욕이 존재하지 않는다. 그는 이미 무위의 세계에 노닐기 때문이다.

그렇지만 현실 세계를 살아가는 입장에서는 학문을 통한 지식의 증장이 절대적으로 요구된다. 종교와 교육이 공통적으로 추구하는 이념은 계몽이다. 계몽이란 말은 원래 '빛이 들게 하는 것'이란 뜻이다. 계몽사상을 영어로는 enlightenment, 독일어로는 aufklärung, 불어로는 lumières라고 쓴다. 이는 '밝게 만듦'이나 '빛'을 의미하는 낱말들이다. 즉 미몽을 깨어나게 하는 것, 지혜의 눈을 뜨게 하는 것을 말한다. 당시 사람들이 이런 표현을 쓴 것은 인간의 합리적으로 생각하는 힘인 '이성의 빛'이 무지몽매함과 미신, 종교적 광신, 불합리한 관습이나 전통 같은 어두움으로부터 사람들을 깨어나게 할 수 있다고 믿었기 때문이다. 그 빛이 지식과 인간의 지혜를 완성할 수 있다는 것이다. 칸트의 말을 빌리자면 계몽이라는 빛은 '편견이나 다른 사람의 지도에 의한 왜곡 없이 자신의 이성을 사용함으로써 자신이 만든 미성숙으로부터 벗어나게 만드는 것'이었다. 그리고 이 말은 인간을 무지라는 암흑으로부터 이끌어 내어 지식이라는 광명에로 옮겨 놓는 것을 의미하게 되었다.

따라서 '계몽주의'란 어리석고 몽매한 상태에서 살아가고 있는 인간들을 이성에 그 토대를 둔 지식으로 일깨워주려는 데 그 목표를 둔 근대 사조다. 넓은 의미로 볼 때 계몽사상의 근원은 고대의 그리스에까지 소급된다. 그리스인들은 참된 지식과 지혜를 추구하는 것을 그들의 가장 큰 이상으로 삼고 있었기 때문에 철학하는 삶만이 인간다운 삶이라는 생각을 하고 있었다. 계몽이 하나의 정신사조로서 일어난 것을 계몽주의라 한다. 이는 프랑스어로 "Siècle des Lumières", 즉 '빛의 세기'를 뜻하며 17, 18세기에 유럽과 신세계를 휩쓴 정치, 사회, 철학, 과학 이론 등에서 광범하게 일어난 사회 진보적, 지적 사상운동으로, 현재의 자본주의의 근간이 되었다.

동양의 학문에 대한 관점은 『논어』를 들지 않을 수 없다. 동아시아 정신세계에 영향을 미친 인물과 전적 중에 공자와 『논어』를 제한다면 생활윤리에 대한 나침판을 잃어버리는 것과 같다. 그만큼 『논어』가 촉발하는 인간사회사상, 개인의 도덕윤리는 2,500년 동안 동아시아 전체에 깊게 스며들어 우리에게 지대한 영향을 미쳤다.

무슨 책이건 문장이건 첫 글의 두세 줄이 전체의 분위기를 좌우하기 때문에 유념해서 쓸 필요가 있다. 그리고 마지막의 두세 줄도 마찬가지로 큰 비중을 갖는다. 좋은 책과 문장은 들어가는 첫 머리글이 대단히 감각적이어서 독자를 붙들어 놓을 수 있고, 계속 읽게 만드는 힘이 있다. 예를 들어 『대학大學』의 첫머리는 "대학지도大學之道는 재명명덕在明明德하며 재친(신)민在親民하며 재지어지선在止於至善이니라"라고 한다. 이는 '대학의 도는 명덕을 밝히는 데 있으며, 백성을 새롭게 하는 데 있으며, 지극히 선한 데 머물게 하는 데 있다'는 뜻이다. 이 한마디가 얼마나 명쾌한가. 동국대에서 봄 학기 '간화선실습' 수업의 교재로 허운 대사의 『참선요지參禪要旨』를 공부하기도 했는데, 이 책에서도 첫머리가 "참선적목적參禪的目的 재명심견성在明心見性"이라는 내용으로 시작한다. 참선의 목적은 마음을 밝혀 성품을 보는 데 있다는 뜻이다. 이 말도 너무나 시원하고 분명한 말씀이다. 또 보조국사께서 수선결사를 주창하시면서 『정혜결사문』을 선포하시는데, 그 첫머리가 "인지이도因地而倒 인지이기因地而起"라 하여 '땅에서 넘어진 자 땅을 짚고 일어나야 한다'라는 선언이었다. 이런 감각이 글 자체로도 참 좋은 것이다.

다시 『논어』로 돌아가서 말씀드리면, 첫머리에 얹힌 이 말씀이 동아시아 정서 일반을 대별하는 거룩한 것이다. 나는 『논어』의 시작하는 이 글이 그렇게 좋을 수가 없다.

학이시습지學而時習之　불역열호不亦說乎
유붕자원방래有朋自遠方來　불역락호不亦樂乎
인부지이불온人不知而不慍　불역군자호不亦君子乎

배우고 때때로 익히면 즐겁지 아니한가.
벗이 있어 먼 곳으로부터 찾아오면 또한 즐겁지 아니한가.
사람이 알아주지 않아도 노여워하지 않는다면 또한 군자가
아니겠는가.

학문에는 시時와 습習이 중요하다. 이 말이 대단히 함축적이어서 수많은 해설서들이 나름의 설명을 하는데, 내가 본 해설서 중에서 가장 와 닿았던 것은 일본의 에도막부 시대 일본 유학의 혁신자였던 오규 소라이(1666~1728)가 주석을 편 『논어징論語徵』에서였다. 그는 '시時'를 『예기禮記』의 계절별 수학 방식에 따라 봄-가을에는 예-악을, 겨울-여름에는 시-서를 공부한 것을 뜻한다고 하였다. 그 전까지는 '시時'가 뜻하는 바가 있을 것 같은 느낌이 항상 남아 있었다. 공부의 시기를 얘기하는지, 아니면 매 순간순간 열심히 하라는 뜻인지 의문이 가시지 않았었다. 그런데 오규 소라이의 주석을 보고서 의문이 풀렸다. 문장이 뜻하는 바를 알기가 이처럼 어렵다. '익힌다'는 것은 반복하고 몸으로 체득하라는 의미다. 그리고 둘째 단락은 사람에 대한 것이다. 여기서 벗은 공부를 위해 찾아오는 사람일 수도 있지만, 나는 순수하게 사람 자체를 말한다고 본다. 인간세의 즐거움은 결국 사람 속에 있지 않겠는가? 그러니 사람을 만나는 즐거움, 더군다나 멀리에서 일부러 나를 찾아오는 사람이 어찌 반갑지 않을까! 마지막은 반대로 사람에 대한 섭섭함이다. 인간세의 큰 문제가 나를 내세우는 것, 나를 알아주는 것이다. 인간은 유난히 이런 문제에 집착한다. 따라서 나를 인정해주지 않으면 원망을 하고 섭섭해 한다. 때로는 분노가 치밀기도 한다. 그렇지만 마음을 잘 다스리는 군자는 스스로의 명분에 충실하면 그만이지 남으로부터 얻은 평판에 개의치 않는다.

애기가 나왔으니 서양의 경우를 살펴보도록 하자. 서양에서 읽어야 할 교육에 대한 고전을 꼽는다면 플라톤의 『국가론』과 루소의 『에밀』이 있다. 이 두 책은 모두 인간과 그 사회가 교육에 기원을 두고 있다고 말한다. 플라톤은 좋은 사회, 이상 국가를 건설하려면 인간의 마음을 그 본래의 성격에 맞게 길러내는 교육이 있어야 한다고 보았다. 그는 고대 그리스의 사상을 종합하여 마음의 본성이 어떤 것인지를 보여주고, 그것을 실현하는 데에 '지식'이 어떤 공헌을 하는지 완벽한 논리와 문체로 제시하고 있다. 그러나 루소의 교육은 정반대의 것처럼 보이기도 한다. 교육을 통한 인위적인 지식의 함양보다는 태어난 본성 그 자체의 완전함에 비중을 둔다. 즉 그가 제시하는 교육은 인간적인 속성을 제거하는 데에 그 의의가 있다고 볼 수 있다. 그가 자연 상태에서 문명 상태로 이행하는 단계로서 『사회계약론』을 집필한 게 우연이 아니다. 그가 생각하는 인간다움의 하나는 이타적인 삶을 살 수 있도록 자신의 지적인 능력을 사용하는 것이고, 다른 하나는 자신의 욕망을 가급적 절제할 수 있도록 지력을 사용하는 것이다. 다시 말해 이타적 삶과 금욕적인 삶 외에 인간이 어떤 존재인지를 이해하는 데 지력을 사용하는 것을 그 대안으로 생각했던 것이다.

이 「유모경」에서 아이의 성장 과정에 있어서 유모의 역할과 비유하여 수행자에 대한 여래의 가르치는 방식이 설해졌다. 다소 장황하지만 말이 나왔으니 교육과 학문에 대한 동서양의 이야기들도 정리해 보았다.

"천재는 자신만의 편력시대를 가지지 않으면 안 된다"라는 말이 있다. 부처님과 모든 종교적 성인들도 세속을 벗어나 홀로 시간을 보내며 사상을 숙성하는 과정을 보낸 후에 세상으로 돌아오셨다. 튼튼한 영혼은 자신만의 편력시대를 두려워하지 않는다. 이 과정 속에서 영혼의 꽃을 피우며 자유인이 된다. 편력시대! 나의 삶은 무엇이었을까?

문득 그런 생각이 들었다.

조마경

이와 같이 나는 들었다.

어느 때 부처님께서 왕사성의 가란다죽원에 계셨다.

그때 말 조련사인 촌장이 부처님께서 계신 곳으로 찾아가서 공손하게 문안을 드리고 한쪽에 물러앉았다. 그때 세존께서 말 조련사인 촌장에게 말씀하셨다.

"말을 잘 길들이는 방법이 몇 가지나 되는가?"

촌장이 대답하였다.

"구담이시여, 세 가지 방법이 있습니다. 어떤 것이 그 세 가지인가 하면, 첫째는 부드럽게 다루는 것이고, 둘째는 강하게 다루는 것이며, 셋째는 한편 부드러우면서도 한편으로는 강하게 다루는 방법입니다."

부처님께서 촌장에게 말씀하셨다.

"만일 그 세 가지 법으로도 말이 길들지 않을 때에는 어떻게 해야 하는가?"

촌장이 말하였다.

"곧 당장 그 말을 죽여 버립니다."

촌장이 다시 부처님께 아뢰었다.

"구담이시여, 무상조어장부를 지칭하는 말께서는 몇 가지 법으로 장부들을 길들이십니까?"

부처님께서 촌장에게 말씀하셨다.

"나도 또한 세 가지 방법으로 장부를 길들이느니라. 어떤 것이 그 세 가지인가 하면, 첫째는 부드럽게 하는 방법이요, 둘째는 강하게 다루는 방법이며, 셋째는 한편 부드러우면서도 한편으로는 강하게 다루는 방법이니라."

촌장이 부처님께 아뢰었다.

"구담이시여, 만일 세 가지 방법으로 장부를 길들이다가 그래도 길들여지지 않을 때에는 어떻게 하시겠습니까?"

부처님께서 촌장에게 말씀하셨다.

"세 가지 방법으로 길들이다가 그래도 길들여지지 않으면 곧 당장 죽여 버린다. 왜냐하면 내 법으로 하여금 굴욕을 당하지 않게 하기 위해서이니라."

말 조련사인 촌장이 부처님께 아뢰었다.

"구담의 법에서 살생을 하는 것은 부정한 것이라고 합니다. 그래서 구담의 법에서는 마땅히 살생을 하지 않아야 할 것입니다. 그런데 지금 길들여지지 않으면 당장 죽여 버리시겠다고 말씀하셨습니까?"

부처님께서 촌장에게 말씀하셨다.

"그대가 '여래의 법에서는 살생을 하는 것은 부정한 것이니, 여래는 마땅히 살생을 하지 않아야 할 것입니다'라고 말한 것과 같다. 그러나 촌장이여, 나는 세 가지 방법으로 장부를 길들이다가 그가 길들여지지 않으면, 나는 다시는 그와 더불어 말을 나누지 않고, 다시는 그를 가르치지도 않으며, 다시는 그를 훈계하지도 않느니라. 촌장이여, 만일 여래인 조어장부가 다시는 그와 더불어 말을 나누지 않고, 다시는 그를 가르치지도 않으며, 다시는 그를 훈계하지도 않으면, 그것이 어찌 그를 죽이는 것이 되지 않겠는가?"

말 조련사인 촌장이 부처님께 아뢰었다.

"구담이시여, 만일 조어장부께서 다시는 그와 더불어 말을 나누지 않고, 다시는 그를 가르치지도 않으며, 다시는 그를 훈계하지도 않으면, 그것은 진실로 그를 죽이는 것이옵니다. 그러므로 저는 오늘부터 모든 나쁜 업을 버리고 부처님과 법과 비구 스님에게 귀의하겠습니다."

부처님께서 마을의 주인에게 말씀하셨다.

"그것이 가장 진실한 요체이니라."

부처님께서 이 경을 말씀하시자 말 조련사인 촌장이 부처님의 말씀을 듣고 기뻐하고 따라 기뻐하면서 곧 자리에서 일어나 예배하고 떠나갔다. | 잡아함경 제32권, 909

인인지끽일경채人人只喫一莖菜

사람마다 한 줄기 채소를 먹어봐야 한다.

　이것은 『종용록』 제67칙의 본칙 평창에 대한 송에 나오는 말이다. 이 말은 남전 선사와 삼산 선사의 문답에서 기인한 것이다. 남전과 삼산이 채소를 다듬는 자리에서 남전이 채소 한 줄기를 들고 한마디 하면서 문답이 이어졌다.
　"이것은 대중공양을 하기에 안성맞춤이다."
　"비단 이것이 아니라 진수성찬이라도 저는 돌아보지 않을 것입니다."
　삼산이 남전의 말에 한마디 붙이자, 다시 남전이 말했다.
　"비록 그렇지만 누구나 저마다 직접 먹어봐야만 한다."

　먹어봐야 맛을 안다는 말이 있다. 또 그림의 떡으로는 배부르지 않다는 말도 있다. 보물도 손에 들어와야 보물이고, 사람도 마음이 맞아야 관계가 맺어진다. 일에는 실과 허가 있다. 일에 실속 없는 것이 큰 문제다. 특히 선종에서는 실질을 중요시하여 대충 대충의 시늉과 겉치레를 좋아하지 않는다. 일의 회피나 변명을 끔찍하게 싫어하여 오히려 문제의 본질 속으로 바로 들어

가는 기개를 보이라고 한다. 이런 자세가 타당한 이유는 일의 본질을 알기만 한다면 굳이 가까운 해결책을 두고 먼 길을 돌아갈 필요가 없기 때문이다. 발이 가려울 때 신발 위를 긁는 것은 소용이 없다. 보다 더 실질에 가까울수록 좋다. 두 스님께서 채소를 다듬고 있다. 선사들은 때와 장소를 가리지 않고 공부를 시험한다. 다듬던 채소를 들어 보이며 대중공양을 하면 좋겠다고 하자, 설사 진수성찬을 들이민다 해도 돌아보지 않을 것이라 했다. 그 정도로는 요지부동이라는 말씀. '직접 먹어 보아야 한다'라는 말은 소찬이건 진수성찬이건 맛을 보지 않으면 모른다는 것이다. 눈으로 대중을 잡는 것과 실제 입에 물어보는 데에는 차이가 있다. 우리가 직접 겪어 보아야만 체득되는 경지가 있다. 말이 아닌 실질은 또 어떻게 달라지는 것일까?

이 「조마경」은 부처님과 말 조련사 간의 대화에 대한 것이다. 말 조련사이기도 한 마을의 촌장이 부처님을 찾아뵙고 예를 갖추고 나자, 부처님께서 물으시면서 문답이 이루어졌다. 경문을 보자.

그때 세존께서 말 조련사인 촌장에게 말씀하셨다.
"말을 잘 길들이는 방법이 몇 가지나 되는가?"
촌장이 대답하였다.
"구담이시여, 세 가지 방법이 있습니다. 어떤 것이 그 세 가지인가 하면, 첫째는 부드럽게 다루는 것이고, 둘째는 강하게 다루는 것이며, 셋째는 한편 부드러우면서도 한편으로는 강하게 다루는 방법입니다."

부처님께서 촌장에게 말씀하셨다.

"만일 그 세 가지 법으로도 말이 길들지 않을 때에는 어떻게 해야 하는가?"

촌장이 말하였다.

"곧 당장 그 말을 죽여 버립니다."

말을 길들이는 방법이 나왔다. 우선 부드럽게 다루고, 다음은 강하게 다루고, 그리고 부드럽고 강함을 교차하여 다루는 것이다. 말 조련에 대해 알지 못하는 입장에서 봐도 제법 적절한 방법이라 여겨진다. 너무 부드럽기만 해도 안 되고 너무 강함만 가지고도 곤란할 것이다. 강온을 적절히 가하는 것이 좋은 방법이라 여겨진다. 그런데 문제는 어떤 방법으로도 길들여지지 않는 경우다. 뜻밖에도 조련사는 그런 말은 죽여 버린다고 하였다. 왜 그럴까. 소용이 없으니까 그럴 것이다. 조련사는 이렇게 답을 하고 나서 갑자기 궁금한 생각이 들었다. 조련사인 자신은 세 가지 방법으로 길들이고 그도 안 되는 경우는 죽여서 없애는 방법을 쓰는데, 수많은 제자들을 거느리시는 부처님은 어떤 방법으로 가르치시는지 묻지 않을 수 없었다. 이제 대해 부처님께서는 이렇게 말씀하셨다.

"나도 또한 세 가지 방법으로 장부를 길들이느니라. 어떤 것이 그 세 가지인가 하면, 첫째는 부드럽게 하는 방법이요, 둘째는 강하게 다루는 방법이며, 셋째는 한편 부드러우면서도 한편으로는 강하게 다루는 방법이니라."

촌장이 부처님께 아뢰었다.

"구담이시여, 만일 세 가지 방법으로 장부를 길들이다가 그래도 길들여지지 않을 때에는 어떻게 하시겠습니까?"

부처님께서 촌장에게 말씀하셨다.

"세 가지 방법으로 길들이다가 그래도 길들여지지 않으면 곧 당장 죽여 버린다. 왜냐하면 내 법으로 하여금 굴욕을 당하지 않게 하기 위해서이니라."

부처님의 말씀은 어렵지 않다. 촌장의 말에 당신의 말을 그대로 얹어서 말씀하셨다. 사람과 말은 다른데 부처님은 왜 그렇게 말씀하신 것일까? 더군다나 불살생을 제1의 계율로 하며 비폭력의 평화를 지향하시는 부처님께서 어떻게 제자들을 죽이고 만다고 하시는 것인지, 조련사인 촌장은 더욱 의아한 생각이 들었다. 그렇다면 어떤 방법으로도 길들여지지 않는 사람을 어떻게 대하시는지, 부처님의 말씀을 더 들어보자.

부처님께서 촌장에게 말씀하셨다.

"그대가 '여래의 법에서는 살생을 하는 것은 부정한 것이니,

여래는 마땅히 살생을 하지 않아야 할 것입니다'라고 말한
것과 같다. 그러나 촌장이여, 나는 세 가지 방법으로 장부를
길들이다가 그가 길들여지지 않으면, 나는 다시는 그와 더불
어 말을 나누지 않고, 다시는 그를 가르치지도 않으며, 다시
는 그를 훈계하지도 않느니라. 촌장이여, 만일 여래인 조어
장부가 다시는 그와 더불어 말을 나누지 않고, 다시는 그를
가르치지도 않으며, 다시는 그를 훈계하지도 않으면, 그것이
어찌 그를 죽이는 것이 되지 않겠는가?"

말 조련사인 촌장이 부처님께 아뢰었다.

"구담이시여, 만일 조어장부께서 다시는 그와 더불어 말을
나누지 않고, 다시는 그를 가르치지도 않으며, 다시는 그를
훈계하지도 않으면, 그것은 진실로 그를 죽이는 것이옵니다.
그러므로 저는 오늘부터 모든 나쁜 업을 버리고 부처님과 법
과 비구 스님에게 귀의하겠습니다."

부처님께서 마을의 주인에게 말씀하셨다.

"그것이 가장 진실한 요체이니라."

조련사는 쓸모없다고 판단된 말을 조련을 포기하여 죽이고
마는데 부처님께서는 더 이상 어쩌지 못하는 사람의 경우도 가
르침을 포기한다고 하셨다. 그 포기의 방법이 무엇인가. '더불어
말을 나누지 않고, 다시는 그를 가르치지도 않으며, 다시는 그
를 훈계하지도 않는' 방법이다. 여기서 놀라운 것은 도대체 부처

님의 가르침도 통하지 않는 사람은 어떤 사람일까 하는 것이다. 인간의 삶을 향상시키는 일은 교육을 통한 계몽이 가장 중요한 덕목이다. 그래서 교육을 포기했다면 이는 정말로 심각한 일이 아닐 수 없다. 인간이 미숙한 상태에서 벗어나 이성적인 삶을 살도록 한다는 계몽주의의 정신을 생각한다면 어떤 절망적인 상황에서도 인간 계몽의 희망을 저버릴 수는 없다. 이것이 종교와 교육의 공통적인 사명이다.

인류 역사에서 교육에 대한 가장 오래된 개념 중의 하나는 '파이데이아paideia'라는 그리스어다. 이 말의 어원은 어린이를 뜻하는 그리스어 파이스pais인데, '어른이 어린이와 함께 있는 상태'라는 의미라고 한다. 어린이의 탄생 자체가 교육과 불가분의 관계인 것이다. 교육 혹은 학습이라는 뜻의 파이데이아는 기원전 5세기 중반의 철학자들이 젊은이들을 도시국가의 건전한 시민으로 키워내는 것을 의미한 것만 봐도 그 의의가 잘 드러난다. 좋은 사회, 아름다운 공동체를 꿈꾼다면 사람들을 어떻게 가르쳐서 올바른 구성원으로 만들 것인지에 대한 분명한 철학이 있어야 한다. 「조마경」의 말미에 부처님께서 말씀하신 '진실한 요체'란 나와 남이 동시에 선업으로 살아가는 세상이요, 이는 가르침이 전제되지 않고는 불가능한 일임을 강조하신 것이다. 미혹한 인간은 의심이 많고 인내심이 없다. 그리고 자신의 생각이 옳다고 고집하며 남의 생각을 받아들이려고 하지 않는다. 여기에 사소한 것에 의심을 품는 경우에 대한 이야기가 있다. 마르틴 부버(1878~1965, 유대계 철학자)는 "나와 너"에서 한 남자가 길을 가던 중 무거운 수레가 뒤집혀져 길을 막고 있는 것을 보았다는 것으로 이야기를 시작한다.

수레를 몰던 농부는 여행객에게 수레를 들어올리는 것을 도와달라고 부탁했다. 여행객은 저런 무거운 수레는 남자 둘이서도 들어올리지 못할 거라고 생각하고는 대답했다.

"해봤자 안 될 거요. 나는 할 수 없소."

그러자 농부는 화를 내면서 말했다.

"당신은 아주 잘할 수 있지만 하고 싶지 않은 거요! 이게 바로 진실이오. 당신은 하고 싶지 않은 거요!"

양심에 가책을 받은 여행객은 농부를 돕기 시작했다. 그는 널빤지를 발견하고는 바퀴 아래로 밀어 넣도록 농부를 도와주었다. 두 남자는 널빤지를 지렛대로 이용해서 있는 힘껏 수레를 들어올렸다. 마침내 수레가 움직였고 뒤집힌 수레를 다시 세울 수 있었다. 농부는 헐떡거리는 소들의 옆구리를 만져준 다음 수레에 소를 매었다.

조금 뒤 수레는 소에 이끌려 움직이기 시작했다.

여행객이 농부에게 말했다.

"당신을 조금만 따라가도 될까요?"

"물론이지요. 저와 함께 가십시다."

그들은 나란히 걷기 시작했다. 잠깐 침묵이 흐른 뒤 여행객은 농부에게 물었다.

"왜 당신은 제가 당신을 돕고 싶어 하지 않을 거라고 생각했습니까?"

"당신이 할 수 없다고 해서 그렇게 생각한 것뿐입니다. 해보지 않고서는 누구도 알 수 없으니까요."

"그러면 제가 할 수 있을 거라고는 어떻게 생각할 수 있었습니까?"

"그냥 그렇게 생각했을 뿐입니다."

"그냥이라니? 그냥 그렇게 생각했단 말인가요?"

"나 원 참, 정말 알고 싶소? 그러면 내가 당신을 봤을 때 누군가가 당신을 내게 보낸 거라는 생각이 들었다고 해두쇼."

"그러니까 내가 당신을 도울 수 있도록 당신 수레가 뒤집힌 거란 말인가요?"

"그렇지 않다면 수레가 왜 뒤집혔겠소, 친구?"

농부가 말했다.

다시 살펴보자. 넘어진 수레를 들어올리기 위해 애를 쓰던 농부가 지나던 여행객을 보고 도움을 청하는 것에서 이 이야기는 시작된다. 안 될 것 같다며 끼어들지 않으려는 나그네가 얄미워한 소리 했던 것이 나그네를 자극했다. 결국 나그네의 도움으로 수레를 일으키고 움직일 수 있었다. 그런데 나그네가 왜 자신이 돕지 않을 거라 생각한 건지 물어보면서 이야기가 미궁에 빠진다. 농부는 그 상황에서 어쩔 수 없이 급한 마음에 했던 말인데 여기에 뜻을 담아 되물으니 이야기가 이상해진다. 결국 더 이상 논쟁이 무의미하게 생각되어 나그네의 이야기에 호응하고 보니 뜻밖에도 결말은 나그네가 돕도록 하기 위해 수레가 일부러 뒤집힌 것으로 되고 말았다.

이것은 하나의 이야기에 불과하지만 우리는 이런 광경을 의외로 자주 접하는 것 같다. 부처님께서도 더 이상 어찌할 수 없어 "죽여 버린다"고 하실 만큼 같이 하기 곤란한 사람이 이런 경우일까? 한다.

복전경

이와 같이 나는 들었다.

　어느 때 부처님께서 사위국 기수급고독원에 계셨다.

　그때 급고독 장자는 부처님께서 계신 곳으로 나아가 부처님의 발에 머리를 조아리고 한쪽에 물러나 앉아서 부처님께 아뢰었다.

　"세존이시여, 세상에는 복밭이 몇 가지나 있습니까?"

　부처님께서 장자에게 말씀하셨다.

　"세상에는 두 가지의 복밭이 있다. 어떤 것이 그 두 가지인가 하면, 배우는 사람과 다 배운 사람이니라."

　곧 게송으로 말씀하셨다.

　세상에는 배우는 이와 다 배운 이가 있으니
　큰 법회를 열어 언제나 청하여라.

그는 마음이 정직하고 진실하며

몸이나 입도 또한 그러하니라.

그들은 진실로 좋은 복밭이니

그들에게 보시하면 큰 과보 얻으리라.

부처님께서 이 경을 말씀하시자 급고독 장자는 부처님의 말씀을 듣고 기뻐하며 받들어 행하였다

| 잡아함경 제35권, 992

영언배명永言配命　자구다복自求多福

길이 천명에 부합(配)되게 할 것이니, 스스로에게 구하면 많은 복을 받을 수 있다.

이 글의 출처는 『시경』 「대아大雅」 문왕文王편이다. '자구다복'이라는 말을 좋아해서 신도들에게 책에 사인을 해서 줄 경우나 간단한 새해의 덕담 자리에서도 참 많이 썼던 말이다. 흔히들 재물이나 돈이 밖에 있다고 생각하기 때문에 이 말을 이해하기가 그렇게 쉬운 것은 아닌데도 잘 받아들이는 것을 보았다. '배配'라는 글자는 '짝'이라는 뜻이 있고 '나누다'는 뜻도 있다. 남

녀 간의 짝이나 배우자를 '배필'이라고 하듯이 이 글자가 뜻하는 말이 대략 이 정도이다. 중국에서 결혼 축문으로 많이 쓰인다고 한다. 우리나라에서는 이 글이 별전別錢에 새겨지기도 했다. 별전은 조선 후기에 주화鑄貨의 본보기나 기념 화폐 성격의 엽전으로, 뒤에는 주로 장식용으로 사용되었다. 별돈 또는 이전耳錢이라고도 한다.

조선시대에는 유일하게 법적으로 인정된 주화가 상평통보였다. 액면가가 새겨져 있고 법적인 구속력을 갖고 유통되는 동전과 다르게 장식용이나 노리개로 통용된 돈이 별전이다. 별전은 중종과 인조반정 후 두 임금을 주나라 문왕에 비유하여 주조되었다고 한다. 이 동전의 면에 글자를 새겨 의미를 부여하는데, '자구다복'의 글귀는 국가가 부강하고 천명을 보존하기 위해서는 임금이 덕을 쌓고 온정을 베풀면 많은 복이 스스로 돌아온다는 의미를 담고 있다. 별전을 만든 이유도 다양하다. 왕실과 국가에 대한 충성을 다짐한다거나 효, 자손번창, 부부간의 행복, 부귀를 누리며 장수하라는 등 민간에서도 교훈을 줄 수 있는 경구가 새겨지기도 하였고, 멋지게 꾸미고 수십 개의 동전을 사용해서 제작한 별전이 더 비싸고 귀했다. 요즘도 올림픽이나 국가적인 행사나 인물에 대한 추념으로 기념주화나 우표를 만들기도 하는 것과 연관지어 생각하면 이해가 쉬울 것이다. '영언배명자구다복'을 인용하여 맹자는 「이루장구」편에서 다음과 같이 말한다.

애인불친愛人不親 반기인反其仁
치인불치治人不治 반기지反其智
예인부답禮人不答 반기경反其敬
행유부득자行有不得者
개반구제기皆反求諸己
기신정이천하귀지其身正而天下歸之.
시운詩云 영언배명永言配命 자구다복自求多福.

남을 아껴주는데도 가까워지지 않는다면
자기의 인자함이 부족하지 않은지 반성해보고,
남을 다스릴 때도 다스려지지 않는다면
자기의 지혜를 반성해보고,
남에게 예로 대하는데 답례하지 않는다면
자기의 공경하는 마음이 부족한지 돌아볼 것이다.
자기가 실행하여서 결과가 나타나지 않는다면
모두 자기에게 반성해볼 것이니
자기 몸이 바르면 천하가 다 돌아오는 것이다.
시경에서 말하기를, "길이 천명에 배합되도록 하여
스스로에게서 구하면 많은 복을 받을 수 있다"고 하였다.

이런 분들의 말씀은 한마디 한마디가 인간사회의 윤리로 귀결되지 않는 것이 없다. 자신의 수양을 통해 덕을 기르고 세상을 향해 뜻을 펼쳐 보인다. 그 뜻이란 게 무엇인가. 세상의 행복, 그것 하나뿐이다. 천명에 배합되도록 한다는 말도 인간사 모든 것이 서로 조화롭게 어우러져 좋은 세상을 만들자는 원대한 이상이 들어 있다. 개인만의 행복도 안 되지만, 개인과 무관한 사회의 행복도 어딘지 이상하고 등식이 성립되지 않는다. 불교의 정신 중에 '자리이타'라는 개념이 있다. 이타행이라는 말은 그것의 준말이다. 이익과 행복은 균형이 맞고 서로 공존 가능한 것이어야 한다. 누군가의 희생으로 얻어진 행복은 항구적이지 않다. 나는 재단의 여러 행사나 애기할 자리가 있으면 '상구보리 하화중생'과 더불어 '이타행'의 원리에 대하여 시간을 들여 진지하게 설명한다.

『맹자』는 글이 산문 형태여서 글의 문리를 터득하기에 좋은 것으로 받아들여져 왔다. 젊은 사람은 아무래도 진보적이고 개혁적인 성향이 있기 때문에 『맹자』를 좋아하고, 삶이 원숙한 경지에 접어들면 『논어』가 좋아진다고 하는데 이 말은 틀리지 않은 것 같다. 『맹자』를 읽으면 생각이 꿈틀대고 가슴에 불이 댕기는 듯하다. 자리에 가만히 있으면 안 될 것 같은 기분이 든다. 반대로 『논어』는 생각이 가라앉고 좀 더 안쪽으로 물러나 스스로를 반조해보고 싶은 생각이 든다. 법련사라는 경복궁 동편으로 도로를 건너 마주하고 있는 도심 포교당의 주지를 10년을 넘게 살면서 경전과 어록, 기타 많은 전적들을 경전강의 시간에 신도들과 함께 공부하였다. 『장자』와 『정법안장수문기正法眼藏隨聞記』 같은 중국과 일본의 귀한 전적도 거쳤지만 훗날을 기약하며 남겨둔 것이 『도덕경』과 『논어』다. 특히 『논어』는 나이도 들 만큼 들고 세상의 지혜도 터득하게 되었을 어느 시점에 꼭 강의를 해보려고 한다. 앞날의 많은 꿈들 중에서도 이 일을 생각하면 무척이나 설레고 행복한 기분이 된다. 그리고 내 자신의 법문의 체계를 만들기 위해 쓴 『선문염송 강설집』을 교재로 하여 선의 세계를 얘기하게 될 노년의 어느 시점도 마찬가지의 기대감을 갖게 한다.

전장에서 얘기했던 루소가 평생을 가슴에 담고 살아야 할 책으로 플루타르코스의 『영웅전』을 꼽았다고 한다. 플루타르코스는 노년의 30여 년에 가까운 시간 동안 고향에 돌아가 학교와 도서관을 만들고 사람을 가르치고 끊임없이 글을 썼다고 전한다. 그러면서도 종교적인 소양도 있었던지 신전에서 사제직을 수행하기도 하였다. 그의 삶은 집필과 교육으로 요약될 수 있는데, 보조국사와 더불어 인생의 롤모델로 삼고 싶을 만큼 공명이 많이 되었다. 복을 주제로 하여 말을 하다 보니 가지가 너무 많이 뻗었다. 이제 경문을 보자.

그때 급고독 장자는 부처님께서 계신 곳으로 나아가 부처님의 발에 머리를 조아리고 한쪽에 물러나 앉아서 부처님께 아뢰었다.

"세존이시여, 세상에는 복밭이 몇 가지나 있습니까?"

부처님께서 장자에게 말씀하셨다.

"세상에는 두 가지의 복밭이 있다. 어떤 것이 그 두 가지인가 하면, 배우는 사람과 다 배운 사람이니라."

이 질문을 한 급고독 장자는 『금강경』 같은 경전에도 등장하지만 불교사적으로도 의미 있는 인물이다. 우선 당시의 정치사회적인 배경과 사원이 마련된 계기를 알아보도록 하자. 석가모니부처님 당시의 인도에는 16대국이 있었다. 그 중에서도 가장 강성한 힘을 가졌던 나라는 마가다국과 코살라국이었다. 마가다국은 갠지스 강의 남쪽에, 코살라국은 갠지스 강 동북쪽에 자리하고 있었다. 두 나라의 영역 안에는 부처님의 나라인 석가족의 카필라 성을 비롯한 몇 나라가 있었고, 바이샬리와 같은 도시국가들도 있었다. 카필라성은 부처님 만년에 코살라에 병합되고, 마가다국은 몇 번의 전쟁 끝에 코살라를 병합하여 인도를 통일하는 기틀을 마련하게 된다. 이 무렵에는 부처님의 가르침이 마가다국을 넘어 코살라까지도 이르렀다. 코살라의 수도는 쉬라바스티로 경전에서는 사위성舍衛城이라 표기된다. 오늘날의 사헤트 마헤트가 사위성의 유적이다. 부처님께서는 35세에 성도하시

어 80세까지 45년간 설법을 계속하셨는데, 대부분 마가다와 코
살라에서 이뤄졌다. 이런 인연 때문에 마가다국의 빔비사라 왕
과 코살라의 파사익 왕은 부처님께 귀의한 재가불자이기도 했
다. 당시의 사위성에는 수닷타(須達多)라는 장자가 살고 있었다.
그는 거상으로 덕이 높고 널리 보시를 행하는 사람이었다. 사람
들이 그를 급고독장자給孤獨長者라고 부른 것도 외롭고 고독한
사람들에게 음식과 의복 등 많은 것을 나누어 주었기 때문이다.

  수닷타는 부처님과 제자들이 다음 우안거雨安居 때에는 사위
성으로 오셨으면 좋겠다는 청을 드렸다. 지금도 우리나라는 여
름과 겨울에 각각 3개월간의 안거 기간을 갖는다. 이는 부처님
당시부터 오늘날까지 2,500년을 이어온 수행의 전통이니까 불
교만의 저력이라 해도 전혀 이상하지 않다. 부처님께서는 흔쾌
히 승낙하셨다. 사위성으로 돌아온 수닷타는 부처님을 모실 정
사精舍를 지을 만한 적당한 장소를 물색했다. 그가 생각한 정사
의 입지조건은 중심부에서 그리 멀지 않으면서 대중이 수행하
기에 부족함이 없는 한적한 장소라야 했다. 수닷타는 마침내 그
에 합당한 장소를 찾았다. 그 원림園林은 코살라국 파사익 왕의
태자인 기타祇陀의 소유였다. 수닷타는 팔 것을 요청했으나 기
타 태자는 원림 전체에 황금을 깔아 놓는다면 팔겠다는 다소 엉
뚱한 조건을 내밀었다. 그러자 수닷타는 수레 가득 황금을 싣고
와서 원림에 깔기 시작했다. 기타 태자는 놀라는 한편, 그 이유

를 알고 싶었다. 자초지종의 이야기를 전해들은 기타 태자도 감동하여 원림 전체를 기증하기로 마음먹었다. 수닷타는 그 땅 위에 정사를 세우면서 정사의 제일 안쪽에는 부처님께서 거처하실 향실香室을 따로 마련하였다. 그리고는 부처님의 제자들이 머물 승방과 부속 건물까지 마련하였다.

　부처님께서는 정사의 이름을 기수급고독원祇樹給孤獨園이라고 하셨는데, 그 이유는 바로 기타 태자의 땅에 수닷타 장자에 의해 지어졌기 때문이다. 줄여서 기원정사祇園精舍라고도 하는 정사는 이렇게 마련되었다. 기원정사는 라자그리하의 죽림정사와 더불어 2대 정사로 여겨진다. 부처님은 성도하신 후 3년째 되는 우안거를 이곳에서 지내셨다고 하며, 그 후에도 20여 회의 우안거를 이곳 기원정사와 그 주변에서 지내셨다. 부처님께서는 특히 이 도량을 좋아하셨다고 한다. 사위성에는 기원정사 외에도 동원녹자모강당東園鹿子母講堂과 파사익 왕이 비구니 스님들을 위해 기증한 왕원정사王園精舍도 있었다. 나는 개인적으로 기원정사를 두 번 순례했다. 동이 트기 전의 이른 아침 안개에 휩싸인 정사는 놀랍도록 평온하고 아름다웠다. 붉은 흙벽돌의 기단만 남아 있지만 이따금 독수리들이 먼 숲으로부터 날아와서 한 바퀴씩 돌고 다시 허공으로 사라지는 것이 누가 오는 것을 확인이라도 하는 것처럼 느껴졌었다. 그리고 부처님께서 앉으셨다는 금강보좌에서 예불을 올리고 좌선을 하면 몸은 구름 위에 앉는 것처럼 허공으로 번쩍 들어 올려지는 것 같은 기분이 들었던 기억이 지금도 선연히 남아 있다. 서기 407년경에 기원정사를 방문했던 중국의 법현 스님은 이렇게 기록하고 있다.

흐르는 물은 예전의 그 물이 아니로되 맑고 깨끗하며, 수풀과 나무도 아직 무성하여 온갖 화려한 색을 제각기 자랑하니, 그 초목의 울창함을 보라. 여기가 이른바 기원정사다. 기원정사를 둘러싼 모습으로 98개의 승원이 세워져 있는데, 그 모두에 스님들이 살고 있으며, 다만 한 곳만 비어 있었다.

그리고 다시 서기 637년경에 현장 법사께서 이곳을 방문하여 기록을 남겼다. 이때는 굽타왕조 하르스 왕(606~647년 재위)의 통치기간이었다. 현장 스님은『대당서역기』에서 쇄락한 기원정사의 모습을 이렇게 기록하였다.

궁성 건물의 유적은 주위 20여 리가 되어 심하게 황폐되어 있었지만 주민들은 살고 있었다. 가람은 수백 개나 있지만 허물어진 것이 많다. 스님들은 많지 않은데, 이들은 정량부正量部의 학설을 배우고 있다.

정량부는 부처님께서 열반하신 지 300년 후에 상좌부에서 갈라져 나온 일파로서, 그 명칭은 "시비를 판정함에 있어 그릇됨

330

이 없다"는 뜻에서 비롯되었다.

「복전경」은 급고독 장자가 부처님께 복에 대해 묻는 내용이다. 기원정사를 보시한 적이 있는 장자는 복에 관심이 많았던가보다. 그래서 세상에는 몇 가지의 복이 있는지 궁금한 생각이들어 여쭤본 것이다. 사람의 성향이랄까 기호가 각기 다르다. 수행에 관심이 있는 사람도 있지만 수행하는 사람을 돕는 것을 좋아하는 사람도 있다. 참선을 좋아하는 사람, 경전을 공부하길 좋아하는 사람, 기도를 좋아하는 사람, 여러 삶의 현장에서 봉사하기를 좋아하는 사람 등등 우리가 일상에서 실천할 수 있는 수행과 선업의 많은 길이 있다. 그런 면에서 장자는 복을 짓는 일이좋았던 것으로 유추해볼 수 있다.

복밭이 몇 가지 있는지에 대한 장자의 질문에 부처님은 두 가지의 길을 말씀하신다. 그 복밭은 배우는 사람과 다 배운 사람이라는 두 가지라 하셨다. 이런 것을 보면 불교가 얼마나 이지적인 종교인지 알 수 있다. 불교를 깨달음의 종교라 하여 초월적인 면에 지나치게 경도되는 경향이 있는데 사실은 그렇지 않다. 불교는 수행과 교설에 대한 논리가 분명하기 때문에 학문을하듯 탐구하는 마음이 없으면 수행에 대한 깊은 이해를 갖기가어렵다. 특히 경·율·론이라는 삼장의 체계를 구성하기 때문에더더욱 높은 지성이 요구된다. 종교의 성인들, 뛰어난 영혼의 현자들이 한결같이 강조하는 것이 배우는 자세이고, 배우는 사람은 물론이고 배운 사람은 달라야 한다는 자신의 지성에 대한 책임도 아울러 강조하는 것을 알 수 있다.

"들을 귀 있는 자는 들으라!"
차라투스트라는 그가 사랑하는 도시, '얼룩소'라고 불리는 도시에서 이렇게 말했다. 바로 거기에서 이틀만 더 걸으면 그의 동굴과 짐승들이 있는 곳에 도착할 것이다. 귀향이 임박하자 그의 영혼은 기쁨에 넘쳤다.

이것은 니체의 『차라투스트라는 이렇게 말했다』라는 책의 한 대목이다. 고향을 떠나 산속에서 홀로 영혼의 숙성기를 거친 차라투스트라가 돌아가는 막바지 여정에서 외친 말이다. 나는 이 책을 니체의 전집과 함께 20대에 읽었는데, 웅혼한 영혼이 토해내는 소리들은 격정 그 자체였고 가슴에서는 뜨거운 불이 이는 것을 느낄 수 있었다. 영혼의 소리는 영혼의 귀와 영혼의 눈이 열려야 한다. 그래야 듣고 볼 수 있다. 귀를 열어놓지 않으면 말이 들릴 턱이 없잖은가! 결국 마음을 열어야 귀가 열리고 눈이 뜨인다. 그렇기에 부처님께서 말씀하시는 배우는 사람과 다 배운 사람은 복 받은 사람이고 남의 복을 열어주는 사람이다. 즉 복의 귀의처가 될 자격이 있는 것이다. 부처님께서는 복밭의 두 길을 말씀하시고는 그 이유에 대해 게송으로 설하신다.

"세상에는 배우는 이와 다 배운 이가 있으니
큰 법회를 열어 언제나 청하여라.
그는 마음이 정직하고 진실하며
몸이나 입도 또한 그러하니라.
그들은 진실로 좋은 복밭이니
그들에게 보시하면 큰 과보 얻으리라."

우리가 모시고 배워야 할 대상은 배우고 있거나 이미 배움을 마친 사람이다. 이런 분은 우리의 스승이고 가까이하면서 배워야 한다. 마음이 정직하고 진실하며 몸도 입도 아름다운 사람, 이런 분들에게는 보시와 공양을 올리고 법문을 청하여야 한다. 이런 분들 자체가 복밭이니까. 스님들 가사는 여러 천 조각을 이어서 만들도록 되어 있다. 이는 무소유와 청빈의 정신이면서 모든 생명의 복밭이 된다는 상징이다. 그래서 경전에는 깨달은 이는 공양 받을 자격이 있다고 설해진다. 복에 대한 다음의 이야기가 있다.

옛날에 어떤 사람이 하늘을 지극하게 섬겼다. 그늘 매일 밤 무릎 꿇고 향을 피우며 하늘을 우러러 보고 기도를 하였다. 그렇게 삼십여 년을 빠짐없이 계속했다. 그러던 어느 날 밤, 그 정성에 감동한 천신 한 분이 그 사람 앞에 모습을 드러내었다. 천신의 온몸에서 빛이 발산되었다. 천신은 이렇게 말했다.

"자네가 밤마다 그렇게 간절히 하늘을 섬겼는데, 원하는 것이 무엇인가?"

그는 잠시 생각하다가 이렇게 대답했다.

"저는 별로 요구할 것이 없습니다. 단지 한평생 헐벗거나 굶주리지 않으면서 그다지 궁색하지 않아 산수를 즐길 수 있고 병 없이 죽을 수 있다면 좋겠습니다."

이 말을 들은 천신이 한숨을 쉬며 말했다.

"이보게나, 지금 자네가 원하는 복은 상계 신선의 복이라네. 자네가 만약 인간 세상의 부귀공명을 바란다면 아무리 높은 지위라도, 아무리 많은 재산을 원하더라도 내가 들어줄 수 있네. 하지만 상계 신선이나 누릴 수 있는 청복을 내가 어찌 들어줄 수 있겠나."

남회근 선생의 어느 책에선가 읽었던 것이다. 여기에서 우리는 탁복과 청복을 생각해 보게 된다. 불법으로는 세간의 홍진紅塵과 출세간의 청정 두 가지가 있는데 각각의 복을 홍복洪福과 청복淸福이라고 한다. 홍복이란 부귀공명을 누리는 것으로 홍洪은 홍鴻과도 혼용해서 쓰는데, '기러기 같은 복'으로 기러기처럼 날아가 버리고 나면 남는 것이 없다는 뜻이기도 하다. 임금의 복은 홍복으로 표현하지만, 보통의 사람들에게 임금과 같은 말을 쓸 수가 없어 음은 같으면서도 글자는 달리하여 '기러기 홍' 자를 쓴다. 그런데 홍은 수레가 지나가고 나면 부우- 일었다 가라앉는 붉은 먼지와 같고, 날아가 버리면 흔적도 없는 기러기와 같은 복이어서 무상하고 덧없음을 꾸짖는 말이다.

　반대로 공부의 복은 청복이라 이것이 없으면 공부도 수행도 못한다. 부처님께서 말씀하신 의미도 공부인을 존중하고 보시하며 공양을 베풀면서 누구든 배움의 길을 가야 한다는 것이며, 이것이야말로 진정으로 가치 있고 복 받는 길임을 강조하신 것이다. 나는 이생에서 부처님 제자가 되어 선방에서도 십 년을 살아보고, 비교적 많은 책을 볼 수 있었고 학문의 세계를 맛보기도 했으며, 대학 강단에서 강의도 해보았다. 이 모든 것이 청복이었음을 모르지 않으며 항상 감사한 마음으로 살아가고 있다. 소원이라면 내가 배워 알고 있는 모든 것을 승단에 회향하는 것이다. 그리고 다음 생에도 그 다음 생에도 이런 청복을 세세생생 누릴 수 있었으면 좋겠다. 그 외의 것이라면 인연에 맡길 뿐, 생가지 부러트리듯이 억지를 부려가며 살지는 않으려고 다짐한다.

아난경

이와 같이 나는 들었다.

어느 때 부처님께서 사위국 기수급고독원에 계셨다.

그때 존자 아난이 혼자서 고요한 곳에 있으면서 이렇게 생각하였다.

'세 가지 향기는 바람을 따라서는 향내를 피우지만 바람을 거슬러서는 그 향내를 피우지 못한다. 어떤 것이 그 세 가지인가?

뿌리의 향기·줄기의 향기·꽃의 향기가 그것이다. 그런데 혹 어떤 향기가 바람을 따라서도 향내를 피우고, 바람을 거슬러서도 향내를 피우며, 또 바람을 따르거나 거스르거나 늘 향내를 피울 수 있는 것이 있을까?'

이렇게 생각하고 나서 해질 무렵에 선정에서 일어나 부처님께서 계신 곳으로 나아가 부처님의 발에 머리를 조아리고 한쪽에 물러나 앉아서 부처님께 아뢰었다.

"세존이시여, 저는 혼자 고요한 곳에 있으면서 이렇게 생각하였습니다.

'세 가지 향기는 바람을 따라서 향내를 피우지만 바람을 거슬러서는 그 향내를 피우지 못한다. 어떤 것이 그 세 가지인가?

뿌리의 향기·줄기의 향기·꽃의 향기가 그것이다. 그런데 혹 어떤 향기가 바람을 따라서도 향내를 피우고, 바람을 거슬러서도 향내를 피우며, 또 바람을 따르거나 거스르거나 늘 향내를 피울 수 있는 것도 있을까?'"

부처님께서 아난에게 말씀하셨다.

"그렇다, 그렇다. 세 가지 향기가 있는데 그 향기는 바람을 따라서는 향내를 피우지만 바람을 거슬러서는 향내를 피우지 못하나니, 세 가지 향기는 곧 뿌리의 향기·줄기의 향기·꽃의 향기이다. 그러나 아난아, 어떤 향기는 바람을 따라서도 향내를 피우고, 바람을 거슬러서도 향내를 피우며, 바람을 따르거나 거스르거나 늘 향내를 피우는 것도 있다.

아난아, 바람을 따라서도 향내를 피우고, 바람을 거슬러서도 향내를 피우며, 바람을 따르거나 거스르거나 늘 향내를 피우는 향기란 무엇인가?

아난아, 성읍이나 마을에 있는 어떤 선남자와 선여인이 진실한 법을 성취하여 목숨을 마칠 때까지 살생하지 않고, 도둑질하지 않으며, 음행하지 않고, 거짓말하지 않으며, 술 마시지 않으면 그런 선남자나 선여인은 8방과 상하에서 모두들 착한 사

람이라고 숭배하고 칭찬하기를 '어느 곳 어느 마을의 선남자와
선여인은 계율을 청정하게 지키고, 진실한 법을 성취하여 목숨
이 다할 때까지 살생하지 않고 ……(이하 생략)…… 술을 마시
지 않는다'라고 하지 않는 이가 없을 것이다.

　아난아, 이것을 어떤 향기는 바람을 따라서도 향내를 피우
고, 바람을 거슬러서도 향내를 피우며, 바람을 따르거나 거스
르거나 늘 향내를 피우는 것이라 하느니라."

　그때 세존께서 곧 게송을 설하셨다.

　뿌리의 향기와 줄기의 향기와 꽃의 향기는
　바람을 거슬러 향내를 피우지 못한다.
　오직 선남자와 선여인이 계율을 잘 지켜
　그로 인해 생겨난 청정한 향기만이
　거스르거나 따르거나 모든 곳에 가득하여
　두루 향내를 피워 미치지 못할 곳이 없다.

　다가라와 전단과
　우발라와 말리
　이와 같은 여러 향에 견주어 보면
　계율의 향기가 제일이라네.

　전단 등 온갖 향기는

향내가 미치는 범위가 일부분이지만
오직 계율을 지키는 덕의 향기만은
흘러 퍼져 하늘까지 미치느니라.

그런 깨끗한 계율의 그 향기는
방일하지 않게 정수에 들어
바른 지혜로 평등하게 해탈하게 하기에
악마의 도는 들어올 수 없느니라.

그것을 안온한 길이라 하며
그 길은 곧 맑고 깨끗하여
묘한 선정으로 바로 향하여
모든 악마의 결박 끊어버린다.

　부처님께서 이 경을 말씀하시자 존자 아난은 부처님의 말씀
을 듣고 기뻐하면서 예배하고 물러갔다.

| 잡아함경 제38권, 1073

강설

춘유백화추유월春有百花秋有月

하유량풍동유설夏有涼風冬有雪

약무한사괘심두若無閑事掛心頭

변시인간호시절便是人間好時節

봄에는 백화가 만발하고 가을에는 밝은 달빛이 있다.

여름에는 청량한 바람이 불고 겨울에는 흰 눈이 내린다.

만약 부질없는 일로 마음을 쓰지 않는다면

이것이 바로 인간사 좋은 시절이라네.

이것은 선종의 공안집인 『무문관』을 지은 무문혜개 선사의 게송이다. 참으로 유명하고 많이 회자되는 게송이다. 산중의 사찰에서는 전각의 주련으로 많이 걸어놓는다. 게송은 도연명의 「사시四時」처럼 간명하다. 봄에는 만물이 소생하며 꽃을 피우니 좋고, 가을에는 기운이 가라앉아 하늘도 높아 보이고 계곡의 물도 맑게 보인다. 그리고 무엇보다 달빛이 교교하다. 또 여름의 바람은 청량하다. 무더위에는 가는 바람 한 줄기에도 땀이 식기도 한다. 그리고 겨울에는 눈이 있다. 백설의 계절이다. 이렇게 사계절이 표현되었다. 그런데도 천지만물의 변화와 특징을 아무 부족함 없이 드러내고 있다. 문제는 이 속에 살아가는 인간이다.

자연은 시간의 변화에 따라 옷을 바꿔 입으며 순응할 뿐 어떠한 저항이나 집착도 하지 않는다. 자연은 억지로 하는 일이 없다. 오고가는 일이 법칙 속에서 이뤄진다. 하지만 사람은 스스로 문제를 만들어 고민한다. 돌아보면 무상하고 덧없는 일인데 그 일이 전부인 양 쉽게 벗어나질 못하고 얽매인다. 이렇게 되지만 않는다면 어디에도 걸리지 않고 자유로운 삶을 살아갈 수 있다. 바로 인간사 호시절이다. 향기롭지 않을 수가 없다. 이 게송은 「아난경」의 뜻과 통하는 바가 있어 서두에 소개해 보았다. 경문을 보자.

"세존이시여, 저는 혼자 고요한 곳에 있으면서 이렇게 생각하였습니다.
'세 가지 향기는 바람을 따라서 향내를 피우지만 바람을 거슬러서는 그 향내를 피우지 못한다. 어떤 것이 그 세 가지인가? 뿌리의 향기·줄기의 향기·꽃의 향기가 그것이다. 그런데 혹 어떤 향기가 바람을 따라서도 향내를 피우고, 바람을 거슬러서도 향내를 피우며, 또 바람을 따르거나 거스르거나 늘 향내를 피울 수 있는 것도 있을까?'"

숲 속에서 가만 앉아 있던 아난존자는 문득 궁금한 생각이 들었다. 숲에는 바람이 부는데 바람의 방향이 있다. 만약 꽃을 마주하고 있다면 바람의 방향이 내 쪽으로 불면 향기도 날아와 코

끝에 닿는다. 그러나 바람이 얼굴에서 멀어지는 방향으로 분다면 향기를 맡을 수 없다. 아마 아난존자는 생각했을 것이다. 만약 향기가 아주 강한 무엇이 있다면 바람을 거슬러서도 향기를 전해올 수 있지는 않을까? 그 향기는 어떤 향기일까도 의문이 들었다. 그래서 부처님께 여쭌 것이다. 부처님께서 말씀하신다.

"아난아, 바람을 따라서도 향내를 피우고, 바람을 거슬러서도 향내를 피우며, 바람을 따르거나 거스르거나 늘 향내를 피우는 향기란 무엇인가?

아난아, 성읍이나 마을에 있는 어떤 선남자와 선여인이 진실한 법을 성취하여 목숨을 마칠 때까지 살생하지 않고, 도둑질하지 않으며, 음행하지 않고, 거짓말하지 않으며, 술 마시지 않으면 그런 선남자나 선여인은 8방과 상하에서 모두들 착한 사람이라고 숭배하고 칭찬하기를 '어느 곳 어느 마을의 선남자와 선여인은 계율을 청정하게 지키고, 진실한 법을 성취하여 목숨이 다할 때까지 살생하지 않고 …(이하 생략)… 술을 마시지 않는다'라고 하지 않는 이가 없을 것이다.

아난아, 이것을 어떤 향기는 바람을 따라서도 향내를 피우고, 바람을 거슬러서도 향내를 피우며, 바람을 따르거나 거스르거나 늘 향내를 피우는 것이라 하느니라."

위의 경문대로 바람과 상관없이 향기를 전하는 것은 5계를 지키는 행위와 그 행위에 대한 찬탄임을 알 수 있다. 불교에서 5계는 출가자와 재가자 모두에게 중요한 덕목이다. 그리고 수행과 윤리 모든 측면에서 아무리 강조해도 지나치지 않다. 5계는 산스크리트어 판차실라pañca-śīla를 번역한 말로서 불제자가 지켜야 할 다음의 5종의 행위를 말한다. 5계를 어기는 것을 5악五惡이라고 한다. 5악은 5계를 지키지 않음으로써 일어나는 인과에 대한 경계의 의미를 담고 있다. 그럼 5계와 5악을 살펴보도록 하자.

| 5계

불살생不殺生: 살아 있는 것을 죽이지 않는다.

불투도不偸盜: 도둑질하지 않는다.

불사음不邪淫: 사음을 하지 않는다.

불망어不妄語: 거짓을 말하지 않는다.

불음주不飮酒: 술을 마시지 않는다.

중국·한국·일본 등의 동아시아 불교에서는 유교의 인仁·의義·예禮·지智·신信의 5상五常에 순서대로 불살생·불투도·불사음·불음주·불망어를 대비시켜 5계를 5상이라고도 부른다. 이러한 순서로 대입하여 5상5계五常五戒라고도 하는데 5상과 5계를 구분하는 경우 5상은 유교의 원래의 5가지 덕목을, 5계는 불교의 원래의 5가지 계율을 가리킨다. 다음은 5악을 보자.

| 5악

| 살생을 떠난 이는 살생하는 인연을 떠난 까닭에 포죄원(怖
　　罪怨: 두려운 죄와 원한)을 멸하여 능히 살생의 업력으로 생
　　겨나는 과보로부터 몸과 마음이 떠나게 된다.

| 불여취(不與取: 주지 않은 것을 취함)를 떠난 이는 도둑질하
　　는 인연을 떠난 까닭에 포죄원을 멸하여 능히 도둑질의 업
　　력으로 생겨나는 과보로부터 몸과 마음이 떠나게 된다.

| 삿된 음행(欲邪行)을 떠난 이는 삿된 음행을 행하는 인연을
　　떠난 까닭에 포죄원을 멸하여 능히 삿된 음행의 업력으로
　　생겨나는 과보로부터 몸과 마음이 떠나게 된다.

| 거짓말(虛誑語)을 떠난 이는 남을 속이는 인연을 떠난 까닭
　　에 포죄원을 멸하여 능히 거짓말의 업력으로 생겨나는 과
　　보로부터 몸과 마음이 떠나게 된다.

| 온갖 술을 마시고 방일하는 것을 떠난 이는 온갖 술을 마
　　시고 방일하는 인연을 떠난 까닭에 포죄원을 멸하여 능히
　　온갖 술을 마시고 방일하는 것의 업력으로 생겨나는 과보
　　로부터 몸과 마음이 떠나게 된다.

이와 같은 5포죄원에 대하여 적정寂靜할 수 있는 이는 이번
생에 모든 성현에게서 다 같이 기뻐함과 찬탄을 받게 된다.
또한 계율을 지켜서 스스로를 포죄원으로부터 방호防護하는
자가 되며, 죄도 없고 이전보다 나빠짐도 없어서, 대부분 다

복하게 이번 생을 살아가고, 그렇게 살다가 몸이 무너지고
목숨을 마친 후 다시 태어날 때면 안온한 선취(善趣: 좋은 세
계)로 올라가 천상에 태어난다.

| 『아비달마법온족론』「학처품學處品」

 부처님께서 계율을 제정하여 설하시는 방식은 계를 지켜야
하는 이유와 계를 지킴으로써 얻게 되는 선업의 공덕, 그리고
악업을 행함으로써 받게 되는 과보에 대한 경계심을 일깨우는
것이다. 따라서 5악을 5포죄원이라 하여 두려운 죄와 원한에 대
한 내용을 밝히고 있다. 만약 살생을 한다면 그 행위에 대한 두
려움과 원한의 마음이 일어나겠지만, 반대로 5계를 잘 호지하여
그릇된 생각을 이겨낸다면 선업을 성취한다는 등식이 만들어진
다. 이 선업라는 나무의 뿌리, 줄기, 꽃은 향기로 가득하여 바람
의 방향과 상관없이 향기가 퍼진다. 사람의 몸과 말과 마음은
삼업이라 하여 인과를 형성하는 중요한 도구가 된다. 따라서 삼
업은 향기로울 수도 있고 추해질 수도 있다. 향기로운 일이라면
배우며 따라해야 하겠지만 그렇지 않다면 멀리하고 경계해야
한다. 내가 좋아하면서 닮고 싶은 인물인 플루타르코스의 『모랄
리라』 '교육-윤리'편에는 이런 이야기가 실려 있다. 참 아름다운
이야기다 싶어서 기억하는 것인데 내용은 이렇다.

 어떻든 아르케실라오스의 동료인 라퀴데스는 케피소크라테

스가 고발당했을 때, 다른 친구들이 그랬듯이 그의 옆에 서 있었지. 그런데 고발자가 그의 반지를 내놓으라고 요구했을 때, 케피소크라테스는 조용히 그의 옆에 반지를 떨어뜨렸네. 그러자 그를 알아차린 라퀴데스가 그걸 발로 밟아 숨겼지. 단서가 되는 증거가 반지 속에 있었기 때문인데, 판결 뒤에 케피소크라테스가 배심원들과 악수하고 흔들고 있을 때, 자초지종을 다 본 누군가가 그에게 라퀴데스에게 감사의 표시를 하라고 명했네. 모든 걸 다 얘기해주면서 말이지. 그러나 라퀴데스는 그 일을 아무에게도 얘기하지 않았네. 그래서 역시 신들은 대부분 우리가 알지 못하는 가운데 우리에게 은총을 베푼다고 나는 상상하네. 왜냐하면 은총을 베풀고 선행을 하는 따위의 단순한 행동에서 즐거움을 취하는 것이 신들의 본성이기 때문이지. 그러나 아첨꾼의 행동은 전혀 달라서 정직, 진실, 솔직 또는 관대와는 거리가 멀고, 단지 보여주는 것이란 땀을 뻘뻘 흘리면서 시끄럽게 이리저리 뛰어다니는 것이라네. 마치 번거롭고 긴급한 일은 자기 혼자 다 처리한다는 긴장한 얼굴을 한 채 말이네.

『모랄리아』의 내용이 풍부하고 문체가 아름다워 인용하자면 한없이 옮겨진다. 위에 옮긴 글의 다음 페이지에 실린 이야기도 재미가 있다. 내친김에 옮겨보자.

스파르타의 라케다이몬인들이 곤궁한 처지에 있던 스뮈르나 백성에게 식량을 보냈던 것이 바로 이런 정신에서였지. 고결한 행동에 감탄하면서 그들이 감사의 뜻을 표하자, 라케다이몬인들은 이렇게 말했네.

'뭐 그리 대단한 일도 아니었지요. 우리와 우리 가축이 단지 하루저녁 한 끼를 굶자고 투표해서 결정하고 그 양곡을 모았던 것뿐인데요.'

이런 은근하고도 우아한 말은 관대한 정신의 표현일 뿐만 아니라 받는 사람의 기쁨을 배가하는 것이네. 왜냐하면 그들은 자기들을 도와주는 사람들이 그리 큰 손실을 당하지 않았다고 느끼기 때문이네.

이 이야기를 통해 보면 아름다운 영혼의 소유자는 관대하며 스스로의 공덕에 대하여 남들이 알아주기를 기대하지도 않음을 알 수 있다. 이런 이들은 자신이 믿는 삶의 방식과 행위에 대한 자긍심이 있고 초연한 자세로 일상을 살아가는 것을 느낄 수 있다. 이런 품성을 가진 사람의 향기도 바람의 방향과 상관없이 퍼져나간다.

지혜로운 사람은 일의 순리를 알고 또한 일을 어긋나게 하지 않기 때문에 항상 떳떳하고 자유로운 상태에 머문다. 사리사욕은 중생의 마음이라 공평무사한 마음과는 거리가 멀다. 이런 위인을 어찌 흠모하지 않을 수 있겠는가. 중생의 마음은 항상 전

전긍긍하며 근심스럽다. 그들은 작은 이익에 집착하며 대의명분을 좇지 않는다. 에스파냐 격언에 "네가 원하는 것은 무엇이든 가져도 좋다. 단 대가를 지불하라"라는 게 있다. 아무 걸림 없는 듯이 행동한다 하여 그 사람이 자유를 얻은 것도 아니다. 책임이 무서운 거다. 불교의 인과법칙도 마찬가지지만 자신의 행동에 책임을 지는 자세야말로 세상의 향기로운 일이 아닐까 한다.

구경

이와 같이 나는 들었다.

어느 때 부처님께서 구섬미국 구사라원에 계셨다.

그때 세존께서 모든 비구들에게 말씀하셨다.

"과거 세상 어느 때에 강 속에 풀이 우거져 있었는데 거북이 그 속에서 살고 있었다. 그때 어떤 굶주린 여우가 배가 고파서 먹이를 찾아다니다가 멀리서 거북을 보고는 재빨리 달려가 움켜잡았다. 거북은 여우가 오는 것을 보고 곧 여섯 부위(4지와 머리와 꼬리)를 감추었다. 여우는 지켜보면서 머리나 발이 나오기를 기다렸다가 잡아먹으려고 하였다. 그러나 오랫동안 지켰으나 거북은 끝내 머리나 발을 내놓지 않았다. 여우는 배가 고파 성을 내면서 떠났다.

비구들아, 너희들도 오늘 그와 같은 줄을 알아야 한다. 악마 파순은 항상 너희들의 틈을 엿보며 너희들이 눈으로 빛깔에 집착하거나 귀로 소리를 듣거나 코로 냄새를 맡거나 혀로 맛보거나 몸으로 감촉을 느끼거나 뜻으로 법을 생각하기를 바라면서 여섯 가지 경계에 물들어 집착하는 마음을 내게 하려고 한다.

그러므로 비구들아, 너희들은 언제나 눈의 계율을 잘 지키며 머물러야 한다. 눈의 계율을 잘 지켜 머무르면 악마 파순도 틈을 노릴 수 없어서 너희들은 나오건 반연하건 자유로울 것이다. 귀·코·혀·몸·뜻에 있어서도 그와 같으니라. 그 여섯 가지 감관에서 나오건 반연하건 그 틈을 노리지 못하는 것이 마치 여우가 거북의 틈을 노리지 못한 것과 같으리라."

그때 세존께서 곧 게송을 설하셨다.

거북이 여우를 두려워해
여섯 부위를 껍질 속으로 감추듯
비구도 마음을 잘 거두어
모든 감각과 생각을 감추어라.
그를 의지하지도 두려워하지도 말고
마음을 덮고 말하지도 말라.

부처님께서 이 경을 말씀하시자 여러 비구들은 부처님의 말씀을 듣고 기뻐하며 받들어 행하였다.

| 잡아함경 제43권, 1167

바둑에는 바둑만의 지혜가 있고, 술에는 술 배가 따로 있다.

꾀 많은 토끼가 구멍을 세 개나 만들고, 교활한 원숭이는 만 가지 요행을 바란다.

이 밖에 다시 알 수 없는 곳이 있으니 말해보라, 이 누구인가?

　이는 『종용록』 제99칙 "운문의 발우와 물통(雲門鉢桶)"이라는 공안의 시중이다. 사람의 기예는 유별하여 나름의 재주가 있다. 바둑을 잘하는 사람은 바둑판 위에서는 승부를 쥐락펴락하지만 그 외의 것까지 능란하게 하지는 못한다. 또 술을 잘하는 사람들은 흡사 술 배가 따로 있기나 한 듯이 아무리 마셔도 밑 빠진 독처럼 취하지도 않고 술이 물린다는 소리도 하지 않는다. 매일 마시고 또 마신다. 이것이 사람이 가진 기예나 재주의 일면이라면 동물은 생존과 관련된 솜씨가 있다. 토끼는 힘이 없으니 맹수의 표적이 된다. 심지어 독수리나 매 같은 하늘의 금수까지 목숨을 노린다. 그러다 보니 재빨리 움직이는 것도 중요하고 언제 닥칠지 모르는 위험에 대처하기 위해 굴도 하나에 그치지 않고 여러 개를 준비한다. 또한 원숭이는 재주가 뛰어나 자신이 재주를 넘기도 하지만 남의 것을 가로채기도 잘한다. 그러니 원숭이는 요행수를 좋아하고 스스로 낭패를 보기도 한다. "원숭이도 나무에서 떨어질 때가 있다"라는 속담도 바로 이 같은 원숭이의 습성을 간파하여 하는 말이다.

　이 공안은 이런 기예와 재주도 미치지 못하는 경우는 무엇인지 시험하는 것이다. 자신이 가진 재주에 스스로 구속되는 경우가 적지 않다. 그래서 공안은 "운문의 발우와 물통"을 내민다. 이게 무엇을 의미하는가? 발우엔 밥이 담기고 물통엔 물이 담긴다. 발우 속의 밥이요 물통 속의 물이다. 쓰임새에 맞게 담겼으니 어그러짐이 없다. 솜씨를 보이는 것도 좋으나 있는 그대로의 법에 맞춰서 담아내는 것이 평범함 속의 비범함이다. 없는 것을 찾지 말고 있는 것을 찾아야 하며, 안 되는 것을 되게 하는 것이 아니라 되는 일을 되게 하는 것이 중요하다. 이 속에 삶의 비결이 있다.

　이 「구경」은 마치 한 편의 우화 같다. 나는 우화를 좋아하여 각 문화권의 이야기들을 엮은 제법 많은 종류의 우화집을 가까이 놓고 자주 들쳐본다. 특히 법문이나 글을 쓸 때 준비운동으로 머리를 말랑말랑하게 만들기 위해서도 이런 우화집의 이야기들은 매우 유용하다. 그리고 어떤 이야기도 불교적인 관점에서 해석이 가능하고 교훈을 이끌어낼 수 있어서 좋다. 무엇보다 분위기를 부드럽게 만드는 데도 도움이 된다. 「구경」의 이야기는 회자되는 이야기일 수도 있고, 부처님께서 실제 관찰하시면서 알게 된 이야기일 수도 있다. 아무튼 이야기는 가벼우면서도 법문에서 말씀하시려는 내용에 잘 부합된다. 내용을 보자.

"과거 세상 어느 때에 강 속에 풀이 우거져 있었는데 거북이 그 속에서 살고 있었다. 그때 어떤 굶주린 여우가 배가 고파서 먹이를 찾아다니다가 멀리서 거북을 보고는 재빨리 달려가 움켜잡았다. 거북은 여우가 오는 것을 보고 곧 여섯 부위 (4지와 머리와 꼬리)를 감추었다. 여우는 지켜보면서 머리나 발이 나오기를 기다렸다가 잡아먹으려고 하였다. 그러나 오랫동안 지켰으나 거북은 끝내 머리나 발을 내놓지 않았다. 여우는 배가 고파 성을 내면서 떠났다."

설명은 어렵지 않다. 있는 그대로 읽고 이해하면 된다. 등장하는 동물은 거북이와 여우다. 우화마다 여우가 등장하는 것이 흥미롭다. 우화에 등장하는 여우는 대부분 지략이나 꾀, 그러면서도 너무 넘쳐서 스스로의 꾀에 넘어가는 어리석음의 표본이다. 하지만 그렇게 밉지는 않다. 속담에 "여우하고는 살아도 곰하고는 못 산다"는 말을 하는데, 이런 경우의 여우는 애교 있고 눈치도 빠르면서 말귀도 잘 알아듣는 존재다. 수풀이 우거진 강가에 거북이가 살고 있다. 하루는 배를 곯은 여우가 거북이를 발견하고는 재빨리 손으로 움켜쥐었다. 그러자 거북이는 네 발과 머리와 꼬리를 단단한 등판을 방패삼아 쏘옥 들어가 버렸다. 어렸을 때 속가 집에서 몇 마리의 거북이를 키웠다. 심심하면 거북이를 건드리며 놀곤 하였는데, 어느 폭우가 쏟아지던 여름날 아침에 나가보니 거북이들이 모두 사라지고 없었다. 도랑을 뒤져보고 오고가는 학교 길 풀숲이며 실개천을 눈여겨봐도 다시는 찾을 수 없어서 슬펐던 기억이 새삼스럽게 떠오른다. 여우는 당황하며 거북이가 얼굴을 내밀기를 기다린다. 이제는 인내심의 싸움이다. 지치면 진다. 누가 졌는가. 여우는 더 이상 기다리지 못하고 거북이를 내려놓고 화를 내면서 떠나고 말았다. 부처님께서 이 비유를 든 이유는 다음의 경문에 이어진다.

"비구들아, 너희들도 오늘 그와 같은 줄을 알아야 한다. 악마 파순은 항상 너희들의 틈을 엿보며 너희들이 눈으로 빛깔에 집착하거나 귀로 소리를 듣거나 코로 냄새를 맡거나 혀로 맛보거나 몸으로 감촉을 느끼거나 뜻으로 법을 생각하기를 바라면서 여섯 가지 경계에 물들어 집착하는 마음을 내게 하려고 한다.

그러므로 비구들아, 너희들은 언제나 눈의 계율을 잘 지키며 머물러야 한다. 눈의 계율을 잘 지켜 머무르면 악마 파순도 틈을 노릴 수 없어서 너희들은 나오건 반연하건 자유로울 것이다. 귀·코·혀·몸·뜻에 있어서도 그와 같으니라. 그 여섯 가지 감관에서 나오건 반연하건 그 틈을 노리지 못하는 것이 마치 여우가 거북의 틈을 노리지 못한 것과 같으리라."

부처님은 거북을 노리는 여우를 악마 파순에 비유하여 제자들에게 감관을 잘 지킬 것을 설하신다. 악마 파순이 노리는 틈

354

을 허락하지 않는 방법은 무엇인가. 그것은 바로 육근의 제어를 통한 자유다. 눈을 잘 지키고, 귀를 잘 지키고, 코를 잘 지키고, 혀를 잘 지키고, 몸을 잘 지키고, 뜻을 잘 지키는 것이다. 감관을 잘 지키는 비결은 중용의 상태를 유지하는 것이고, 그에 따른 지혜가 필요하다. 그런 측면에서 보자면 "너 자신을 알라"라는 것과 "결코 지나치지 말라"는 고대 그리스 신전의 양 기둥에 새겨져 있었다는 경구가 참으로 경이롭다. 인간의 속성을 너무나 정확히 꿰뚫은 말씀이다. 서양의 금언이지만 인류역사에 이 두 말이 던져준 의미야 어찌 언설로 표현을 다할 수가 있겠는가. 이어지는 부처님의 게송이 아름답다.

> "거북이 여우를 두려워해
> 여섯 부위를 껍질 속으로 감추듯
> 비구도 마음을 잘 거두어
> 모든 감각과 생각을 감추어라.
> 그를 의지하지도 두려워하지도 말고
> 마음을 덮고 말하지도 말라."

마음을 잘 단속하여 부동의 힘을 갖추는 것이 껍질 속에 숨은 거북처럼 자신을 잘 보호하는 것이다. 감각과 생각도 악마 파순의 눈에 들키지 말아야 한다. 엿볼 수도 없고 흔적을 찾을 수도 없어야 한다. 그러면서 혹시라도 악마 파순의 꼬임에 넘어가 의지를 한다거나 두려워하지도 말고, 오직 마음을 단단히 호지하여 불제자로서 당당하게 살아가라는 당부의 말씀이다. 그렇게 살아가지 못할 이유가 없다. 자기완성의 길은 초인적인 정신이 필요하다. 다양한 종교 전통이나 불교의 수행, 신비주의자들에 이르기까지 자기초극의 고행에 대한 이야기는 수없이 많다. 초기 기독교 시대를 배경으로 한 어느 '성녀'에 대한 이야기를 눈여겨보자.

그리스 태생인 한 여인이 이집트의 알렉산드리아에 살고 있었다. 그녀는 가족을 떠나 사막으로 들어가 세상의 종말을 기다리기로 결심했다. 이번 종말은 성경에 나와 있었고, 모든 것이 세상의 종말을 뒷받침하고 있었다. 정의로운 자들과 불의한 자들을 분리시키기 위하여 200여 년 전 십자가에 매달려 죽은 이후, 구름 위로 영광스럽게 다시 나타날 메시아의 재림을 맞이하기 위해서는 순결한 영혼을 가지고 있어야 했다.

여인은 한밤중에 남편과 자식 몰래 길을 떠났다. 그녀는 옷가지와 돈 몇 푼을 챙겨 들고 날이 밝기 전 마을을 벗어나 사막으로 향했다. 몇 달 전에 마을을 지나던 한 선지자한테서 세례를 받은 이후, 그녀는 기독교인들이 모이는 다소 불법적인 예식에 자주 참여했다. 이제 그녀는 진정한 신을 사막 한가운데서 마주하기 위해 길을 떠나는 것이었다.

여인은 하루 종일 걸었고 바위틈에서 잠을 잤다. 다음날 일찍

잠에서 깬 여인은 서둘러 다시 걷기 시작했다. 다행스럽게도 수상한 고독을 찾아 도시를 떠나는 사람은 그녀 혼자만이 아니었다. 세상의 종말에 대하여 강박관념을 가진 다른 기독교인들 역시 도망치고 있는 중이었다. 예전에는 의심할 여지없이 강이 흘렀겠지만 지금은 바짝 말라버린 강줄기를 통과해야 이 사막에 이를 수 있었다. 강줄기 입구에는 반라의 남자가 불을 내뿜는 듯한 눈빛을 띤 채 버티고 서서, 새로 도착하는 이들에게 은둔할 수 있는 권리를 내주기 전에 혹독한 질문을 던지고 있었다.

지칠 대로 지쳐버린 여인이 그 앞에 멈춰 섰을 때, 그는 이렇게 물었다.

"모든 것을 다 포기했느냐?" "그렇습니다."

"네 가족은? 네 친구는? 이 지상의 모든 것들을 다 포기했느냐?" "모든 것을 다 버렸습니다. 그래서 여기 온 것입니다."

"네 가방 속엔 뭐가 들어 있지?" "옷가지들과 돈이 조금 있습니다."

"이제 네가 할 일을 알려주마. 알렉산드리아로 다시 돌아가서 가난한 사람들한테 네 옷을 나누어주어라. 네가 가진 돈으로는 신선한 고기를 사서 네 어깨와 목 주변에 단단히 붙들어 매라. 그러고 나서 여기로 다시 돌아와라. 알겠느냐?"

여인은 고개를 끄덕이고는 돌아섰다. 그녀는 자신을 알아볼 만한 사람들이 사는 거리를 피해서 알렉산드리아로 되돌아갔다. 그녀는 약속한 대로 셔츠 하나만 남기고 가난한 사람들에게 옷을 나눠주고 신선한 고기를 사서 목둘레에 붙들어 맸다. 그러고 나서 사막으로 다시 향하기 시작했다. 그녀가 다시 도시를 떠난 지 얼마 지나지 않아 굶주린 개들이 여인을 따라오기 시작했다. 개들은 고기를 먹으려고 여인의 어깨 위로 뛰어올랐고 그 바람에 상처를 입었다. 맹금류들 역시 부리와 발톱으로 여인을 공격하다가 개들과 싸우기도 했다. 여인은 자신을 보호하려고 노력했지만 게걸스러운 개들에 둘러싸인 채 무시무시한 울부짖음과 검은 깃털구름을 헤치고 걸을 수밖에 없었다. 개의 이빨과 발톱, 독수리의 부리와 발톱이 여인의 몸을 사정없이 찢었다. 여인은 모래 위에 핏자국을 남기면서 걸었다. 몸의 어떤 부분은 정육점 고기와 구별할 수 없을 정도였다.

동물 입구를 지키던 남자 앞에 다시 도착했을 때, 여인은 비틀거리는 핏덩어리의 윤곽에 지나지 않았다.

남자는 여인을 흘깃 쳐다보고는 말했다.

"이제 지나가도 된다."

구원을 찾는 종교의 신앙전통도 그렇고 불교에서 깨달음을 성취하기 위하여 거쳐야 하는 고행에 대한 일면을 볼 수 있는 이야기다. 참으로 처절하고 놀랍지만, 저 여인이 지나간 길을 다시 밟고 갈 수 있는 의지의 사람이라면 몰라도 그렇지 않다면 지금의 자신을 성찰해 보면서 일상의 소소한 것이라도 소중히 모시는 마음으로 살아가야 하지 않을까, 그런 생각이 든다.

육종중생경

이와 같이 나는 들었다.

어느 때 부처님께서 구섬미국 구사라원에 계셨다.

그때 세존께서 모든 비구들에게 말씀하셨다.

"비유하면, 어떤 사람이 빈집에서 놀다가 여섯 가지 동물을 얻었다고 하자. 처음에는 개를 얻었는데, 곧 그 개를 붙들어 어떤 곳에 가두었다. 다음에는 새를 얻었고, 다음에는 독사, 다음에는 여우, 다음에는 실수마라(악어), 다음에는 원숭이를 얻었다. 그는 이런 동물들을 얻어 모두 한곳에 매어 두었다.

그러면 개는 마을로 들어가려고 하고, 새는 항상 허공으로 날아가려고 하며, 뱀은 늘 구멍으로 들어가려고 하고, 여우는 무덤 사이로 가려고 하며, 실수마라는 언제나 바다로 들어가려고 하고, 원숭이는 산으로 들어가려고 한다. 이 여섯 가지 중생들을 모두 한곳에 매어 두지만, 좋아하는 것이 똑같지 않기 때문에 각각 제 편안한 곳으로 가기를 희망하여 서로 즐거워하지 않는다. 그것은 자신이 좋아하는 곳과는 다른 곳에 매어 있기 때문이다. 그래서 제각기 그 힘을 다해 원하는 방향으로 가려고 하지만 거기서 벗어날 수가 없다.

이와 같이 여섯 가지 감각기관의 갖가지 경계에는 각각 제가 좋아하는 경계를 구하고 다른 경계를 원하지 않는다. 눈은 언제나 사랑할 만한 빛깔을 구하고 마음에 들지 않는 빛깔은 곧 싫어한다. 귀는 언제나 사랑할 만한 소리를 구하고 마음에 들지 않는 소리는 곧 싫어한다. 코는 언제나 마음에 드는 냄새를 구하고 마음에 들지 않는 냄새는 곧 싫어한다. 혀는 언제나 마음에 드는 맛을 구하고 마음에 들지 않는 맛은 곧 싫어한다. 귀는 언제나 사랑할 만한 소리를 구하고 마음에 들지 않는 소리는 곧 싫어한다. 코는 언제나 마음에 드는 냄새를 구하고 마음에 들지 않는 냄새는 곧 싫어한다. 혀는 어제나 마음에 드는 맛을 구하고 마음에 들지 않는 맛은 곧 싫어한다. 몸은 언제나 마음에 드는 감촉을 구하고 마음에 들지 않는 감촉은 곧 싫어한다. 뜻은 언제나 마음에 드는 법을 구하고 마음에 들지 않는 법은 곧 싫어하느니라.

이 여섯 감각기관은 갖가지 작용과 갖가지 경계에 있어서 제각기 다른 감각기관의 경계를 구하지 않는다. 이 여섯 감각기관이 힘이 있다면 지각하는 경계를 따라 자유로울 수 있을 것이다. 그러나 마치 저 장부가 여섯 가지 중생들을 든든한 기둥에 매어둔다면 그것들은 저마다 힘을 다해 제 마음에 맞는 대로 가려고 하여 이리저리 달려보다가 그만 지쳐버리고 마는 것과 같다. 그들은 밧줄에 매어 있기 때문에 끝내 기둥에 의지하고 만다.

비구들아, 내가 이 비유를 들어 말하는 것은 너희들을 위해 그 이치를 나타내 보이기 위해서이다. 여섯 가지 중생이란 여섯 가지 감각기관에 비유한 것이고, 든든한 기둥이란 신념처에 비유한 것이다. 만일 신념처를 잘 닦아 익히면, 생각하는 빛깔과 생각하지 않는 빛깔이 있어서 사랑할 만한 빛깔을 보아도 집착하지 않고, 사랑할 만하지 않은 빛깔을 보아도 싫어하지 않는다. 귀가 소리에 대해서·코가 냄새에 대해서·혀가 맛에 대해서·몸이 감촉에 대해서도 그러하며, 뜻이 법에 대해서도 마음에 드는 법을 구하지 않고 마음에 들지 않는 법도 싫어하지 않는다. 그러므로 비구들아, 마땅히 신념처를 부지런히 닦아 익혀 항상 거기에 머물러야 하느니라."

부처님께서 이 경을 말씀하시자 모든 비구들은 부처님의 말씀을 듣고 기뻐하며 받들어 행하였다.

| 잡아함경 제43권, 1171

숙무상심무견정宿霧尙深無見頂
춘풍상재불맹지春風常在不萌枝

간밤부터 낀 안개 더욱 깊어 산봉우리 눈에 들어오지 않으나
봄바람은 항상 싹트지 않은 가지에 있다네.

이는『종용록』제94칙 본칙의 평창에 나오는 천동정각 선사
의 게송이다. 나고 죽음, 육신의 흩어짐은 붙잡을 수 없다. 세상
만물과 시절인연의 오고감도 마찬가지여서 잠시도 머물지 않는
다. 중생에게는 이 일이 괴로움의 근원이 되지만 웅지를 가진
이라면 새로운 변화의 길을 모색할 수 있어서 활달하고 생기가
돌 것이다. 94칙의 내용이 그렇다. 숙무宿霧는 전날 밤부터 계속
내려앉아 있는 안개다. 안개가 시상을 갖는 데 더없이 좋은 것
은 아무것도 보이지 않는 속에서 자신이 반추되기 때문이다. 영
국에서 대 문호들이 많이 나오고 셜록 홈즈 같은 추리소설이 유
난히 많은 이유가 짙은 안개 때문이라는 말도 있다. 환타지한
상상을 불러일으키기에 좋은 것일까? 짙은 안개, 더더욱 전날부
터 중첩된 안개라면 느낌이 더욱 살아난다. 그리고 안개가 자주
끼는 때는 봄이 오기 시작하는 시점이다. 아직 봄은 오지 않았
는데 안개가 자주 낀다는 것은 봄이 이미 가까이 왔다는 소식이

고, 초목은 싹을 틔울 준비를 한다.

그런데 엄밀하게 보면 봄의 기운은 동지가 지난 시점부터 이미 시작된 것이고 입춘 경칩까지는 아직도 먼 시간이지만, 봄바람은 얼어붙은 가지에 이미 어른거렸음을 알 수 있다. 이 말은 눈에 드러나기 전에 이미 기운이 당도하여 꽉 찼기 때문에 변화가 실질에 이르면 폭풍처럼 밀려온다는 것이다. 이쯤이면 누구도 거역할 수 없고 어떤 일도 내칠 수가 없다. 그래서 사람은 뜻을 보다 멀리 두고 살아야 한다. '숙무'를 얘기하자니 김시습의 "짚신 신고 발길 닿는 대로"라는 시가 생각난다. 감상해보도록 하자.

짚신 신고 발길 닿는 대로

終日芒鞋信脚行 (종일망혜 신각행)
一山行盡一山靑 (일산행진 일산청)
心非有像奚形役 (심비유상 해형역)
道本無名豈假成 (도본무명 기가성)
宿霧未晞山鳥語 (숙무미희 산조어)
春風不盡野花明 (춘풍부진 야화명)
短節歸去千峯靜 (단공귀거 천봉정)
翠壁亂煙生晩晴 (취벽난연 생만청)

온종일 짚신 신고 발길 닿는 대로 가노라니
산 하나 넘고 나면 또 산 하나 푸르네.
마음에 형상이 없거늘 어찌 육체의 종이 되며
도는 본래 이름이 없거늘 어찌 빌려서 붙이리.
간밤의 안개 걷히지 않았는데 산새들은 지저귀고
봄바람 못다 불었는데도 들꽃은 훤하다.
지팡이 짚고 돌아가는 길 산봉우리들은 고요하고
푸른 벽에 어지럽던 안개는 느지막이 개이네.

이 시는 김시습이 전라도 순천 송광사에서 가르침을 받았던
준峻이라는 스님에게 준 시라고 한다. 당시의 문인인 허균은 이
시를 "진여를 깨달은 시"라고 평했다고 하니 대단히 고준한 느
낌을 준다. 이제 경문을 보자.

"비유하면, 어떤 사람이 빈집에서 놀다가 여섯 가지 동물을
얻었다고 하자. 처음에는 개를 얻었는데, 곧 그 개를 붙들어
어떤 곳에 가두었다. 다음에는 새를 얻었고, 다음에는 독사,
다음에는 여우, 다음에는 실수마라, 다음에는 원숭이를 얻었
다. 그는 이런 동물들을 얻어 모두 한곳에 매어 두었다,
그러면 개는 마을로 들어가려고 하고, 새는 항상 허공으로
날아가려고 하며, 뱀은 늘 구멍으로 들어가려고 하고, 여우
는 무덤 사이로 가려고 하며, 실수마라는 언제나 바다로 들

어가려고 하고, 원숭이는 산으로 들어가려고 한다. 이 여섯 가지 중생들을 모두 한곳에 매어 두지만, 좋아하는 것이 똑같지 않기 때문에 각각 제 편안한 곳으로 가기를 희망하여 서로 즐거워하지 않는다. 그것은 자신이 좋아하는 곳과는 다른 곳에 매어 있기 때문이다. 그래서 제각기 그 힘을 다해 원하는 방향으로 가려고 하지만 거기서 벗어날 수가 없다.”

이 「육종중생경」은 여섯 종류의 동물을 육근에 비유하여 설하신 경이다. 어떤 사람이 집에서 놀다가 개·새·독사·여우·실수마라·원숭이 등의 여섯 동물을 얻게 되어 한곳에 매어두었다고 가정하자. 어떤 일이 벌어질까? 우선 각 동물의 특성을 알아봐야 하고, 그런 다음에 육근에 대비하여 생각해보면 좋을 것이다.

개는 마을로, 새는 하늘로, 뱀은 구멍으로, 여우는 무덤 사이로, 실수마라는 바다로, 그리고 원숭이는 산으로 돌아가려 한다는 것이 부처님이 관찰하신 동물들의 특성이다. 그러니까 우선은 매어 있어도 줄만 풀어진다면 동물들이 각자가 좋아하는 환경으로 돌아가는 것은 필연적이다. 그래서 항상 머릿속으로는 자신의 본성에 맞는 환경으로 돌아가기를 꿈꾸지만 줄에서 풀려나지 않는 이상은 불가능하다. 이 구속은 어디에서 오며 누구로부터 오는가. 동물들의 구속은 사람이 했지만 인간 스스로의 구속은 어떻게 되는가.

이와 비슷한 상황은 유식학에서 많이 설해진다. 일본 법상종 (유식은 법상종의 근본 교설이다)의 사찰인 홍복사에는 이런 말이 내려온다고 한다.

"손뼉을 치면 물고기는 물속으로 들어가고, 새는 하늘로 날아가며, 시동은 차를 내온다."

이처럼 하나의 조건에도 반응은 각각 다르다. 따라서 세상사는 다름을 이해하고 조화를 만들어 가는 것이 중요하다. 바람이 불어도 사물이 내는 소리가 일정하지 않다. 취만부동吹萬不同이다. 내가 남의 생각에 무작정 따라가는 것도 문제고, 남을 내 생각에 맞추려 하는 것도 문제다. 경문을 더 읽어보도록 하자.

"이와 같이 여섯 가지 감각기관의 갖가지 경계에는 각각 제가 좋아하는 경계를 구하고 다른 경계를 원하지 않는다. 눈은 언제나 사랑할 만한 빛깔을 구하고 마음에 들지 않는 빛깔은 곧 싫어한다. 귀는 언제나 사랑할 만한 소리를 구하고 마음에 들지 않는 소리는 곧 싫어한다. 코는 언제나 마음에 드는 냄새를 구하고 마음에 들지 않는 냄새는 곧 싫어한다. 혀는 언제나 마음에 드는 맛을 구하고 마음에 들지 않는 맛은 곧 싫어한다. 귀는 언제나 사랑할 만한 소리를 구하고 마음에 들지 않는 소리는 곧 싫어한다. 코는 언제나 마음에 드는 냄새를 구하고 마음에 들지 않는 냄새는 곧 싫어한다. 혀는 언제나 마음에 드는 맛을 구하고 마음에 들지 않는 맛은

곧 싫어한다. 몸은 언제나 마음에 드는 감촉을 구하고 마음
에 들지 않는 감촉은 곧 싫어한다. 뜻은 언제나 마음에 드는
법을 구하고 마음에 들지 않는 법은 곧 싫어하느니라."

위의 말씀은 결국 취사선택하는 인간의 마음에 대한 말씀이
다. 맘에 맞는 것은 받아들이고 맘에 꺼리는 것은 밀어내는 것
이 인간의 속성이다. 시비를 따지는 것 자체도 이런 마음의 연
장선상에 있다. 우리는 여기서 육근의 하나하나가 전혀 다른 성
질과 방향으로 작용하면서 취하는 것을 볼 수 있다. 사실 이 여
섯 가지 감각은 서로 겹치거나 방해받지 않고 고유한 성질대로
움직인다. 감관을 제어하지 못하면 일마다 시비가 따르게 된다.
그렇다면 감관을 다스리는 방법은 무엇이 있을까? 다시 경문의
내용이다.

"이 여섯 감각기관은 갖가지 작용과 갖가지 경계에 있어서
제각기 다른 감각기관의 경계를 구하지 않는다. 이 여섯 감
각기관이 힘이 있다면 지각하는 경계를 따라 자유로울 수 있
을 것이다. 그러나 마치 저 장부가 여섯 가지 중생들을 든든
한 기둥에 매어둔다면 그것들은 저마다 힘을 다해 제 마음에
맞는 대로 가려고 하여 이리저리 달려보다가 그만 지쳐버리
고 마는 것과 같다. 그들은 밧줄에 매어 있기 때문에 끝내 기
둥에 의지하고 만다."

육근의 여섯 가지 감관은 각기 작용하며 상호 방해가 되지 않는다. 그러면서 독립적이기도 하다는 설명을 한 바 있다. 위의 경문이 바로 그것을 말한다. 그리고 각 감관이 고유한 성질에 이끌려 대상에 뛰어들려고 하면 소가 수레를 끌듯이 강한 힘을 발휘한다. 그 관심과 끌림은 업력이건 유혹이건 우리를 자유롭게 두지 않는다. 줄에 매어둔 동물들이 달아나려고 몸부림을 친다 해도 뿌리가 깊이 박힌 단단한 기둥을 이길 수는 없기 때문에 어느 순간 지쳐서 포기하고 만다. 그러면서 점차 기둥에 의지하며 기둥에 길들여진다. 우리 육근의 감관이 여섯 마리의 동물이라면 단단히 박힌 기둥은 제어되는 우리의 마음이다. 마음이 부동심을 얻어 흔들리지 않는다면 어떠한 경계와 유혹에도 평정심을 잃지 않을 것이다.

감관은 어떻게 위험해지는 것인지에 대한 기억나는 이야기가 있다. 에라스무스의 『격언집』에 나오는 "신발장이는 신발을 넘어서지 말라"라는 내용이다. 이는 유명한 화가였다는 아펠레스에서 연유한다. 이야기는 다음과 같다.

아펠레스는 완성된 작품들을 거리의 행인들이 볼 수 있도록 상점에 내다 거는 한편, 자신은 그림 뒤에 숨어서 지나가는 사람들이 무슨 말을 하나 엿들었다고 한다. 왜냐하면 그는 광장의 대중이 다름 아닌 바로 예술평론가라고 생각했기 때문이다. 한

번은 길을 지나가던 신발장이가 멈추어 서더니 비판하기를, 그림에서 신발 끈을 넣을 구멍을 너무 작게 그려놓았다고 하였다. 다음 날 그 신발장이가 그림 옆을 지나다가 보았더니 어제 자신이 나무랐던 잘못이 고쳐진 것을 보고 기분이 좋고 우쭐하여 이번에는 발이 잘못되었다고 지적하였다. 그러자 옆에 숨어 있던 아펠레스는 어쩔 수 없이 모습을 나타내어 신발장이에게 한마디 하지 않을 수 없었다. 신발장이면 신발에만 왈가왈부할 일이다. 이 일에서 격언이 유래하였다.

이와 비슷한 이야기도 있다. 기타 연주가였던 스트라토니코스가 음악에 관해 논쟁을 벌이던 대장장이에게 말하였다고 한다.
"당신이 아마도 모르고 있는 것 같은데, 당신은 당신의 망치와 상관없는 일에 관해서는 가타부타 말해서는 안 됩니다."

우리는 자주 신발장이와 대장장이 같은 일을 저지르곤 한다. 남에 대한 참견과 간섭, 그리고 모르는 것도 아는 척을 하는 것이다. 육근을 다스리고 마음의 주인공이 되어 살아가는 삶이 가치 있는 삶임은 분명하다.
우리는 각자 어떤 길을 가야 할 것인가. 세상에는 세 가지 인생의 길이 있다. 좋아하는 일을 하는 길, 잘할 수 있는 일을 하는 길, 이도저도 아닌 길의 세 가지다. 어떤 길을 갈 것인가. 난 내가 잘할 수 있는 길을 갈 것이다. 그 길은 불광보조佛光普照하고 전법도중傳法度衆하는 불제자로서의 거룩한 길이다. 나는 중단 없이 이 길을 갈 것이며, 이 길에 무한한 가피를 내려주시기를 삼보전에 앙망하며 『아함경』의 대단원을 고한다.

모두 행복하시길!!
마하반야바라밀!!

보경 스님

송광사에서 현호 스님을 은사로 출가했다.

10년간 선방에서 정진했으며, 동국대 대학원에서 「수선사연구」
로 박사학위를 받았다. 조계종 교육원 연수 · 교육국장, 중앙종회
의원, 조계종사회복지재단 상임이사, 법련사 주지를 역임하였다.
현재는 보조사상연구원 총무이사, 동국대 겸임교수를 맡고 있다.
일생 만 권 독서의 꿈, 그리고 불교의 인문학적 해석을 평생의 일
로 삼고 있다.

지은 책으로『사는 즐거움』,『이야기 숲을 거닐다』,『행복한 기
원』,『인생을 바꾸는 하루명상』 등의 에세이와『기도하는 즐거
움』,『한권으로 읽는 법화경』,『슬픔에 더 깊숙이 젖어라-42장경
강설』,『원하고 행하니 이루어지더라』,『숫타니파타를 읽는 즐거
움』,『수선사 연구』,『선문염송 강설』 등의 경전 강설집이 있다.

아함경에서 배우는 삶의 지혜

초판 1쇄 인쇄 2016년 10월 26일 | 초판 1쇄 발행 2016년 11월 3일
지은이 보경 | 펴낸이 김시열
펴낸곳 도서출판 운주사

　　　(02832) 서울시 성북구 동소문로 67-1 성심빌딩 3층

　　　전화 (02) 926-8361 | 팩스 0505-115-8361

ISBN 978-89-5746-471-7　03220　값 16,000원

http://cafe.daum.net/unjubooks 〈다음카페: 도서출판 운주사〉